义务教育区域教师均衡配置研究

康卫国 著

东北大学出版社

·沈阳·

ⓒ 康卫国　2019

图书在版编目（CIP）数据

义务教育区域教师均衡配置研究 / 康卫国著 . -- 沈
阳 : 东北大学出版社 , 2019.6
ISBN 978-7-5517-2162-2

Ⅰ . ①义… Ⅱ . ①康… Ⅲ . ①义务教育 – 教师 – 人力
资源管理 – 研究 – 中国 Ⅳ . ① G635.1

中国版本图书馆 CIP 数据核字 (2019) 第 134756 号

出 版 者：东北大学出版社
　　　　　地址：沈阳市和平区文化路三号巷 11 号
　　　　　邮编：110819
　　　　　电话：024-83683655（总编室）　83687331（营销部）
　　　　　传真：024-83687332（总编室）　83680180（营销部）
　　　　　网址：http // www.neupress.com
　　　　　E-mail：neuph@ neupress.com
印 刷 者：定州启航印刷有限公司
发 行 者：东北大学出版社
幅面尺寸：170mm×240mm
印 　 张：17
字 　 数：321 千字
出版时间：2019 年 6 月第 1 版
印刷时间：2019 年 6 月第 1 次印刷
责任编辑：孙　锋
责任校对：叶　子
封面设计：河北优盛文化传播有限公司
责任出版：唐敏志

ISBN 978-7-5517-2162-2　　　　　　　　定　价：78.00 元

前 言

义务教育是指根据法律规定，适龄儿童和青少年都必须接受国家、社会、家庭予以保证的国民教育。教育发展以义务教育为基础，义务教育对民族的振兴、个人的发展有不容忽视的作用。全面义务教育的实施使我国义务教育取得了阶段性的成就，但教育资源配置差异造成教育资源供给与需求的矛盾日益突出，极大阻碍了义务教育品质的提升和教育的均衡发展。教师资源是教育资源的核心组成部分，是保证义务教育发展的关键因素。我国现阶段由于经济和社会发展水平等因素的制约，教师资源存在着短缺与过剩、资源配置结构不合理等问题，在一定程度上阻碍了我国义务教育的发展进程。因此，加强对教师资源均衡配置的研究，充分提高教学质量是义务教育发展的当务之急。

本书分为三篇：理论现实篇、教师流动篇和教师能力提升篇。义务教育区域教师均衡配置之理论现实篇立足于义务教育的基本理论，结合当前义务教育发展的现实情况，借鉴国外义务教育均衡发展的经验，分析了义务教育区域教师均衡发展的现实背景。义务教育区域教师均衡配置之教师流动篇从教师流动的基本内涵出发，探讨了义务教育区域教师流动中面对的冲突与困难，研究了义务教育区域教师流动的制度策略，并结合国外教师流动制度的内容，分析其给我国带来的启示。义务教育区域教师均衡配置之教师能力提升篇阐述了义务教育区域教师专业发展的内涵与基本模型，分析了农村教师队伍的建设，研究了义务教育区域推进教师专业能力建设的基本构想、重点工程和金字塔形能力机制，还提出了义务教育区域教师能力提升的交往策略。

由于时间仓促和作者水平有限，本书难免存在不足之处，真诚地希望读者对本书提出宝贵的意见和建议。

目 录

义务教育区域教师均衡配置之理论现实篇

义务教育区域教师均衡配置之教师流动篇

义务教育区域教师均衡配置之教师能力提升篇

义务教育区域教师
均衡配置之理论现实篇

第一章　义务教育区域均衡发展概述

第一节　义务教育区域均衡发展的概念解析

研究义务教育区域均衡发展必须先明确其基本概念，下面从三个角度进行概念解析。

一、区域

"区域"是一个较为常见的名词，《现代汉语词典》（第7版）与《新华词典》（2001年修订版）对其界定均为"地区范围"，其他词典也多从地理的角度对其进行简单界定，如"地域""地区的界限"等。在区域经济学中，有学者将其界定为"地球表面上被某种特征（特别是具有社会经济学意义的特征）所固定的空间系统"。运用百度百科辞典进行搜索，也可以发现其定义为："是指土地的界划；地区区域自治。指国家管辖范围以外的海床和洋底及其底土。"而实际上，区域概念的使用远远超出了某一学科的范畴，其指代范围也十分广泛。例如，我们可以将整个世界看作一个大的区域，也可以将整个东亚地区看作一个区域，既可以将珠江三角洲地区看作一个区域，也可以将其中的某个省、市、区（县）看作一个区域。正如有学者所说的那样，"且不说跨出国家，即使在一个国家内，区域的范围可小到一个居民点，也可大到若干个省的组合"，而在各项研究中，区域的概念"主要取决于所研究问题的范围与类型"。❶基于研究的需要，本书主要根据行政管辖边界来确定区域的范围。

---

❶　陈秀山，张可云.区域经济理论[M].北京：商务印书馆，2003：118.

二、义务教育

义务教育也被称作强迫教育，指的是根据国家法律规定对适龄儿童实施一定年限的普及的、强迫的、免费的学校教育。[1]因此，全民普及性、强制性、福利性构成了义务教育的基本特征。同时，义务教育还具有其他方向的重要特征。首先，从功能上来说，由于初等教育阶段"以让所有儿童都掌握社会生活所必需的基础知识为主要课题，要教授和培养儿童具有读、写、算的基本能力，以及宗教或作为公民所必须具备的道德和责任感"，中等教育阶段主要"为高等教育做准备、（开展）直接联系到职业生活的实用教育、进行公民教育"。[2]作为由小学与初中阶段构成的、具有国民教育基石地位的义务教育是国家对适龄青少年儿童进行公民教育的最基本途径，公民教育的特征尤为明显。从属性上来说，当今世界各国大多将义务教育界定为纯公共产品或准公共产品，由政府主导提供。经济发达国家普遍实行9~15年的免费义务教育。我国实行的是九年制的义务教育，涵盖小学与初中阶段。从我国义务教育的发展状况上来说，2000年以前，普及九年义务教育，扩大义务教育数量，使所有适龄儿童都"有学上"是我国义务教育发展的主要任务。"十二五"期间全国九年制义务教育巩固率已达到92.6%。这标志着我国义务教育发展已从通过大力扩张义务教育的数量，保证义务教育阶段的所有儿童都能"有学上"，进入到大力发展义务教育的质量，保证所有儿童都能"上好学"的新阶段。而且，新颁布的《中华人民共和国义务教育法》实施后，义务教育免收学杂费，免费程度进一步提高，义务教育的福利性进一步得到增强。

三、均衡发展

（一）均衡发展的内涵界定

当前，研究者多根据所研究的具体问题，从经济学、哲学、社会学的视角，给出了均衡发展的描述性定义。但不可否认，已有研究对均衡发展问题取得了一定的共识。体现为：从政策出台背景上来说，均衡发展政策是在"效率至上，兼顾公平"的功利主义发展模式导致区域、城乡、校际、群体间差距过大，重点学校占据过多优质教育资源，择校现象愈演愈烈，学生负担越减越重等教育不公现象日益突出的情况下，为维护教育作为社会稳定"平衡器"的作用，应大众对教

---

[1]　教育大辞典编纂委员会.教育大辞典[M].上海：上海教育出版社，1990：17.

[2]　藤田英典.走出教育改革的误区[M].张琼华，许敏，译.北京：人民教育出版社，2001：36.

育公平的诉求而提出的。其实质是义务教育发展模式与发展制度的变革。从主旨上来说，均衡发展是对教育不公平现象的矫正，指向受教育者教育机会的平等。从对象上来说，均衡发展包括区域间、城乡间、学校间、群体间的均衡。从内容上来说，均衡发展包括入学机会、参与过程与教育结果的均衡。从手段上来说，均衡发展首先需要的是在资源分配上的均衡等。但是，当前学术界对于均衡发展概念的理解更多地集中在"均衡"上，对于均衡发展的衡量偏重于宏观层面与数量分配方面，对于"发展"的内涵与价值以及衡量方式几乎未加涉及，有失偏颇。而从均衡发展的词语构成可以看出，均衡发展为一个偏正短语，发展为中心词，均衡为限定词，其实质为"均衡地发展"。这就意味着均衡发展既要求做到均衡又要求实现发展，均衡的目的是为了发展，而发展的过程与结果要由均衡来加以调节。具体来说，均衡发展要立足于发展，不搞平均主义，不限制个体的进步，以发展作为根本使命。同时，又不能放任个体盲目竞争，以牺牲其他个体的权利为前提进行发展，需要在一定的范围内调控机体发展的差距，实现协调、共赢的发展。

再由义务教育均衡发展政策的内容来看，2006年新修订的《中华人民共和国义务教育法》将均衡发展政策上升为国家法律，其中的6处规定直接指出了"均衡发展"与"均衡"的内容。在总则第六条中明确提出："国务院和县级以上地方人民政府应当合理配置教育资源，促进义务教育均衡发展，改善薄弱学校的办学条件，并采取措施，保障农村地区、民族地区实施义务教育，保障家庭经济困难的和残疾的适龄儿童、少年接受义务教育。"在总则第八条中规定："人民政府教育督导机构对……义务教育均衡发展状况等进行督导，督导报告向社会公布。"在第二十二条中规定："县级以上人民政府及其教育行政部门应当促进学校均衡发展，缩小学校之间办学条件的差距，不得将学校分为重点学校和非重点学校。学校不得分设重点班和非重点班。"在第三十二条中规定："县级人民政府教育行政部门应当均衡配置本行政区域内的学校师资力量，组织校长、教师的培训和流动，加强对薄弱学校的建设。"在第四十五条中规定："县级人民政府编制预算，除向农村地区学校和薄弱学校倾斜外，应当均衡安排义务教育经费。"在第五十二条中规定，对"未依照本法规定均衡安排义务教育经费的"县级政府"由上级人民政府责令限期改正；情节严重的，对直接负责的主管人员和其他直接责任人员依法给予行政处分"。可见，我国义务教育均衡发展政策的主体既包括县级及以上各级人民政府，又包括公办义务教育学校；均衡发展的对象既包括不同学校之间又包括学校内部。其实质是由县级及以上政府运用法律、政策、经济、管理等手段，优先扶持农村、薄弱学校的发展，促进学校间办学条件、教育质量的大致平衡；学校通过管理手段促进校内资源分配、师资调配、教育教学过程的大致平衡，从而通过"学校之间的均衡发展"和"学校内部的均衡发展"保障每个适龄青少年儿童都能获得平等、优质的教育机会,实现均衡发展的政策。

因此,基于已有研究的共识,依据《中华人民共和国义务教育法》的相关规定,均衡发展的基本内涵为:政府改变义务教育发展的规则,缩小学校间的办学水平差距,促使学校为学生提供平等、优质的教育服务,从而保证每一个学生都能获得平等受教育机会的政策。简而言之,义务教育均衡发展政策就是通过校际均衡发展、学校内的均衡发展促进学生的均衡发展的政策。对其分解可以得到以下均衡发展的三个基本目标。

目标一:校际均衡发展,即政府缩小学校间办学条件、教育质量的差距。

目标二:学校内的均衡发展,即学校为受教育者提供平等、优质的教育服务。

目标三:学生的均衡发展,即学生获得公平的受教育机会。

其中,目标一与目标二是政策推进的直接目标与中介性目标,这两项目标最终都指向目标三,即保证所有儿童平等受教育机会的切实实现。

而由贝塔朗菲的开放系统理论可知,所有的系统都是开放的,有机体(组织)受到环境的影响,也影响着环境。系统从外界获取资源,进行转化,进而输出。❶因此,作为开放的社会系统的教育,其发展模式的变革实际上也是教育系统与外界系统或教育内部各子系统之间不断传递、交换能量、信息等资源,进行内部转化并向外输出的过程,同样离不开资源的投入、内部的转化与结果的产出等环节。义务教育均衡发展政策的实施,义务教育发展模式的变革过程同样可以理解为由政策所需资源的投入、政策的内部转化与政策结果的输出等活动构成。而无论是当前还是在未来的很长一段时间内,学校都是公共教育的主要载体、教育发展的实际承担者与教育服务的直接供给者。因而,在均衡发展政策的运行过程中,学校就成为政策资源的投入对象、政策内部转化的落实主体与政策结果的输出主体。义务教育均衡发展政策的运行过程就可以简化为对学校进行资源投入,学校按政策要求对资源进行转化,进而向社会输出教育结果的过程。

将均衡发展政策运行的过程与政策的三个目标相结合,则可以得到以下几点结论:第一,政府是义务教育资源投入的主体,也承担着在学校间均衡配置资源的任务;均衡发展政策的资源投入直接指向校际均衡发展(目标一)问题。第二,学校是义务教育发展的载体,也是在学校活动中落实均衡发展政策的主体;均衡发展政策的转化过程主要体现在学校内部进行资源分配,供给教育服务的活动上,

---

❶ WREN D A. The evolulion of management thought[M].New York: John Wiley & Sons, Inc. , 1994.

政策转化的状况则体现在校内均衡发展（目标二）的状况中。第三，学生的身心等各方面的发展状况是义务教育发展结果与政策产出的最终体现，均衡发展政策的终极目标（目标三）的达成则有赖于对学生身心等各方面发展情况的改善过程。

（二）均衡发展与相关概念的关系分析

1.均衡发展与教育公平的关系

"公平"（equity）是一个与平等（equality）、正义（justice）密切相连的概念，也是一个自古至今争议不断的概念。在哲学视野中，教育公平更多地被理解为一种价值论；在经济学领域，教育公平更多地被理解为一种投入与产出的比较；在法学领域，教育公平被认定为一项法定权利；而在社会学领域，教育公平则代表着群体与个体的教育利益获得。对于何谓教育公平（educational equity），时至今日也没有一项权威性的定义，但各国均将教育公平作为教育政策的基本价值追求是一个不争的事实。

当前国内外对教育公平的研究中，影响最为普遍的是胡森（Torsten Husen）的观点。胡森指出，教育机会平等经历了三个不同的发展阶段，相应地，教育公平分为三种不同的类型，即起点平等（公平）、过程平等（公平）与结果平等（公平）。其中，起点公平强调的是入学机会的均等，过程公平强调的是教育条件的均等，结果公平强调的是学业成功机会的均等。❶

哈里楠（Maureen T.Hallinan）等人也进一步将教育公平的三种基本形态归纳为基本的教育平等、自由的教育平等与激进的教育平等。其中，基本的教育平等强调的是权利的公平。其根本内容是"人类在尊严和价值上都是平等的，因而值得平等地被关心和受尊重"❷，强调给予所有的儿童与青少年同样的受教育机会。这种公平的类型"用的是来自平等的自由，而不是走向自由的平等的话语"，是"用基本上是消极的术语定义平等"，因而仅是一种"教育机会上的最基本的公平，一种底线的公平"❸。自由的教育平等"在政策领域一般与机会平等原则相联系。它认识到社会是分层的，建议平等的政策应指向为在分层系统内给各种类型的流动

---

❶ 胡森.平等：学校和社会政策的目标 [M]// 张人杰.国外教育社会学基本文选.上海：华东师范大学出版社，2009.

❷ 哈里楠.教育社会学手册 [M].傅松涛，等译.上海：华东师范大学出版社，2004：156.

❸ 谢维和.中国的教育公平与教育发展（1990—2005）：关于教育公平的一种新的理论假设及其初步证明 [M].北京：教育科学出版社，2008：23.

（教育的、职业的、生涯的、代际的等）以平等化的机会"❶，强调"参与的平等"。参与率是其重要的衡量指标。而激进的教育平等不仅要求机会的平等、参与率的平等，还要求整个教育结果或教育成就上的平等，它是"依据教育内部边缘人群的教育成就或成功率来测量的""主张为促进平等要在机构和社会的建构方面进行一场激烈的变革"。麦克马洪（Mc Mahon）则认为，教育公平还可以分为水平公平、垂直公平与代际公平三种类型。其中，水平公平（horizontal equity）指的是对相同的人的相同对待；垂直公平（vertical equity）指的是对不同人的不同对待；代际公平（intergenerational equity）则指的是确保上一代人身上的不平等现象不至于全然延续下去。❷

　　作为当前及未来很长一段时间内我国推进义务教育发展的基本政策，均衡发展（balanced development）与教育公平既相互区别又相互联系。一方面，均衡发展以教育公平为目标与价值追求，也是教育公平在教育政策中的具体体现，是教育公平实现的政策路径。每一个均衡发展阶段目标的实现都意味着我国的教育公平发展到一个新的阶段与水平。从均衡发展与教育公平类型的对应情况来看，所有儿童入学机会的均衡体现了起点公平的理念，就学条件与参与水平的均衡体现了过程公平的理念，而儿童获得平等教育成就机会与未来发展机会的均衡则体现了结果公平的理念。另一方面，均衡发展并不能完全等同于教育公平。均衡发展既关注均衡又指向发展，且以发展作为根本的立足点。在关注公平、均等、平等、均衡等要素的同时，还强调差异原则与效率原则。要求学校作为政策的运行主体通过自主办学，办出特色，富有个性，满足受教育者成长、成才的需要，防止"千校一面"；要求政府坚持公正，给予学校、学生以发展的平等机会，又尊重他们的个性，而不是"一刀切"，搞"平均主义"；要求政府与学校在推进促进教育公平的过程中注意防止浪费、腐化等无效率的现象，提高发展的质量。因此，均衡发展是教育公平的重要体现，但又不等同于单纯的教育公平。

　　2. 均衡发展与教育机会平等的关系

　　教育机会平等在《教育大辞典》（增订合卷本）中的解释是："现代社会政策和教育政策的一个目标。作为教育社会学研究中的经典性课题之一和教育发展、改革的目标之一。其含义为：①入学机会均等或入学不受歧视；②受教育过程机会均等；③取得学业成功的机会均等。标志是社会保证每个社群的子女在各级各类教

❶ 哈里楠.教育社会学手册 [M].傅松涛，等译.上海：华东师范大学出版社，2004：345.
❷ 郑晓鸿.教育公平界定 [J].教育研究，1998（04）：29-33.

育中所占比率，与其家长在总人口中所占比率大致相等。"如前所述，教育机会平等与教育公平关系十分密切，既是许多国家为推进教育公平而采取的多项教育政策的合集，又是教育公平理论的现实表征，教育机会平等的内容直接受到教育公平类型的影响。其中，起点公平论直接指向入学机会的平等，过程公平论指向参与机会的平等，结果公平论指向获得平等教育成就的机会平等。科尔曼（James Coleman）还将结果公平论进一步发展为"教育对生活前景机会的影响平等"。因此，作为推进教育公平实现的政策路径与教育公平理论的现实表征，均衡发展与教育机会平等具有极大的相似性。可以说，均衡发展与教育机会平等殊途同归，均以受教育者获得公平的教育对待与教育结果为努力方向。但与此同时，二者仍旧存在着区别，教育机会平等更多是从受教育者的角度来定义教育公平，关注的是"人"的问题，且更加注重价值性。而均衡发展则是从教育载体的发展角度来定义教育公平，关注的是通过改善"物"的状况来改善"人"的状况，更加注重操作性。从某种意义上来说，均衡发展是实现教育机会平等的手段与途径，而教育机会平等是均衡发展的价值诉求与实践归宿。

第二节 义务教育区域均衡发展的重要意义

保障教育公平和兼顾质量与效率，是义务教育区域均衡发展的重要意义。本节将详细进行介绍。

一、教育公平：义务教育均衡发展的核心追求

（一）均衡发展是义务教育的根本属性

义务教育是政府、社会、家庭、学校为全体国民提供的基本的也是强迫性的教育，实质上是为提高全民族的素质而对适龄儿童进行的合格教育。义务教育具有强迫性、公益性和福利性，其强迫性中蕴含着对每个受教育者的公平性。教育属于社会公益事业，发展教育是政府的重要职责。

与其他阶段的教育相比，义务教育更应该是政府首先应予以保证的教育，办好义务教育是政府义不容辞的责任和义务。不管是资本主义国家还是社会主义国家，不管是发达国家还是发展中国家，也不管是中央集权制国家还是分权制国家，政府对于义务教育的责任都是不可推卸的。我国是社会主义国家，社会主义的本质是解放和发展生产力，最终实现共同富裕。我们党的根本宗旨和国家的根本职

责是为最广大人民群众谋利益。满足人民群众受教育特别是接受义务教育的要求，让人民群众享受较高质量的义务教育，是我国建设社会主义教育事业的根本任务。《中华人民共和国义务教育法》的制定，以法律的形式确定了义务教育各有关主体的责任，实质上也从法律的角度进一步明确了政府在义务教育中承担的责任。义务教育既然是政府的首要责任，既然是公民的基本权利，既然是每一个公民所必须接受的保底性的大众教育，那它必须是均衡发展的教育，否则就会造成明显的不公平。不论是社会主义制度还是资本主义制度，也不论是哪一个政党执政，政府的重要职能之一就是承担社会公共事务的管理，维持社会的公平和正义，以政府为责任主体推进义务教育均衡发展，就是追求其公平性，以确保整个社会的公平、公正。

（二）义务教育均衡发展是基本人权在教育上的体现

1948 年 12 月 10 日，联合国大会通过《世界人权宣言》，其中第二十六条规定："（1）人人都有受教育的权利。教育应当免费，至少在初级和基础阶段应如此。初级教育应属义务性质。技术和职业教育应普遍设立。高等教育应根据成绩而对一切人平等开放。（2）教育的目的在于充分发展人的个性并加强对人权和基本自由的尊重。教育应促进各国、各种族或各宗教集团间的了解、容忍和友谊，并应促进联合国维护和平的各项活动。（3）父母对其子女所应受的教育种类，有优先选择的权利。"

1990 年 3 月 5 日至 9 日，在泰国宗天召开的世界全民教育大会上通过的《世界全民教育宣言》指出："……教育是全世界所有人的一项基本权利，不论他们是女性还是男性，不论他们的年龄如何，接受教育可以有助于确保一个更安全、更健康、更繁荣和环境更为美好的世界……每一个人，儿童、青年和成人，都应能够受益于旨在满足他们的基本学习需要的教育机会……要使基本教育做到公正，必须为所有儿童、青年和成人提供机会以达到和保持一个令人满意的学习水平。"《中华人民共和国宪法》规定："每个公民都享有受教育的权利和义务。"义务教育均衡发展的实质是人权平等在教育上的体现。义务教育是在每个纳税人的支持下发展起来的社会公益事业。政府作为资金的收集者和再次配置者应当考虑到最广大的社会人群的利益。哈佛大学教授约翰·罗尔斯曾提出教育公平的两个层次：一是教育权利公平，即确保人人都有受教育的权利与义务；二是教育条件和机会公平，就是学生所接受的教学条件、教学内容、教育经费和师资水平大体持平是教育结果公平，要求教育追求差异性的平等。根据每个学生的先天禀赋和已有智能向他们提供一种他们所期望或适合于他们潜能的教育。要保证公民在接受义务教育方面的基本人权的平等，必须推进义务教育均衡发展，关键是解决儿童就学条件的严重不平等。

（三）义务教育均衡发展是实现教育公平、维护社会稳定的有力保证

教育是社会发展的平衡器、稳定器。教育的一个基本功能就是让每一个社会成员都得到应有的发展，从而促进社会阶层流动化、社会地位平等化。具体来讲，教育能够促使社会中处于弱势状态的人群向上层流动，从而增进社会的平等，促进社会的稳定。教育公平是社会公平的基本构成和重要保证，是促进社会公平的有效工具。义务教育是旨在提高全民族素质的具有基础性、全局性和先导性作用的国民教育，其均衡发展对于推动当代社会结构的变革，促进社会稳定具有重要意义。

教育对社会稳定所起的作用主要表现在两个方面：一是让全体成员共享基本的知识和信念，降低彼此之间的陌生感，从而稳定社会秩序。英国知名经济学家和政治哲学家弗里德里希·哈耶克指出："在当代社会中，对于达到一定的最低标准的义务教育的争论有两个方面。有一种普遍的论点认为，如果我们的同胞与我们共享某些基本的知识和信念，我们所有的人都将面临较少的风险，我们便会从我们同胞那里得到更多的益处。而在具有民主制度的国家，还有一个更加重要的考虑，那就是民主不大可能在部分文盲的人民中实现，除非在最小的地方范围内。"❶二是通过提供公平的基础教育，为进一步实现社会的合理分层奠定基础。按照社会阶层分布理论的一般观点，橄榄型的社会结构（社会上中产阶层占人口比例的大多数）比较稳定；金字塔形的社会结构（贫困人口或社会下层占人口多数）是极不稳定的。对此，诺贝尔经济学奖获得者刘易斯有详尽的阐释，他指出，收入分配的变化是发展进程中最具行政意义的方面，也是极容易诱发嫉妒心理和动荡混乱的方面。就我国现状分析，占人口大多数的是收入处于最底层的农民，如果不改变这种状态，长此以往必然会引起他们的不满，危及社会稳定。教育的一个属性就是面向未来，同社会出身相比，教育对实现人们在社会关系中的调节作用是巨大的，它能够给弱势群体一个向社会上层流动的机会，使他们寄希望于教育，相信个人努力与社会回报之间的正相关关系。总之，教育是社会阶层流动的调节器，是社会弱势群体的希望所在，教育的公平有利于合理的社会阶层的形成与调节，有利于维持社会的稳定。

---

❶ 赵燕.清末民国时期儿童文学教育学术史研究[D].西安：陕西师范大学，2016.

二、质量与效率兼顾：义务教育均衡发展的最高追求

（一）追求均衡不意味着放弃效率

当下，在推进义务教育均衡发展的进程中存在一种错误的认识，即追求公平与讲究效率是一对不可调和的矛盾，二者不可兼得，推进义务教育均衡发展必须以牺牲教育效率为代价。这种错误认识的根源在于没有理清教育公平与教育效率之间的关系。

实际上，抛开二者在内涵、范畴上的差异，教育公平与教育效率之间存在着互相依存、互相促进、互相转化的密切关系。公平与效率是人类社会追求的两大理想，从整体上看二者是相互依存的，不能孤立和片面对待。教育公平以教育效率为衡量尺度，如果没有教育效率，教育既不能促进个体的发展，也不能给社会发展带来效益，那样的教育公平就没有意义；反之，教育效率必须以教育公平为衡量的尺度，如果在教育发展过程中，只是强调教育投入的直接效果，尤其只考虑社会整体中部分成员的教育要求，对最广大民众特别是弱势群体接受均等、优质教育的呼声置之不理，那么这样的教育效率是徒有虚名的，而且不利于社会的和谐与稳定，最终效率也得不到真正意义上的体现。教育公平要求把有限的教育资源合理地分配给社会成员，让他们满足各自的需要，保证社会秩序的稳定，从而促进社会的进步、发展；追求教育效率要求把有限的教育资源科学合理地加以配置，使有限的投入取得最大的效果，一方面提高社会整体产出，另一方面提高社会个体的收益。效率的提高，对社会整体的稳定和繁荣、对个体的生存与发展都具有积极意义。效率提高了，社会资源更能公平地分配，资源公平分配了，也就更能提高社会成员的积极性，从而进一步提高教育的效率。这里表现出质量和效率的一致性：一方面，教育越公平越有效率，越不公平效率越低；另一方面，教育资源配置的原则越公平，教育给社会、给个体带来的效率越高，反之亦然。

辩证地看，教育公平与教育效率是教育资源分配中质的规定性与量的规定性的和谐统一。教育公平从本质上讲是维护公民平等的受教育权利，而要体现这一公平理念，就必须扩大教育规模。就现代社会而言，教育在数量上的增长是基于教育平等和教育机会均等的公平的理念，普及义务教育是教育平等的公平理念在国家政策上的体现。现实中，教育公平必然受到教育资源有限性的制约，任何国家都要考虑教育投入的收益问题。不讲究效益的公平是一种浪费，它不仅不能促进社会发展，反而会阻碍社会、经济发展。教育是社会的一个子系统，教育投入只不过是国民经济分配的一个方面，必须与本国或本地区的实际相适应。教育增

长的目的旨在促进教育公平，维护公民的受教育权利，然而数量上的增加并不必然带来实质上的教育机会均等，教育规模的扩张只是教育公平的必要条件，没有质量上的保证，数量上的增加将变得没有意义。因此，不切实际地增加教育的机会并不一定能够体现教育公平；相反，教育的盲目扩张还会影响教育公平的真正实现。

教育公平和教育效率的关系实际上是质的规定性与量的规定性的统一，离开质的规定性来谈教育效率和离开量的规定性来谈教育公平一样没有意义。公平和效率是人类追求的两个基本目标和理想，两者具有内在一致性和辩证统一性。公平并不必然带来低效率，从某种程度上说，适度的公平倒是高效率的源泉，关键要把握好它们之间的关系，找准其最佳结合点，这也是教育均衡发展的使命所在。

具体到义务教育而言，其效率的体现并不在于个别学生的优质发展，而在于完成义务教育学业标准的学生数量和比例。义务教育均衡发展不是教育平等发展，更不是绝对的平均发展，而是以公平为先的发展，绝不会像有些人认为的那样出现教育的低效甚至使教育停滞不前。义务教育均衡发展不仅是以公平为目的，而且以高效率为其价值取向，均衡在其本义上应该包括公平与效率的平衡。

（二）讲求质量是义务教育均衡发展的应有之义

追求教育公平与追求教育质量，是教育永恒的两大追求。"教育"一词既有作为事业的宏观的教育意蕴，又有作为活动的微观的教育内涵，无论从宏观讲还是从微观讲，都有一个公平和质量的问题。究其本质，还是教育公平和教育效率的关系问题，也就是如何在保证公平的前提下，最大限度地提高教育质量。教育均衡发展的提出，实际上正是这种社会需求或矛盾发展到一定阶段的产物。均衡发展的真实意蕴就是追求这种结合点，尽可能地在保证教育公平的前提下实现教育的优质、高效发展。其实，教育公平与教育质量并非"鱼与熊掌不可兼得"。因此，对二者关系的认识应基于以下几点。

第一，教育均衡发展不是纯粹的平等发展或平均发展，不是要追求教育结果的绝对平等，而是要追求一种平衡，一种教育的公平公正，寻求教育起点上教育资源配置的合理性，以及教育过程中对待学生的公正性。义务教育公平具有其个性，其实质在于教育资源配置上的平等，或在教育起点上教育条件的相对平等。

第二，公平和效率质量并不是势不两立的矛盾对立面，而是一对相关的范畴。公平不仅不会带来低效率，而且真正的公平恰恰是教育高效率高质量的源泉。

第三，均衡在本质上就隐含着公平与效率质量的均衡，教育均衡发展实际上是科学发展观在教育领域的具体化。科学发展观坚持以人为本，坚持统筹兼顾，坚持经济社会统筹、区域发展统筹、城乡统筹、人与自然统筹、内部改革与对外开放统筹等，要求社会各因素、各系统全面协调可持续发展。而教育均衡发展实质上也是对过去那种片面追求效率和所谓的质量（升学率）的狭隘教育发展观的扬弃和超越，体现了统筹兼顾的要求和以人为本的原则，体现了公平优先、兼顾效率质量的科学教育发展观。因此，提高质量是义务教育均衡发展的题中之意，而且教育均衡发展不仅是美好的追求，还是可以实现的理想。

第三节　义务教育区域均衡发展的时代背景

当前的社会和经济背景都十分复杂，这也对我国义务教育区域均衡发展提出了挑战。本节将详细分析义务教育区域均衡发展的时代背景。

一、义务教育均衡发展是应对知识经济和全球化挑战的战略选择

当前，新的科技革命和信息化浪潮加速推进全球化趋势，这使知识经济不断延展、深化，并日益改变着各国、各地区人民的生活方式，改变着国家之间的竞争格局。教育是知识生产和再生产的重要阵地，教育日益成为国家发展水平和国际竞争能力的决定性因素，现在和未来都将在经济社会发展中发挥巨大作用，因此教育问题已引起各国政府的高度重视。全球化对基础教育的影响主要表现在以下两个对立的方面：其一，基础教育是消除分化与差异的重要途径；其二，基础教育成为造成社会分化与差异的一个重要原因。

知识经济的不断深化和全球化进程的不断加速，要求各个国家的社会发展应当具有全球战略，更加具有开放性。对于一个开放的现代社会而言，教育越来越成为一种重要的社会资源；对于个体而言，受教育程度日益成为获取社会资源的一个重要指标，并成为弱势群体向上层社会流动的一个先决条件。这就意味着在全球化的背景下，在开放的现代社会，个人地位的提升已不再仅依赖于社会的支持和帮助，而更多地依靠个人自身的资本、努力和成就，教育平等化的重要性更加凸显。基础教育特别是其中的义务教育面向全体国民，为每一个国民的终身发展奠定基础，它不仅是弥合社会分化与差异的重要途径，而且对人的平等、社会的平等起着奠基性作用。

总之，知识经济在信息技术革命的推动下不断加快全球化进程，世界各国综合国力的竞争空前激烈。综合国力的竞争表面上是科学技术的竞争，本质上是人才的竞争，归根结底是教育的竞争。努力办好基础教育特别是义务教育，是决定

各级各类人才培养数量和质量的基础性工程，关乎国民素质的提高，关乎国家的可持续发展能力，进而影响中华民族伟大复兴的进程。正如中国近代著名思想家梁启超在100多年前所言："少年智则国智，少年富则国富，少年强则国强，少年独立则国独立，少年自由则国自由，少年进步则国进步，少年胜于欧洲，则国胜于欧洲，少年雄于地球，则国雄于地球。"推进义务教育均衡发展是应对知识经济挑战，应对经济全球化时代综合国力竞争挑战的战略选择。

二、义务教育均衡发展是促进社会公平、建设和谐社会的时代要求

社会公平虽然是一个历史概念，但"人人生而平等"已成为近现代以来世界各国人民追求人身权利和社会公平的至理名言。近年来，我国公民的社会公平意识不断觉醒并日益增强，公平理念日益深入人心。教育公平是社会公平的基础，是社会民主思想和教育民主思想的体现。义务教育均衡发展是保证儿童、少年真正享有平等接受义务教育权利的基础。目前，我国已从法制和现实层面普及了义务教育，保证了所有儿童、少年享有平等接受义务教育的权利。但改革开放后我国经济和社会发展差异扩大，区域间义务教育发展水平的差异明显存在，并呈现扩大趋势，儿童、少年接受义务教育的权利实际上仍然不平等，教育公平和社会公平面临挑战，进而影响社会的稳定、和谐。

2004年9月，中国共产党十六届四中全会通过《中共中央关于加强党的执政能力建设的决定》，首次完整提出了"构建社会主义和谐社会"的目标、措施。2006年10月，党的十六届六中全会通过《中共中央关于构建社会主义和谐社会若干重大问题的决定》，明确提出："到2020年，构建社会主义和谐社会的目标和主要任务是：社会主义民主法制更加完善，依法治国基本方略得到全面落实，人民的权益得到切实尊重和保障；城乡、区域发展差距扩大的趋势逐步扭转，合理有序的收入分配格局基本形成，家庭财产普遍增加，人民过上更加富足的生活；社会就业比较充分，覆盖城乡居民的社会保障体系基本建立；基本公共服务体系更加完备，政府管理和服务水平有较大提高；全民族的思想道德素质、科学文化素质和健康素质明显提高，良好道德风尚、和谐人际关系进一步形成；全社会创造活力显著增强，创新型国家基本建成；社会管理体系更加完善，社会秩序良好；资源利用效率显著提高，生态环境明显好转；实现全面建设惠及十几亿人口的更高水平的小康社会的目标，努力形成全体人民各尽其能、各得其所而又和谐相处的局面。"社会主义和谐社会是我国社会发展的理想目标，其中蕴含着社会各阶层自由平等、和睦融洽、共享幸福生活的美好愿望。在我国构建社会主义和谐社会的进程中，人们对社会公平的关注程度迅速提高。社会公平正义是社会和谐的

基本条件，而教育公平是社会公平的基石，是实现社会公平的"最伟大的工具"。要实现教育公平，教育均衡发展必不可少，推进教育特别是人人共享的义务教育均衡发展不仅成为关系国家战略的重大问题，也是落实科学发展观、践行以人为本治国理念的客观需要。对此，《中共中央关于构建社会主义和谐社会若干重大问题的决定》特别强调："坚持教育优先发展，促进教育公平。全面贯彻党的教育方针，大力实施科教兴国战略和人才强国战略，全面实施素质教育，深化教育改革，提高教育质量，建设现代国民教育体系和终身教育体系，保障人民享有接受良好教育的机会。坚持公共教育资源向农村、中西部地区、贫困地区、边疆地区、民族地区倾斜，逐步缩小城乡、区域教育发展差距，推动公共教育协调发展。"习近平总书记指出："到 2020 年全面建成小康社会，最艰巨的任务在贫困地区，必须补上这个短板。扶贫必扶智。让贫困地区的孩子们接受良好教育，是扶贫开发的重要任务，也是阻断贫困代际传递的重要途径。"义务教育均衡是教育均衡的基础和底线，义务教育均衡发展是教育均衡发展的首要目标。

三、义务教育均衡发展是解决发展失衡，破解"择校""乱收费"等教育热点、难点问题的必由之路

如果说非均衡发展是教育现代化发展必然要经历的一个过程，那么均衡发展则是教育现代化所努力追求和必然要实现的目标。改革开放以来，我国经济、社会各项事业发展突飞猛进，尤其是近年来经济持续保持快速增长的强劲势头。这些可喜成果以及持续发展的强大后劲，正是得益于我国在经济发展模式上一直采取的非均衡发展战略，也就是鼓励一部分地区、一部分人先富起来，然后走共同富裕之路。但是，这种非均衡发展策略在带动经济快速发展的同时，也造成了地域之间、城乡之间和群体之间经济发展水平的差异，并且这种差异呈扩大趋势。与经济发展不均衡相对应，教育领域也同样存在着地区、城乡和学校之间的严重失衡问题。在同一个以公有制为主体的社会主义国家中，人们接受教育的基本权利还存在着极大的差异，教育机会存在着事实上的严重不平等，包括义务教育在内的教育发展在不同区域之间极不均衡。

此外，由于长期以来国家政策的倾斜（这种倾斜实际上也是由于教育资源短缺的无奈选择），教育领域过于重视重点学校、示范学校的建设，造成了一批相对薄弱的学校，导致了同一地区也存在着学校之间的不均衡。教育领域学生择校、学校乱收费现象产生的两种完全相反的原因正说明了这一问题。一是城市的重点学校、示范学校乱收费。这是由于学校在建设过程中，政府投入力度大，学校设施、设备和师资力量配备强，教学条件优越，教学质量好，社会知名度高，形成

了品牌效应，家长趋之若鹜，竞相将子女送入这种学校读书。但是，这些学校的承受力是有限的，校长抵挡不住数量众多的"条子生""关系生"的巨大压力，同时又要保证教育教学的正常运行，不得不采取两种办法来缓解学校生源压力：一方面加高门槛，提高入学成绩；另一方面，通过大幅度提高择校生收费标准来限制生源流入。究其本质，这实属一种无奈的自我保护式的乱收费。二是农村的薄弱学校乱收费。中华人民共和国成立以来，我们长期实行城乡二元化经济模式，农村经济发展与城市相比存在巨大差距，经济力量十分薄弱，分级办学、分级管理体制造成农村学校经费投入根本不能保障正常办学所需，再加上重点学校政策的推行，使薄弱学校的生存难以为继。为了学校的生存和正常发展，校长们不得不违反政策收取一定数量的费用。虽然一年下来这些薄弱学校违规收取的费用总额不一定能比得上城市重点学校一名学生的择校费数额，但毕竟是乱收费，这是一种不得已的求生式的乱收费。由此不难看出，重点学校政策导致学校之间的差距进一步拉大，使得强者愈强，弱者愈弱，这是教育领域极为典型的"马太效应"。这种现象的长期存在造成学校的两极分化日趋严重，进而导致大众受教育条件走向两极，最终将会危及社会的和谐与稳定。

四、义务教育均衡发展是我国现今乃至今后相当长一个时期教育事业发展的基本战略

世界各国教育改革发展的历史表明，在义务教育普及以后，教育发展的重心应从关注规模、追求效率转移到讲求公平、提高质量上来。在全国基本普及九年义务教育之后，国家积极推进义务教育均衡发展，这是审时度势、高瞻远瞩的明智选择。

2007 年 10 月，中国共产党第十七次全国代表大会也明确提出"优化教育结构，促进义务教育均衡发展"的目标，义务教育均衡发展成为党和政府工作的重要目标。2010 年 5 月 5 日，国务院常务会议审议并通过了《国家中长期教育改革和发展规划纲要（2010—2020 年）》（以下简称《纲要》）。《纲要》在第二章"战略目标和战略主题"中明确指出："形成惠及全民的公平教育。坚持教育的公益性和普惠性，保障公民依法享有接受良好教育的机会。建成覆盖城乡的基本公共教育服务体系，逐步实现基本公共教育服务均等化，缩小区域差距。努力办好每一所学校，教好每一个学生，不让一个学生因家庭经济困难而失学。切实解决进城务工人员子女平等接受义务教育问题。保障残疾人受教育权利。"《纲要》在第四章"义务教育"中进一步强调："推进义务教育均衡发展。均衡发展是义务教育的

战略性任务。建立健全义务教育均衡发展保障机制。推进义务教育学校标准化建设，均衡配置教师、设备、图书、校舍等资源。"2017 年 7 月 3 日,《教育部　财政部关于进一步加强全面改善贫困地区义务教育薄弱学校基本办学条件中期有关工作的通知》指出，要"深入贯彻落实中央决策部署，聚焦聚力抓落实，全面改善贫困地区义务教育薄弱学校基本办学条件工作取得了阶段性成效"。

可见，均衡发展义务教育作为党和国家的一项战略任务，已经成为今后相当长一个时期我国教育特别是义务教育发展改革的重中之重。

第四节　义务教育区域均衡发展的基本模式

一、名校集团化均衡发展模式

随着改革开放以来的经济、文化建设的发展，尤其是近年来社会经济和教育的飞速进步，我国的基础教育和高等教育都取了长足的进展。在基础教育方面，九年义务教育制度的实施和城乡儿童义务教育免学费政策的推出，使基础教育阶段的适龄儿童、青少年基本上都获得了受教育的机会，以往的"上学难"问题在很大程度上得到了解决。但是，在"有学上"的情况下，更多的家长开始期望自己的孩子能够"上好学"。因此，伴随着"有学上"问题的解决，整个教育领域在新的社会背景下又出现了一个新的问题，即"上好学"的问题。如果说以前国家的教育政策主要是解决"有学上"的问题，为适龄孩子创造出上学读书的机会，那么到了现在，教育政策也必须适应从"有学上"到"上好学"的转变，为适龄孩子创造出接受优质教育的机会。正因为名校、名师这样的优质教育资源是比较稀缺的，于是"择校难""择校热"就在家长们追逐优质教育资源的过程中长盛不衰。大家都希望享受优质的教育资源，但是有限的优质教育资源无法满足所有人的需求。因此，当前政府和教育部门的功能，已经逐渐从以往的解决受教育机会的问题，转向了解决受优质教育机会的问题。

基础教育的均衡发展，显然不能是一种低质量的均衡发展，而应当是一种高质量的优质均衡发展。为了实现优质教育资源的均衡发展，一些省市和地区（如杭州、上海、深圳）率先推出了"名校集团化"的优质教育资源发展方式。名校集团化是指在当地教育行政部门的支持下，以当地知名的中小学校为发起单位或者创始单位，联合当地薄弱或者相对薄弱的学校，甚至重新创办新学校，形成以知名的中小学校的教育品牌为名的教育集团，实现集团化的经营和发展。❶这种名校集团化的教育理念，以全国或当地知名学校为龙头，实施"名校＋新校""名校＋民校"（即"名校办民校"或"公办名校旗下的民办分校群落"）"名校＋弱校"等形式，以名校的优质教师资源、教学资源、管理资源和理念资源来带动新校、民校、弱校等的发展，实现优质教育资源的均衡配置。这种名校集团化的理念和实践，在很大程度上能使更多的适龄孩子受到优质的教育资源，获得更好的发展机会。目前，一些省市地区已经在政府和教育主管部门的主导和协调下（如杭州、上海、深圳），率先开始了名校集团化的探索和尝试，同时获得了丰富的经验和成果。

名校集团化发展策略的提出，体现出了当前教育理念的一种重大转变。在以往的教育发展方式中，重点学校与非重点学校、知名学校与薄弱学校被划分为两种全然不同类型的学校。重点学校、知名学校享有政府更多的物质、财力的投入，同时也拥有更好的教师资源、教学资源等；而非重点学校、薄弱学校由于缺乏社会支持，在物质资源、教师资源、教学资源等方面都要明显落后于前者。这就形成了重点学校、知名学校与非重点学校、薄弱学校之间的二元对立模式，不利于优质教育资源在两者之间的均衡配置，导致"强者更强，弱者更弱"的局面产生。因此，名校集团化理念的提出，正是基于对这种二元分立的教育发展模式的反思和批判，它试图通过以名校带动弱校，以名校联合弱校，实现集团化经营和共同发展。这种发展方式一方面运用了一定的市场化运作，使学校与市场形成联合，发挥出市场的资源配置的效率；另一方面，实现了公平与效率的协调，名校集团在追求其自身效率和效益的时候，也在一定程度上促进了优质教育资源的公平配置。

在东部沿海发达地区，由于经济、文化相对比较发达，政府和教育部门的管理理念比较开放，而人们的教育理念和思维方式也比较开放，因此名校集团化的模式率先在沿海地区发展起来。比如，从 2002 年开始，杭州市委、市政府就开始探索名校集团化的发展模式，而到了 2004 年，就开始推行名校集团化的发展战略。新名校集团化战略大大缓解了优质教育资源供需矛盾，使更多的人能就近享受更好的教育：全市优质学前教育覆盖率达到 78.6%，领先全省乃至全国；六城区中小学名校集团化覆盖面达 81%；全市 16 所高中先后通过省一级普通高中特色示范学校评估验收，占全省总数的 22%；经省评估认定的基本实现教育现代化县（市、区）已达 9 个，数量居全省之首。上海市的松江区成立了以松江二中为"龙

---

❶ 周彬 ."名校集团化"办学模式初探 [J]. 教育发展研究，2005（16）：84-88.

头学校"，包括松江九峰试验学校、松江五中的松江二中教育集团，该集团主要目标是整合和优化松江区的中学教育资源。同时，还成立了以中山小学为"龙头学校"，包括了中山永峰试验小学、茸北小学的中山小学教育集团，该集团的主要目标是整合和优化松江区的小学教育资源。此外，在沿海的深圳市以及内地的成都市，在民众对优质教育资源的强烈需求的推动下，也开始探索建立名校教育集团，实施名校集团化的办学模式。以杭州、上海、深圳等地区为代表的名校集团化办学模式，在当地政府和教育主管部门的主导和规划下，已经形成了一定的规模，产生了良好的社会效益和教育效果，这无疑从实践层面证明了名校集团化办学模式是一种合理、有效的办学模式。虽然它也可能存在一定的缺陷，但是在当前的社会背景下，它仍然不失为一种有益于基础教育的办学模式。

名校集团化办学模式是一种有益的探索和尝试，主要是因为其所蕴涵的价值追求与当代基础教育改革和发展的路径是相适应的，并且能够促进基础教育的发展。概括地说，这种价值追求就是通过学校与市场的联姻，创造出一种更能适应当前社会需要的、新型的学校管理模式和发展模式，以追求优质教育资源的公平配置，最终在最大限度上实现教育公平。名校集团化遵循双重的办学理念，即公办学校的公益理念以及市场的效率理念。通过这两个理念的坚守，可以实现教育资源的公平配置，而且在维护公平的同时又不阻碍学校办学和发展的效率。

从教育资源的公平配置来看，名校集团化策略可以打破传统的重点学校与非重点学校、知名学校与薄弱学校的二元对立的思维模式，也将打破传统的将政府所拥有的资源向重点学校倾斜，而薄弱学校在无形中被遗忘的局面。名校集团化办学模式对于优质教育资源的公平配置，首先表现为它在"量"上扩大了名校的数量。各地的薄弱学校可以加入名校集团，运用名校的学校品牌，使名校不再是几所凤毛麟角的学校，而是在数量上获得重大突破，更多的家长和学生不用为"择校难"而发愁，因为随着名校集团规模的扩大，到名校就读将不再是难以实现的梦想。比如，杭州市在实行名校集团化办学模式之前，能进入名校就读的学生在学生总数中只占很小的比重，大部分学生只能到普通学校甚至薄弱学校就读。在实施名校集团化办学模式以后，名校在数量上得到了显著的提升。名校集团的覆盖面非常广，杭州市 80% 左右的学生获得了在名校就读的机会，享受到名校所提供的更为优质的教育资源。

事实上，名校集团化办学模式不仅可以从"量"上来提高名校的数量，扩大名校集团的覆盖面，同时也可以从"质"上提高原先的普通学校和薄弱学校的教育质量，改善薄弱学校、普通学校的面貌。由于加入了名校集团，普通学校和薄弱学校也能享受到名校所提供的财力资源、人力资源、教学资源等，因此它们可以从内在质量上不断提升自己，摆脱"薄弱"的帽子，真正地提升本校的管理水平、教育效果和教学质量。比如，杭州市政府、上海松江区政府在推行名校集团化办学模式的同时，对实施集团化办学的学校，在资金投入、校园建设、教学设施设备的配置等方面都给予了大力支持，这在物质资源层面上保障和提升了集团化办学中各个学校的物质环境建设。另外，政府还鼓励名师资源、教学资源在集团学校内部流动，集团化办学在制度层面上也肯定了集团内部的教师资源、教学资源的合理流动策略，这有利于资源流动和资源共享，尤其有利于集团内部相对落后的学校的发展，从而实现真正的优质均衡发展。由此可见，名校集团化办学模式对于集团学校的促进作用是双重的，它不仅可以促进集团学校在数量上扩大，更为重要的是它可以通过优质资源共享的方式来促进集团学校在质量上的提升，实现集团学校的相互学习、相互促进和共同发展。

二、学区化均衡发展模式

（一）学区化均衡发展模式的内涵

广州越秀区，湖南醴陵市、凤凰县，河南息县等地，在推进义务教育均衡化发展过程中，结合本地实际探索了义务教育阶段的学区化均衡发展模式。学区化均衡发展模式是指将地理位置相对集中、办学层次不同的若干所学校组合起来，构建划片学区。学区化模式打破了行政区划限制，管理体系实行教育行政部门、学区、学校三级管理。学区化模式一方面保证学区内各学校的人事、财政的相对独立性，最大限度地减少由于合校、兼并所带来的人事安排和财政核算的压力，另一方面，各个学校充分挖掘自身资源优势，探索学区资源优化组合的有效途径，在资源共享的基础上谋求共同发展、合作共赢。学区化模式在保证各校独立的基础上，结合本地实际，把学区化建设的重点放在教学资源、教师人力资源、合作发展平台的互利共享上。通过构建有重点的合作发展平台，实现校际管理经验、校园文化及教育资源的相互流动、相互输出，实现教师校际群体间、教师个体间、学校具体教育教学行为间互动，通过互动实现学校办学特色与共同发展的双赢局面。

（二）学区化均衡发展模式的特点

学区化均衡发展模式是推进义务教育均衡发展的一个有效模式，综合各地学区化均衡发展模式的具体实践，可以看出学区化均衡发展模式主要有以下几个特点。

首先，学区是一个处于教育行政部门和学校之间的教育管理单元。学区作为教育管理单元介入学校管理，打破了原有的县、乡、校三级管理模式，学区受县级教育行政部门的委托，负责制定学校的日常管理规划，实施日常教育教学管理指导，负责学区内各级各类学校间的资源调配，或者是由县（区）级教育行政部门到学校的两级管理模式向县（区）级教育行政部门到学区，再到学校三级非行政管理新体制转变。管理体制打破各学校之间的界限，在一定限度内为资源的合理配置提供了机制基础。

其次，学区扮演教育资源配置和流动的协调角色。在宏观上，学区执行教育行政部门制定的义务教育发展规划和各项教育方针政策。在微观上，学区负责学区内学校的日常管理工作，如部门的经费预算；负责师资队伍的配备与流动、校际学科教研，教师的教育教学水平提升，推行教育教学改革等；负责日常的教育教学管理、教学效果评价等具体事务，统筹学区内教育资源配置，实现学区内各学校之间的均衡发展。

再次，学区是一个教研活动综合体。在学区未建立之前，学校的教研工作通常是以校为单位，偶尔开展校际教研，建立学区后，学科教研工作就不单单是一校之事，而涉及整个学区，以学区为单位的教研成为常态，学区通过构建网络教研平台，以学区为单位的教研让学区内的教师有更多的学习机会。

最后，学区具有双重角色，既是教育质量评价主体又是被评价的客体。学区的评价主体角色意味着学区负责制定本区质量管理考核评价办法，是教育教学质量上的负责单元，负责学区内各学校教育教学质量考评，在评价中纳入校际均衡发展指标。学区作为评价客体要求县（区）级教育行政部门对区域内义务教育教学质量及均衡发展状况的评价是以学区为单位进行监控，以学区为单位来比较义务教育在各学区间发展的均衡性。

（三）学区化均衡发展模式的实践

学区化均衡发展模式的基本思路是在学区间建立教育资源的优化配置，以学区为单位协作共赢，整体推动义务教育从低位向高位均衡发展，要实现这一目标，首要的问题就是要依据本地实际有效划分学区。由于各地的社会经济、行政区划、具体地域特点以及文化差异，学区划分的具体依据也有差别。在实践中，不同地区尝试的学区划分方式主要有以下几种。

1.跨乡镇的校际联合形式

在县域范围内，若乡镇的行政区划面积比较广，学校在乡镇中的分布比较分散，为了规划学区，可以打破原有的乡镇行政区划，以学校所处的实际地理位置、办学层次为基本条件划分学区。实践中，学区的划分可能一个乡镇的学校为一个学区，也可能出现一个乡镇为多个学区，也可能几个相邻的乡镇为一个学区，甚至会出现一个乡镇的学校被划分到其他乡镇的学区中接受学区管理。比如，2006—2008年，河南省息县在探索义务教育阶段学区化办学过程中，考虑到本县下辖的5个乡镇地处平原、常住人口稠密、生源密度大的特点，把5个乡镇的学校化为11个教育学区。把小茴店镇、关店乡等人口较多、学校也较多的乡镇，以初中学校为中心校划出2~3个农村义务教育学区。农村义务教育学区绕开乡镇管理，直接归属县教育行政部门领导，在学区范围内实行教育资源统一优化配置，建立教师合理流动机制、生源入学适度引导机制。实践结果证明，学区化模式的地方适用性，有效促进了学区内校际资源的优化配置和整体水平提升。再如，湖南省凤凰县针对地处山区、人口密度小、学校及办学点比较分散的特点，把全县24个乡镇的学校划分为5个教育学区，一个学区容纳了多个乡镇的学校，学区组建后，打破了原有乡镇中心管理薄弱学校的模式，学区内所有学校，不管办学水平如何，均交由学区统一管理，统一规划，湖南省凤凰县的学区化均衡发展模式探索可以说为农村义务教育学区协作、校际资源均衡化配置提供了经验。

2. 片区化学区划分模式

片区化学区划分模式是按照行政区划，基于功能配套的模式来实现学校间相互联结，在片区内统一学校规划布局，优化教育资源组合，实现学校均衡发展。片区化学区划分模式以株洲醴陵市为典型代表。在学区化均衡发展探索中，醴陵市抓住行政区划调整的契机，基于城乡一体化义务教育建设思路，按地理位置将全市30个乡镇（街道）分成东、西、南、北、中五个片区。五个片区的划分原则是就近原则，片区内有高中、初中、小学，山区有寄宿制教学点且方便学生就近入学。根据片区组建原则实施科学规划和学校建设，实施片区内资源配置和教师流动。具体做法如下：

首先，分片规划学校建设，针对不同片区的原有水平和面临的问题实施有针对性的建设。具体来讲，对东、南、西、北四个农村片区，由于原有办学硬件及软件条件相对比较薄弱，把建设重点放在薄弱学校改造、资源配置优化、办学条件改善上；对中部城市片区，学校原有办学条件较好，师资力量相对较强，面临的问题是班额较大、质量需再提升，因此把建设的重点放在扩容提质、解决"大班额"与进城务工人员随迁子女就学问题上。针对不同学区特点确定发展方向、建设重点，既保证了优质学校教育、教学质量的不断提高，又能集中资金、精力建设薄弱学校，促进学校间、学区间义务教育均衡发展。

其次，实施师资流动和教师队伍建设，促进片区师资均衡。为了实现师资队伍的均衡化，醴陵市制定了相关措施，如教师的补充向片区的农村学校倾斜，此举保证了片区内农村学校教师整体队伍素质的提升，实现了片区内教师队伍均衡；再如，实施校长、教师交流机制。校长、教师的交流机制规划三种模式：一是在保证片区内学科教师配备齐全的情况下，依据就近原则，推动片区内校长和教师的交流，以缓解片区内教师资源不均衡的问题；二是实现片区间优秀或骨干教师流动，通过这一模式，推动片区间优质教育资源的均衡化发展；三是实施全市教师流动统筹，每年有一定数量的教师在全市各片区间流动，促进师资均衡。

最后，教育管理以片区为单元，实施片区化管理，以片区为单位开展教研、教改和绩效考核，以此提高各个片区的教育发展水平。

除了以上两种模式外，广州市越秀区和河北省承德市等地也都因地制宜开展了学区化均衡发展探索，不同地区在学区划分和资源配置上有许多共同点，也有各自特色。

（四）学区化均衡发展模式的优势

从各地的实践来看，学区化均衡发展模式构建了教育行政部门、学区及学校三级管理模式，学区既有宏观上的规划制定责任，又有具体的教育教学管理责任。具体来讲，学区化均衡发展模式基于学区单位，由学区对本学区的发展制定规划，发挥学区在资源配置、管理效能及有效促进义务教育均衡发展的优势作用。学区化均衡发展模式在规划上立足于区域教育实际和教育教学发展规律，并在一定程度上打破了行政区划的藩篱，其独特的优越性值得肯定。

首先，学区的建立有助于制定义务教育发展规划。未建立学区之前，义务教育发展规划主要由教育行政部门制定，对整个县区具有同等的要求，发展规划制定统一、刻板而缺少区别、灵活。学区建立后，基于区内的学校在地理位置、教育水平等方面表现出的同质性，实施统一规划，标准化管理。学区在遵循义务教育统一规划的基础上，可以按照本学区的特征制定具有学区特点的义务教育发展规划细则。在统一细则的指导下，学区、学校的教育统一规划和推进特色教育活动并驾齐驱，一方面能改变"一刀切"带来的特色不足问题，另一方面能有效地减少教育决策与实施过程中因学校差异性带来的负效应。

其次，学区化均衡发展模式可以深度整合教育资源。义务教育均衡发展的一个根本点就是促进教育资源深度整合，学区化均衡发展模式可以实现这一目标。学区划分打破了原有的行政区划，打破了学校管理和资源配置校际各自为政的局面，通过制定共同的发展目标和资源流动机制，可以建立软硬资源共享平台，既有助于资源集约，又有助于解决薄弱学校资源不足的问题。比如，构建学区内图书资料共享机制，薄弱学校的教师可以到基础较好的学校查阅资料，这样有助于教师的专业发展。再如，学区内的教师可以通过教研、帮扶等机制实现薄弱办学效益提高，学区内办学水平高的学校教师还可以定期到薄弱学校讲课，建立教师走教制度，使薄弱学校学生也能享受优质教师资源。

最后，以学区为评价单位，促进学区内学校均衡发展。学区的建立打破了原有的学校管理机制和评价机制，学区既是评价主体又是评价客体。对教育行政主管部门来说，评价的对象是学区，可以减少以往以学校为单位评价的复杂性，既有利于实施教育管理，又有利于在学区内、学区间构建科学合理的考核与评价体系，并通过学区间学生培养质量和社会认可度的对比，综合规划、协调、监测县域内义务教育质量实施情况，在更大范围内推进义务教育均衡发展，不断提高义务教育发展质量与水平。

三、捆绑式均衡发展模式

（一）捆绑式均衡发展模式的内涵

捆绑式发展模式是由县区级教育行政管理部门根据本辖区内学校所处的地理位置、办学软硬条件及学校教育教学的实际发展水平等方面的情况，把不同办学层次的几所学校联合在一起，组建发展共同体，在共同体内部构建资源共享平台，实施优势互补，通过教育共同体的组建深度整合教育资源，以使共同体内的各个学校共建共享、共进共荣。捆绑后的学校作为一个联合体，形成相应的管理制度，不定期开展各学校层面的交流互动，在一个固定的教学年度内实施统一考核、统一标准评价学校的教学质量，在办学软硬件方面实现实质性共享，最终实现共同发展。

（二）捆绑式均衡发展模式的特点

捆绑式均衡发展模式是促进义务教育均衡发展的又一重要模式。在这方面，河北省石家庄市、邯郸市，湖南省岳阳县、汨罗市，广东省广州市荔湾区，四川省成都市武侯区等地的实践比较有代表性。从目前各地的运行来看，捆绑式均衡发展模式与其他模式相比，主要有以下几个特点：一是资源捆绑。长期以来，由于各种各样的原因，学校之间的教育资源拥有量及其发展的实际水平差异过大，有失教育公平。捆绑式均衡发展模式的设计目的在于通过学校捆绑深度整合教育资源，把优质学校和薄弱学校的学校设施、师资量、课程资源及校园文化资源捆绑在一起，盘活资源，使各种教育资源在捆绑学校间动态流动，最大限度地用足、用好优质教育资源。捆绑模式可以在资金投入有限的情况下，加快薄弱学校改造，整体提升薄弱学校的办学效益。二是理念捆绑。很多情况下，薄弱学校的薄弱表现可能并不仅在投入、硬件条件上与优质学校有差距，也表现在办学理念和管理理念上。实践证明，符合时代发展的先进教育理念，可以引领一个学校由薄弱变为优质。因此，捆绑后学校既然是一个发展共同体，优质学校就可以通过互动交流的过程把较为先进的教育、管理等观念渗透到较为薄弱的学校，通过更新薄弱学校的理念，促进软件均衡化，在新理念的指引下提高办学效益。三是制度捆绑。捆绑后的学校共同体可以相互学习、相互借鉴，促进管理制度的相互渗透，逐步形成统一的、规范化的学校管理模式。四是教师培训捆绑。优质学校的教师有更多的参与培训机会，形成了较高的教育教学能力。然而，薄弱学校的教师由于各种原因，长期以来的培训不足，教育教学能力与优质学校有不小的差距，优质学校与薄弱学校实施捆绑以后，学校共同体可以通过共同教研、远程培训、经验交流等形式支持薄弱学校教师的专业化成长。五是考核捆绑。捆绑的目的在于先进带后进，优质带薄弱，最终实现捆绑共同体的均衡发展。实际操作中，优质学校是否扮演了促进者的角色需要共同体运行一段时间后实施考核，因此建立统一的考核机制，考核的对象不应该是单个学校，而应该是捆绑共同体。

（三）捆绑式均衡发展模式的优势

一是捆绑实现教育共同体的构建，为资源共享和资源流动提供了组织上的保障。另外，通过共同体内各学校之间制度统一化建设、管理统一化实施及资源交流的常态化存在，学校间的文化、理念相互输出，实现了共同发展。

二是长期以来，由于教育经费投入的不同、学校发展的历史基础不同，各学校间差异较大，捆绑后打破了学校间的行政和组织壁垒，使优质教育资源得到了强力扩张，改变了优质教育资源过于集中于名校的状况，扩大了优质师资的流动，从而促进了义务教育均衡发展。

三是实现以强带弱。通过捆绑引导优质学校教育资源向薄弱学校流动和倾斜，着力扭转学校发展的不利局面，通过捆绑学校间的教师交流、教学和科研方面的合作来开阔薄弱学校教师的视野，丰富教学经验，进而提高薄弱学校的整体教学质量。

四是实现评价对象一体化。被捆绑学校为利益发展共同体，在捆绑学校的评价中，上级教育主管部门和社会对共同体的评价是一致的，有着统一的标准，一荣俱荣、一损俱损，强调评价的牵制性和综合性。这种模式能够最大限度地调动优质学校帮扶薄弱学校的积极性、紧迫性，本着共同发展的目的，强化优质学校在捆绑学校共同发展中的责任，使弱变强，使强更强。

五是实现互动输出式输出。优质学校教学资源向薄弱学校的输出，这种输出包括教育技术装备、资料等教育资源。同时，在关注优质学校向薄弱学校输出资源的同时打破教育资源单向流动的模式，也强调学校间的互动输出，总结薄弱学校的优势所在，薄弱学校的办学特色也可以流向优质学校。

四、学校托管均衡发展模式

（一）学校托管均衡发展模式的内涵

学校托管均衡发展模式是由县（区）教育行政部门出资委托优质学校或教育中介机构管理相对薄弱的中小学校，在委托管理期间，学校的隶属关系及办学自主权不变，受委托的优质学校或中介机构负责向被托管学校派驻管理及教师团队，以优质教育资源整体进入的方式把先进的教育理念和实践经验植入薄弱学校。从而促使被托管学校的管理和教育教学水平迅速提高，帮助薄弱学校用最短的时间走上快速发展之路。

（二）学校托管均衡发展模式的特点

学校托管均衡发展模式经过几年的探索和实践，因各地具体条件不同，形成了多样化的发展特点。然而，综合分析起来不难发现，学校托管均衡发展模式大体呈现以下几个特征：首先，隶属关系不变，保持适当的办学自主权。学校托管均衡发展模式的出资方一般为地方政府，由地方教育行政部门出面签订委托协议，被托管的学校往往是城镇薄弱学校和农村中小学校。通常情况下，这些学校隶属于县（区）教育行政部门的属性不变，人员编制属性不变，公立学校属性不变，优质学校或中介机构对受托管学校有管理权，无所有权。其次，托管主体多样化。托管学校主体的选择，因各地条件不同，形成的托管主体主要有区域内优质公立学校、优质民办学校和优质中介机构。在选择托管主体时，通常依据这些主体是否具备先进教育理念、优质教师队伍和科学管理体系来进行。再次，托管内容多样化。依据托管范围的大小，可以把托管内容分成两部分，一是学校管理的全面托管，即在所有权不变的情况下，优质学校或中介机构全面接管学校的管理，包括办学方向制定、办学规章制度制定、人事安排及实施教育教学管理等各项事务；二是具体事务托管，如学校的教育教学理念、办学规划由受委托学校协助制定，或师资队伍建设以及课程改革等委托优质学校或中介机构管理等。最后，托管形式多样化。总结起来，主要的托管形式有兼并重组式托管、契约联盟式托管和对口支援式托管。

（三）学校托管均衡发展模式在实践中的运行方式

在促进义务教育均衡发展过程中，积极尝试学校托管均衡发展模式的地区有上海市、重庆市开县等。在具体实践过程中，各地基于地方实际，逐渐形成的学校托管形式有以下几种。

1.通过成立托管机构指导引领薄弱学校发展

这种托管形式在优质学校和中介机构的职能定位上强调引领作用，受委托学校或中介需要与被托管学校协商建立沟通机制，在办学理念、师资培养和教育教学等方面给被委托学校以指导，具体理念或方法的实施还是以被托管学校为主。具体做法是：① 成立托管领导小组，设立托管领导办公室。通常情况下托管工作领导小组由两校校级领导组成，实行托管工作领导小组管理下的校长负责制，被托管学校在托管学校的指导下制定学校发展规划和实践新教育教学理念。② 组建业务托管工作指导团队。其中，行政领导组负责发展规划制定，业务指导组负责日常教学指导和教师业务水平提高培训。一般情况下，业务托管工作指导团队由受托管学校抽调本校各年级段的骨干力量组成。业务指导团队要按一定时间间隔到被托管学校开展业务指导，评估被托管学校教师业务能力的提高状况。

2.通过互派管理干部和教师实现优质软资源渗透

优质学校或教学机构在长期的教育教学实践中所形成的先进教育理念及教学方式并不能通过简单的指导来实现，需要被托管学校的管理者和教师通过不断学习和实践才能领会。要实现优质软教育资源向被托管学校渗透，互派教师和管理人员是可行的方法。具体做法是：① 互派校级或中层干部。被托管学校通过接受派驻干部指导和派出干部学习，将优质学校和教学机构的办学理念、管理制度、考核办法、改革措施等学习过来，改进完善自身的教育教学管理，提升教师队伍整体素质。② 互派教师。受托管和被托管学校根据需要，每学期或每学年互派若干名教师开展在职学习或支教活动，在指导与学习中熟悉并向被托管学校渗透新课改理念，优化课堂教学方式，促进教师专业成长。

3.通过分层对接实现经验渗透

优质学校和薄弱学校在功能和部门设置上通常有许多共同性，尤其是同为公立学校时，薄弱学校之所以薄弱，虽然最终表现在教学质量上，但深入分析会发现薄弱体现在学校各个层面的差异上。学校托管运行中，要实现薄弱学校的快速发展，需要各个层面共同参与，需要优质学校把各个部门、各个方面经验渗入薄弱学校，因此分层对接是值得尝试的途径。已有实践的具体做法是：① 构建分层对接体系，包括领导层面对接、处室层面对接、教研组层面对接、年级组层面对接、学生层面对接、后勤服务层面对接及资源平台方面的对接等。② 在各层面对接的基础上，定期按层面派出骨干人员开展指导、示范或评估，委托管理学校实施每两周派 5 个学科组人员（每个学科 2 名教师）到被委托管理学校上示范课和进行听评课活动 1 天，每周派 1~2 名学校领导到被委托管理学校开展相关层面的对接活动 1 天，双周一轮回。③ 每月相关人员到被委托管理学校办一次讲座，每期派 20 名学生与被委托管理学校学生对接开展共同活动或共同学习。④ 建立网络交流平台，相应的人员建立起信息互通、资源共享的定期交流制度。

4.自主与托管相结合，实现托管高效运行

托管和被托管学校在建立托管关系之前具有独立的法人资格，在办学上具有自主权。虽然托管后的一般情形是优质学校的理念与方法向薄弱学校渗透，但并不能否定薄弱学校在办学过程中形成的独特经验和优势。实践表明，全部托管往往会脱离实际并因各种各样的原因受到薄弱学校的抵制。因此，托管应该具有灵活性，实施自主与托管相结合不失为一种有效方式。具体有以下两个方面：① 注重管理委托，被委托管理学校的重大决策、发展方向和规划、文化建设、考核评聘等重大事项由托管工作领导小组进行统一决定和布置。② 被委托管理学校的经费管理、学校常规教育教学管理、人事管理、物资调配管理等具体事务由被委托学校自主执行。托管最终的目的是促进薄弱学校发展，激发薄弱学校的自主发展意识和原动力，最终实现脱管，走上高效办学、均衡发展之路。

（四）学校托管均衡发展模式的优势

薄弱学校接受托管，优质学校或教育机构实施托管，可以把优质的教育资源渗入薄弱学校，从各地实践的效果来看，学校托管均衡发展模式具有灵活性，对薄弱学校改造和义务教育均衡发展具有积极意义。综观已有研究和实践，学校托管均衡发展模式主要有以下几方面的优势。

1.通过托管，拓展了优质学校和教育机构的先进理念

被委托学校之所以薄弱，原因之一就是教育教学理念跟不上时代和新课程教育教学改革的要求。通过托管，优质学校和教育机构的办学理念、教育理念、人

才理念、管理制度、文化氛围等方面的优势逐渐深入薄弱学校，薄弱学校在接受指导和学习中加以消化、吸收，结合本地、本校实际把相关理念融入具体工作中去。在更新中，把握正确的办学方向，迎合时代要求。

2. 通过托管，实现资源共享，优势互补

一方面，在托管中，强调优质学校或者教育中介机构有责任对薄弱学校进行帮助和带动。在帮扶和带动薄弱学校的过程中，要求优质学校开放自己的优质教育资源，优质学校可以调动自己的优质资源，参与被托管学校的教学和管理，以此加快被托管学校软件资源的发展。薄弱学校能够学习和利用优质学校资源，以达到丰富自身的目的，弥补自身资源不足的缺陷。另一方面，薄弱学校尤其是农村学校，教师的教育教学能力虽然有限，但教师普遍具有吃苦耐劳的精神，有着高尚的奉献精神，这些也可以供优质学校和教育机构学习。总之，在互动过程中共同分享资源、办学经验、研究成果，实现优势互补、共同提高。

3. 通过托管，推动薄弱学校教师队伍建设

学校托管均衡发展模式强调优质学校管理和教学经验的整体性植入和长期化渗透，最常采用的措施是教师互派、领导派驻。这种模式可以弥补薄弱学校师资不足、水平不高的问题。

4. 发挥对接和指导团队作用

学校托管均衡发展模式的实施，注重团体的作用，使被托管学校在文化建设、管理模式及教学科研方面均得到提高，实施学校托管均衡发展模式使薄弱学校的内驱力和原动力激发起来，带动薄弱学校从走到跑。另外，薄弱学校保持管理自主权，在一段时间的共同发展后，原来的薄弱学校会激发创造力，实现独立发展。

第二章　国外义务教育均衡发展的经验借鉴

第一节　国外义务教育均衡发展的政策解读

教育发达国家在促进义务教育均衡发展方面积累了许多有益经验，主要是政策上给出了针对本国国情的义务教育均衡发展政策，在义务教育经费的投入，扶持弱势地区和群体，调配、优化教师资源，保障义务教育阶段教师工资等方面可以为我们提供有益的借鉴。❶

一、英国义务教育均衡发展政策演变

20 世纪 90 年代之前，英国倾向于基础教育的非均衡化发展。伴随着 20 世纪 90 年代以来英国基础教育阶段非均衡发展所带来的各种社会问题，英国政府意识到了教育均衡发展的重要意义。以 20 世纪 90 年代为转折点，政府开始关注教育的均衡发展，提出了很多富于远见的政策和措施。从时间跨度上，根据义务教育均衡发展的成熟度可以将其进程划分为两个发展阶段，分别是第一阶段（从 20 世纪 90 年代初到 20 世纪 90 年代末）的探索期和第二个阶段（从 20 世纪 90 年代末到现在）的突破期。

20 世纪 90 年代初，布莱尔政府所倡导的"第三条道路"从理念上树立了义务教育均衡发展的思想。"第三条道路"理论和实践的代表性人物是布莱尔，他针对 90 年代以来英国的各种社会问题，吸取历史的教训，提出并实践了"第三条道路"的主张。"第三条道路"将教育置于特别优先的地位，对以往的"撒切尔主

---

❶ 邓丽.国际视野下义务教育均衡发展综述 [J].河南财政税务高等专科学校学报，2008，22（3）：63-65.

义"所强调的通过提高教育标准来择优汰劣，差学校最终会被淘汰等做法进行了严厉的批评和彻底的改造。在此基础上，提出了一系列旨在消弭教育差异、实现教育公平等有利于教育均衡发展的合理的教育主张。例如，坚持教育机会的均等，关注薄弱学校和处于不利地位的学生，帮助他们摆脱困境来提高整体的教育标准；强调所有学校、所有学生的成功；倡导教育中的包容以消除排斥现象等，力求使本国基础教育走上均衡发展的轨道。而针对当时英国学校优劣现象两极分化严重的状况，1997 年工党发表了名为《追求卓越的学校教育》（*Excellence in School*）的教育白皮书，从政策条文上明确开始迎合义务教育均衡发展的潮流。该教育白皮书指出，今后的教育改革将着眼于大多数学生，而不是少数学生，并将学生学业表现不良的教育薄弱地区和薄弱学校作为改革的突破口。其所蕴含的深刻意义在于强调社会公正，把提高贫困学生的学业成绩作为维护社会公正的重要途径。在具体的措施上，新工党政府旨在通过管理权的招标，吸引社会力量参与教育薄弱地区学校的管理和运作，从而为薄弱学校带来新的管理思路、经验和资金，迅速提高这类学校的办学质量。❶

20 世纪 90 年代末是英国政府在义务教育均衡发展上取得突破性进展的时段，其关键性的举措是推出了教育行动区计划。1998 年秋以来，英国政府批准实施的教育行动区计划是近些年英国政府为提高教育弱势地区的教育质量而采取的一项重大教育改革措施，后来在许多地区不断增加，地域遍布英格兰全境，大多数行动区位于英格兰最贫困的城乡地区。教育优先区计划是基于福利国家的理想，根据"积极差别待遇"的理念，为文化不利地区的学生提供积极性的补助使其能充分发展潜能，与其他地区的学生公平竞争，以求教育机会的均等，实现社会正义的理想。同时，当局还推行学校联盟战略，共享图书资料、教学设备和实验室、师资资源等教育资源，最终实现学校的共同发展。

新工党上台后所出台的《2002 年教育法》将学校教育计划面向更加广泛的群体，使处于不利环境的学校和地区成为政府补助的对象。在经费方面，各地方教育局对学校经费的分配方案必须公开透明，并遵循教育与技能部制定的基本原则，根据每所学校的学段和在学人数，学校一般能得到相应补助，目的是缩小与直接拨款学校和特色学校之间在经费支持上的差距，加大了对于处境不利地区和群体的投入，为学习和行为有困难的学生建立学习支持机制与提供学习辅导人员。2007 年 12 月 11 日，英国的儿童、学校与家庭部公布了一份针对 0 至 18 岁

❶ 陈武林.公平与优质：英美两国基础教育均衡发展政策评介 [J]. 外国中小学教育，2010（10）：6-11.

儿童成长与基础教育发展的十年规划——《儿童计划：创造更美好的未来》（*The Children's Plan*: *Building Brighter Futures*），主要涉及儿童教育与成长、健康与幸福、家庭教育与社区环境、社会安全与政策保障等多个领域，以及政府在 2010 年所要达到的具体目标，旨在为英格兰地区儿童营造世界一流的教育与成长环境。❶此外，英国政府还致力于颁布鼓励弱势学校提高教学和学生学习质量的政策文本，任何一所学校经过努力都可能成为直接拨款学校和特色学校，其目的是为了每个人的成功和每所学校都成为优质学校，其中特色学校计划主要面向以工人、平民等下层阶级以及少数民族聚居的城市中心。2009 年 6 月 30 日，英国《你的孩子，你的学校，我们的未来：建设 21 世纪学校系统》白皮书，提出改革学校拨款体系方案。在一如既往地保证教育经费投入的前提下，使拨款体系能够更好地对需求做出反应，缩小不均衡带来的教育质量差距，鼓励学校之间的合作，使经费投向处境不利的学生群体。❷通过英国政府对本国义务教育发展状况的深刻理解并一以贯之地推行政策和规划来层层推进义务教育均衡发展，是英国的义务教育均衡发展取得跨越性进展的关键因素。

二、美国义务教育均衡发展政策演变

美国义务教育的起点较高，20 世纪 50 年代初就实现了高中教育的初步普及，从此实行十二年义务教育的模式，因此在义务教育均衡发展的举措上，更多的是重在对于中等教育（包括初中和高中）层面的改革。为使公立中学适应当时社会转型的需要，在进步教育运动的推动下，20 世纪前半期美国开始走上义务教育均衡发展的道路，开展了对公立学校教育的第一次改革，目标是实现基础教育机会的均等。1918 年，隶属于全美教育协会（National Education Association，NEA）的中等教育改组委员会提出了《中等教育的基本原则》（*Cardinal Principles of Secondary Education*）报告。该报告从对民主制度的教育目的、教育对个人发展的重要作用的认识出发，论证了实现中等教育机会均等的必要性，并提出了美国的中等教育目标。该报告首先指出："民主制度里的教育，无论校内还是校外的，都应该发展每个人的知识、兴趣、理想、习惯和能力，凭借这些他将找到自己的位置，并利用这种位置使自己和社会向着更崇高的目的发展。"并指出："个人的

---

❶ SAHLBERG P.Education reform for raising economic competitiveness[J].journal of educational change, 2006（7）: 259-287.

❷ 陈武林．公平与优质：英美两国基础教育均衡发展政策评介 [J]. 外国中小学教育，2010（10）: 6-11.

发展在大多数方面是一个连续的过程，所以在初等学校和中等学校之间或在任何两个连续的较高阶段之间突然或生硬的中断是不可取的。"报告还强调："美国的中等教育必须完全以所有青年的完美而有价值的生活为目的。"❶为此，报告提出中等教育的七大目标：① 培养学生成为优秀家庭成员；② 养成职业技能；③ 胜任公民责任；④ 善于利用闲暇；⑤ 保持身心健康；⑥ 掌握学习和生活的基本方法；⑦ 具有优良道德品质。此外，1944 年，全美教育协会所属的教育政策委员会发表《关于满足青年的需要》(On Meeting the Needs of Youth)，将过去的七大目标扩充为十大教育目标，但仍将职业教育和公民教育视为教育目标体系的核心。同年，美国教育政策委员会再次发表《为广所有美国青年的教育》(Education for All American Youth) 的报告。这些政策的出台，使义务教育均衡发展进一步上升到了政策的高度。让所有青年都有机会接受中等教育并突出中等教育的职业培训能力，是 20 世纪前半期美国义务教育均衡发展政策的核心。

第二次世界大战后，美国在义务教育均衡发展上的政策已经相当成熟，其义务教育的最高层次——高中教育的入学机会均等已经成为现实，然而学生入学机会上的平等并不等于受教育结果的平等，自 20 世纪 60 年代以来，美国社会由于受到社会、文化、政治以及学术背景多元化因素的影响，教育上更加强调教育机会的实质平等，尤其强调不同族裔、不同文化群体平等发展的权利。教育政策中关注基础教育均衡发展问题主要体现在四个方面，即追求教育机会的公平、追求教育资源分配的公平、追求公众参与决策的公平以及对弱势群体的教育进行补偿。在制定一系列联邦和州法律的基础上，着重从资金补助、改善教学条件、提高教学质量入手，基础教育的特别扶持制度主要面对少数民族、移民、城市和农村贫困人群子女。1991 年 4 月 18 日，布什总统发表了《美国 2000 年教育战略》，对学生、成年人和学校提出不同要求与努力方向，以提高教育质量；侧重从改革旧有学校，建立新型美国学校，建立终身教育制度和学习型社会来提供教育机会的均等，促进教育质量的提高。1994 年颁布的《2000 年目标：美国教育法》以法令形式明确这一思想。"与老布什相比，克林顿的教育改革目标更为关心教育机会的均等问题，提供高质量的教育不过是促进教育机会均等的手段。二者的关系是，通过对所有人实施高质量的教育来实现教育机会的均等。"❷ 2000 年，联邦政府制定了关于美国教育改革的新政策，并公布了《不让一个孩子掉队法》(No Child

---

❶ 瞿葆奎.教育学文集：美国教育改革 [M].北京：人民教育出版社，1992：140.
❷ 王盈.全球化背景下美国基础教育政策的战略调整 [J].世界教育信息，2008（12）：14–18.

Left Behind）的教育蓝图。这个教育蓝图特别强调了重视教育公平，要帮助处于不利情况下的学生，并要奖励"不让一个孩子掉队"的学校。该政策要求各州均要建立针对本州教育机构和薄弱学校的扶助和改进机制，各州具体实践中都对薄弱学校的鉴别和扶持制定了严格的标准和程序，确保顺利开展这项工作来帮助薄弱学校改进。2002年，美国教育部正式发布了《2002—2007年战略计划》，目的是全面实施《不让一个孩子掉队法》，它将充分发挥学校、家长、社区等社会各界的作用，通过设立更加灵活、严谨的课程，配备更好的教师和学校领导，缩小来自不同种族、不同阶层及残疾学生受教育程度的差距，提高所有学生的学习成绩。为了让学生从小在学校感受公平与平等的社会理念，美国的中小学校没有所谓的重点班或实验班的分类，学校也没有所谓的重点学校与普通学校之分，尽可能保证每一位学生能够成为享有健康人格的优秀公民，培养学生对平等和正义的坚定信念。2007年出台的《美国创造机会力促技术、教育和科学提升法案》（即《美国竞争法》），提出接受良好教育的人是美国在全球经济体中保持竞争力的关键，并为今后一段时期美国基础教育发展确立了新的战略蓝图。在师资方面，实施教师资格证书制度，教师薪水调整、职务晋升、任职和留职等决定应该与有效的评价体制相联系，奖励优质教师，鼓励一般教师，提升或解雇不合格教师。奥巴马政府还把建立部分基于学生成绩的教师绩效工资制作为其教育改革的主要举措之一。同时根据学科所缺师资，进行相应师资培训和人员补充。

在经费政策方面，美国联邦和各州政府制定专门条款，限制学校的乱收费现象，并为少数民族和贫困家庭的儿童，制定大规模的教育服务方案，以补偿这些儿童在智能与社会发展方面的不足。这些补偿措施除了表现在加大入学机会等形式上的举措之外，也逐步意识到由于不同的文化背景对个人在能力和学业成就等方面产生的不同影响，因而开始转向了旨在追求教育过程平等和教育结果平等的实质性公平上来，这主要表现在改变城市与乡村教育处境不利儿童、少数民族儿童在智能与社会发展方面的迟滞现象等。❶ 2009年，美国通过了7870亿美元的经济刺激方案，用于教育的共有1400亿美元，其中50亿美元用来推动教育创新，以促使各州进一步提高学生学业标准，奖励优秀教师。同时，为了解决由于各地经济发展水平和文化传统的差距而造成的基础教育发展水平参差不齐的现象，联邦政府还通过加大中央政府对西部地区、农村等地区基础教育方面投入的力度，实现教育机会的均等，促进基础教育的均衡发展。

---

❶ 杨军.促进基础教育的均衡发展：来自美国的经验[J].外国教育研究，2004（11）：10-14.

三、日本义务教育均衡发展的政策及措施

日本义务教育的发展历程有将近百年，义务教育均衡发展依次经历了三个阶段，分别是以"普及教育"为主的战前萌芽期，以"形式均衡"为主的战后重建期，以"实质均衡"为主的改革提高期。❶

日本义务教育均衡发展的主要路径是采取"教育立法"和"高效行政"，这两者的有效结合使均衡发展有了法律的强力保障和行政执行力的坚定支持。总体来看，日本政府主要致力于义务教育的区域间、族群间、校际、特殊教育与普通义务教育之间以及各区域、学校经费、学校环境的均衡发展。

日本保障义务教育均衡发展专门的法律较多也较完善，如 1899 年制定的《教育基金特别会计法》和《教育基金法》，由市町村费和国库补助金支付义务教育费；1900 年公布的《市町村立小学教育费国库补助法》明确了日本实行免费义务教育制；1918 年日本政府制定的《市町村义务教育经费国库负担法》决定市町村立小学教师工资由国库开支；1952 年制定的《义务教育经费国库负担法》规定了义务教育学校教职工工资的 1/2 和教材费由国库负担；1958 年《义务教育诸学校设施费国库负担法》的制定以及地方交付税制度的创立，使得日本建立了一套较完整的义务教育财政制度。❷

在振兴偏僻地区教育的相关政策上，日本 1954 年实施《偏僻地区教育振兴法》，制定了《偏僻地区教育振兴法执行令》《偏僻地区教育振兴法实施规则》，增加了法律的可操作性。为了使偏僻地区学生享有同等的教育条件，法律明确了各级政府必须承担的责任：文部省负责对各级政府职责履行情况进行指导、协调和监督；国家财政对所需经费实施补助，补助额度为 1/2；都道府县负责研究适合偏僻地区教育的学习指导方法、教材、教具等，设立师资培训中心，确保教师进修所需差旅费及相关经费；市町村负责为偏僻学校提供教材、教具，为学校教职工兴建住宅，提高福利待遇，设立音乐、体育等设施，实施师生健康管理，为学生上学提供交通方便。此外，日本还进一步建立了完备的偏僻地区教育财政补助制度。在偏僻地区师资的培养上，日本对偏僻地区录用师资实行优先录用的措施。在偏僻地区教育信息化上，1990 年日本启动公立学校计算机配备计划和网络

---

❶ 李文英，史景轩.日本义务教育均衡发展的实现途径 [J].比较教育研究，2010，32（9）：38-42.

❷ 蔡红英.日、美、中义务教育财政制度百年变迁及启示 [J].宏观经济研究，2009（12）：69-74.

的普及。1995 年，文部省将偏僻地区学校和城市的学校通过光缆连接，通过导入电视会议系统积极开展双向授课和活动的研究与试验。

在实现族群间义务教育均衡发展上，主要是通过推进"同和教育"的措施。日本的《教育基本法》第三条阐明了教育机会均等的原则：全体国民均享有与其能力相应的受教育的平等机会，不能因人种、信仰、性别、社会身份、经济地位、门第等的不同而有所差别，这为日本解决同和问题提供了强有力的支持。1961 年，日本成立同和对策审议会，1963 年成立"同和教育中心"。1965 年，该审议会强调指出，"通过完全保障同地区居民的就职与教育机会均等，……谋求生活的安定与地位的提高，是解决同和问题的中心课题"。1969 年颁布《同和对策事业特别措施法》，1982 年出台《地区改善对策特别措施法》，1987 年进一步制定《地区改善对策特定事业国家财政特别措施相关法律》，2004 年成立财团法人同和教育振兴会，同和地区的生活环境和受教育状况有了不同程度的改善。在义务教育方面，同和地区各校建立"同和教育推进委员会"，各学科渗透同和教育内容，强调道德教育是"同和教育"的基础。教育学生尊重他人的价值和权利，促进人与人的平等，制止歧视行为，学会自我控制，学会解决冲突的方法。教师也为提高自身素质参加地区间的教育讲座和交流会。

在校际师资流动方面，建立了教师流动制度，使校际的义务教育质量得到均衡的发展。1949 年，日本政府制定《教育公务员特例法》，规定日本中小学教师的定期流动属公务员"人事流动"的范畴，1960 年以后该制度趋于完善。其流动范围分为两种：在市町村间流动和跨县级行政区域间流动。义务教育教师流动的比例最大，1996 年有 9.6 万教师实行了流动换岗，流动率为 17.1%，其中市町村间流动占 54.3%，跨县和"政令制定市"流动的有 797 人。偏僻地区之间以及不同类型学校之间教师交流的比例大致平衡。❶

在创建平等的义务教育环境方面，日本严格执行学校设施标准。1891 年《小学校设备准则》规定校地、校舍的基准、应备置教具的种类，确立了"朴素坚固、排除虚饰"的建设方针，建筑趋于统一化、标准化。1947 年，《学校教育法》规定了办学基准，对选址、占地面积、校舍面积、师资水平、实验器材、图书配备等提出明确标准，并要求必须依法严格执行。1958 年，日本制定《公立义务教育学校的班级编制及教职员编制标准相关法律》，以规范班级规模和师生比。1984 年，《临时教育审议会报告》指出，应当取消规模过大的学校，将小学和初

❶ 汪丞，方彤.日本教师"定期流动制"对我国区域内师资均衡发展的启示[J].中国教育学刊，2005（4）：59-62.

中班级控制在 40 人以内，改善学校室内外环境，培养丰富的人性及适应教育方法的多样化。

在平衡特殊教育与普通教育的差距方面，日本实行无差别教育。1923 年，日本发布《盲学校及聋哑学校令》，规定各都道府县有义务设置盲、聋学校及实施初等阶段的无偿化。师资力量由官立东京盲学校、东京聋哑学校培养。1945 年，日本政府制定了《关于盲人学校、聋哑学校和养护学校就学的法律》，使身心有缺陷的儿童能够进入特殊学校学习。1947 年，《学校教育法》规定：在中、小学及高中为身心障碍儿童设置"特别支援班级"，保障障碍儿童平等受教育的权利。盲、聋、哑学校、养护学校的小学部、中学与普通中小学一样成为义务教育制度的学校。1979 年，特殊教育扩大范围，重大残疾儿童在特殊教育经费，轻微残疾儿童在普通学校、普通班或特别支援班接受教育；2005 年有大约 2/3 的小学设有特别支援班级。

四、澳大利亚促进义务教育均衡发展的法案

2004 年，澳大利亚联邦议会对 2000 年出台的《土著民族教育（目标援助）法案》进行了修订，并于同年开始实施。该法案以拨款的形式资助和支持土著居民的教育，对发展土著居民教育提出明确目标，对如何实施该法案的条款以及如何运作资助经费做了具体规定。

法案的目标是为土著民族提供公平合适的教育。法案提出以下目标：在学习内容方面，法案要求土著儿童获得与澳大利亚同龄儿童相同标准的技能，提高读写能力和计算机能力技巧。教育程度不高的成年土著人，也要学习数学、英语和生活技能，参与到社区教育中来。为体现多元文化思想，政府支持土著语言的保留和持续使用，理解和保留土著民族的历史和文化，认同土著民族教育的价值，挖掘土著民族传统教育的合理要素并使其与现代文化教育相协调。实现这一目标不但可以提高土著民族的教育质量，使土著民族教育和澳大利亚教育平等，而且可以保留土著民族自身的传统和文化，使澳大利亚多元文化的教育政策得到最大限度的体现，该法案出台的实施效应和收益体现在以下四方面。

第一，使土著民族平等接受教育成为可能。要保障土著儿童与他们同龄的其他澳大利亚儿童具有平等进入教育机构的权利。澳大利亚政府和地方政府都要创造条件，为土著民族提供平等的教育途径，确保其在学前教育、义务教育、中等教育和中等后教育方面，与主流族群享有平等的受教育的权利和机会，确保土著民族平等进入各级各类教育机构，实现教育公平。

第二，为土著民族提供均等的参与教育的机会。要保障土著民族具有平等参

与教育的权利，在学前教育、义务教育、中等教育、中等后教育方面，土著民族应该有与他们同龄的其他澳大利亚公民享有同样参与教育的机会，为此，社会要不断提高土著居民的教育参与水平。均等参与教育的方式就是在学校中搭建平等的舞台，使土著民族与其他澳大利亚同龄儿童处于平等的地位。

第三，提高土著民族在教育决策中的参与程度。为了提高土著民族参与教育决策的程度，给土著民族教育更多的自主权，政府鼓励土著民族参与教育决策。为了提高土著民族参与教育决策的程度，给土著民族教育更多的自主权，政府鼓励土著民族参与教育决策。各级教育部门要吸引土著儿童及家长参与决策学前教育、初等教育、中等教育的计划、分配、评估，参与土著民族学校的规划、发展和评估。为更好地使土著民族参与教育决策，政府提供给土著民族在参与决策过程中相关技能的教育和培训，增加土著民族在教育管理部门和学校的工作岗位，包括管理者、教师、助教、研究人员、学生服务人员、课程咨询人员、社区联络人员以及文化、历史、当代社会、土著民族语言的特殊人员，并把针对土著民族群体制定的有关教育的决策扩展到地区、州、领地的水平上。

第四，为土著民族发展合适的文化教育服务。土著民族教育有其自身的独特性，当地政府要研究和提供适合土著民族学习的教育方法和技术；开发和实施专门培养和培训土著民族教育专业人员（包括管理者、教师、助教、研究人员、学生服务人员、课程咨询人员、社区联络人员）的课程；研究和提供适宜的教学方法；设法帮助土著民族克服受教育的障碍；建立合理的教育和评估机制，研究消除教育障碍的有效方法，使体现土著民族文化的特色教育成为社会公共服务的一部分。

第二节　国外义务教育均衡发展的特点

通过以上4个发达国家在义务教育均衡发展方面做出的努力，我们可以注意到义务教育均衡发展具有以下共同的特点。

一、义务教育均衡发展问题的解决主要是通过一系列教育立法得以实施的

法律和法案的颁布一般是源于解决相应的社会问题和教育问题。但是，法律一经制定，其收益面是广泛的，其影响是长久的，是变革性的、深刻的，一国的教育法律与法规在引导教育发展方面的重要性毋庸置疑。英国政府极为重视教育

立法并以理性和深思熟虑的态度对待这些教育法案，尤其是 1988 年的教育改革法，是通过 12 年的反复论证，最后以法律形式加以实施的。还有美国政府接二连三出台的关注美国儿童义务教育良好发展的法律、政策和法案等，都体现了这一点。

二、一国政府对于义务教育的重视和投入是义务教育均衡发展的轴心

假设一旦政府不愿意在教育上投入或者试图缩减对教育的投入，那么这个国家的教育发展也就开始走下坡路了，而英、美、日等发达国家都愿意在义务教育均衡发展上投入巨资。事实上，近百年来，世界范围的义务教育已经分化为两大体制模式，分别是以欧洲国家为代表的福利化公立学校均衡发展模式和以美国为代表的公立学校均衡发展的兼顾选择需求模式。欧洲多数国家和阿拉伯国家，政府在社会事业全面福利化的政策框架内，把所有公办学校费用都包下来，在那里很难找到私立中小学，有的国家甚至从学前教育到大学都免费，如英国从中央政府到地方郡县都在为解决基础教育领域存在的诸多不均衡发展问题而采取一系列努力和措施，使基础教育走上了均衡发展的良性轨道。而在美国，主要体制模式是在保证基本公共教育服务充分供给的前提下，适应不同阶层的选择性需求。美国实行教育分权制，各州义务教育年限略有不同，但除联邦和州财政专项资助补贴外，主要依靠学区收取专门的教育税（财产税）来支付义务教育公立学校费用。无论是福利化模式，还是兼顾选择模式，义务教育均衡发展都与促进公平的基本政策取向有直接关系，一个比较共同的特点是政府全额负担公办学校支出，提供免费程度不同的义务教育，保证基本入学机会公平。同时，部分国家给义务教育阶段的非公共服务留出一定的选择空间，通常是满足有额外支付能力的中高收入阶层的选择需求，显然，不同国家在公共教育资源配置方面存在着政策价值取向的差异。❶

三、发达国家采取突出重点，高度重视少数民族、边远地区儿童和少年的基础教育均衡发展的措施

日本政府 1969 年颁布的《同和对策事业特别措施法》、1982 年出台的《地区改善对策特别措施法》、1987 年进一步制定的《地区改善对策特定事业国家财政特别措施相关法律》等都倾向于少数民族的儿童进行补偿和援助。日本制定了对处境不利地区（如海岛及边远地区）进行特别教育扶助的法律。澳大利亚 2004 年新修订的《土著民族教育（目标援助）法案》，更是专门从土著民族利益出发来

❶ 张力.从国际国内两个视角看义务教育均衡发展问题 [J].人民教育，2010（1）：5-8.

捍卫其平等接受教育的权利。

四、明确了一种全新的教育发展观

确立促进基础教育均衡发展的价值取向，明确基础教育均衡发展方向是指导教育改革创新的一种全新的教育发展观。而纵观几个国家义务教育实行均衡发展的理念或是价值取向，很明显体现了如下几点。

（一）保证社会和人的整体协调发展

教育均衡发展不能拘泥于硬件内容，要更新观念，关注更深层次的教育均衡发展问题。在发展观念上应认识均衡发展不是平均发展，基础教育的发展具有整体性，既包括社会发展的整体性，也包括人的发展的整体性。一方面，教育发展系统是由城市和乡村的教育行为共同构成的。这就是把城市和农村作为一个教育问题的两个方面来看待，都要同时考虑城市怎样、农村怎样。区域教育发展的整体观从现代化进程和历史发展的视角强化了农村和城市的适度联系与合作，以利于教育的均衡化发展。另一方面，英美国家基础教育均衡发展还注重人的整体、全面的发展，主要表现在探索终身学习化之道。从长远来看，受教育程度和技能水平被认为是保证社会向心力、繁荣和可持续发展的重要因素。在这个意义上，终身学习为整个欧洲2007—2013年的教育培训规划和个体学习行动提供了保障。人们已经感到人的教育容易因为学校间教育质量的不同而产生教育不公平，而从终身学习观点出发重新把握整个教育的均衡发展应当加强。

（二）制定法规提供行政依据和保障

公共性和公共利益是基础教育最重要的功能和目标，也是一个社会和国家为了实现和保证社会的整体利益而赋予基础教育的一项非常重要的责任。受教育权应当是人人享有的基本人权。从英美两国基础教育立法的历史可以看出，教育的发展经历了由数量到质量、由精英模式到大众模式的过程，在进行基础教育立法时，都强调其强制性和保障性，但同时也注重普法宣传，教育让国民知法、守法、依法维护权利。基础教育的均衡发展，需要国家重视并采取强有力的措施，才能得到保证。事实上，许多现代国家的经验证明："通过立法程序把国家关于基础教育均衡发展的方针政策、制度措施等用法律形式固定下来，使整个社会有章可循并坚决保证实施，是实现基础教育均衡发展的最有力的措施之一。"❶发达国家纷纷把基础教育看作保障"受教育的权利"的最优先手段并通过制定有关基础教育的法律法规予以保证。如果没有法制保障，任何一个国家要实现基础教育均衡发展、保证教育公平以至于社会公平的目标，都是很难做到的。

（三）突显普遍公平的政府责任体系

英美国家正以普遍服务的理念促进基础教育的持续健康发展，普遍服务的核心要义是向社会成员提供均等的机会和同质的服务，避免弱势群体和落后地区边缘化。基础教育均衡发展，就是要在地区与地区之间、学校与学校之间逐步缩小办学条件、办学水平、办学质量和办学效益等方面的差异。在不同地方能得到相似水平的教育拨款和优惠条件成为基础教育财政政策的出发点，他们从最初关注高质量、优异和杰出学生转向弱势群体，从追求效率到追求公平，在重视提高教育质量的同时更强调机会均等，体现了政府为不同地区、不同学校的一切具有学习能力的学生提供均等教育机会的努力。可见，公平与效率作为公共财政框架的两个基本点，是政府在进行公共教育资源配置时必须要权衡和选择的问题，而最大限度地追求教育利益分配的普遍公平是政府所应承担的责任。

第三节　国外义务教育均衡发展的趋势

多年来，英美两国对教育均衡化的关注主要放在对处境不利地区和人群的特别扶持上，要满足所有人最基本的学习需要，包括享有同等的入学机会、受教育条件以及发展可能等。由于经济发展水平、历史文化传统、教育发展起点的千差万别，各国在实现教育均衡化的手段和途径上也是多种多样的。任何教育改革都是在不同的历史、文化、政策、制度以及政治经济背景下进行的，但是这并不意味着差别能够遮蔽其共同的因素和特点。

一、保持基础教育均衡发展政策的公平理念

受教育权利是国民的一项基本人权，保护每位国民享有平等的受教育权利始终是各国基础教育立法的价值目标追求。国民平等受教育权的内涵随着时代的变

❶　沈卫华.兼顾公平与效率：英国基础教育拨款政策的调整 [J].教育科学，2007（4）：93-96.

迁和社会的发展而不断地发展，但保护国民平等受教育权始终是基础教育立法与改革追求的价值目标。世界主要发达国家不仅大力普及义务教育而且逐渐延长义务教育的年限、普及教育的范围，随着社会的发展，英美两国进一步扩大免费教育的范围：先是免收学费，后来甚至免费供应教科书以及其他学习用品，供应午餐，免费医疗以及免收交通费等。随着社会经济的发展，平等的受教育条件和公平的学业成就等要求也不断被提出，并逐步被写进基础教育法律法规中，而且这些法规还涉及学校的教育过程、学校管理、课程内容、师资水平、教学设施等方面。❶世界很多国家和地区，基础教育不论是在农村还是在城市都是一个标准，这一标准的基本功能并不是淘汰、筛选，而是保证每个学生都能享受基本的教育条件。

二、提倡多元合作与发展的基础教育改革路径

教育均衡政策在追求公平与效益的钟摆运动中不断调整，经历了由外而内、由内而外的调整与合作的过程，注重地方教育当局、学校、社区以及其他机构的多方合作，并且引入市场竞争机制，调动社会各界力量，开发办学资源。英美两国的教育法规所具有的强制性与稳定性保证了基础教育政策的连贯性与有效性，在进行教育立法时，在程序严谨规范的基础上强调法律的普适性和灵活性特点，确保法律法规的可操作性。就学生个人发展而言，促进学生潜能的发展，提高学生的学业成就是一个系统性的工作，单凭学校自身的资源和能量是有限的，也是乏力的。其次，提出多样化概念，用多样化区别教育满足学生多样的教育需求是实现教育机会平等的必要手段。例如，教学类型、教育结构的多样化，教学大纲、教学计划的多样化，在教学过程中体现出的个性化、区别化，教学内容的多样性和灵活性。这种多样化的趋势与教育均衡化并不矛盾。多样化的教育课程使学生有了更充分的选择余地，为将来的发展打下基础。它更强调根据学生的兴趣、天赋、个人条件去创造适合学生发展的教育机会和条件，以此来谋求教育的均衡发展。

三、加大对农村地区和薄弱学校的扶持力度

许多发达国家在长期实践中根据具体国情和实际需要，形成了各自的针对弱势群体和地区的扶持措施，力争为每个适龄儿童提供较为平等的接受基础教育的

---

❶ STUART S. The cost-effectiveness of comprehensive school reformand rapid assessment[J].education policy analysis archives, 2008（13）：20-21.

机会。英美两国的教育经费逐步由中央或联邦、高层地方政府与基层地方政府共同分担，有较大幅度的财政转移支付以保证基础教育的均衡发展。即便是经济全球化和城市化进程不断推进，英美国家的农村基础教育问题仍需进一步改善，需缩短城乡教育的发展差距。因此，弥合教育资源差距，在教育政策中反映农村的教育需求，成为农村教育需要关注的重要问题，因为忽视了农村教育，基础教育发展目标就难以实现，也就更谈不上教育的均衡发展。要解决基础教育均衡发展问题，应从政府合理配置公共教育资源做起，以贫困优先策略作为基础教育资源配置的核心准则，对有差距、有需求的学校进行倾斜投入，而且差距最大、需求最多的学校获得的倾斜投入也最多，这是推进教育均衡发展中值得借鉴的成功经验。

四、学校教育质量成为基础教育政策制定的突破口

当前教育政策的主流，是要求教育的量与质、贯彻平等与重视个性相平衡，让每个公民都能充分享有优质教育的机会。从国家的角度来看，未来欲在全球化的竞争中继续保持大国地位与实力，需要本国各领域优秀人才的强有力支撑。面对激烈的国际竞争，英美等国纷纷出台了一些致力于加大投入、提高质量、加强师资力量的教育发展战略。一方面，通过学校间教学质量的比较和竞争，保障基础教育质量的整体发展。例如，美国、英国正在通过全国性学校调查和学校评价等来确保中小学教育质量。在美国，越来越多的家庭和学生在优质学校的选择中受益。这不仅解决了教育上的许多问题，而且给家长们创造了选择优质学校的机会。这在一定程度上也有利于学校改革和教育质量的改进。另一方面，提高教育质量成败的关键在于教师。从世界各国努力促进基础教育均衡发展的经验来看，建立一支数量足够、质量合格的教师队伍，无疑是实现基础教育均衡发展的关键。为解决这一问题，英美国家对教师尤其是对农村地区、欠发达地区的教师实施优惠政策，制定不同学校之间的教师流动制度，提高教师的地位和待遇，从而保证教师资源的相对均衡配置。

第四节 美国义务教育均衡发展给我国带来的启示

一、不断完善义务教育均衡发展的法律法规

只是把握义务教育均衡发展的内涵并制定相应的政策是无法解决实践中的教

育失衡问题的，因为政策在落实过程中有很多主观性、临时性和随意性，常常会受到决策者与执行者主观意志的影响。美国联邦政府作为国家教育政策的执行者，除了通过行政手段对各方政见进行协调外，更多的是通过立法赋予政策合法性与权威性，从而保障教育政策的严格执行。联邦政策法案的决策者有国会、总统和法官，每一部成文法案都采用平权两院制，必须由两院一致投票同意以及总统签署才能生效，如 NCLB 法案。除成文法案以外，美国法律的另一种基本形式是以法院诉讼案件作为代表的不成文法，即法院在诉讼纠纷中遇到对成文法案内容有争议的地方，会依据特定情况对司法原则进行解释或补充，从而形成广泛适用的法规，如教育财政充分性分配原则。❶这样，在法制社会下长期形成的对法律权威性、执行性和稳定性的认识使美国民众对法律具有强烈的敬畏感，当公民与社会团体遭受到教育不公平待遇时，往往是通过诉诸法院的法律途径对教育政策进行干预。因此，美国教育均衡发展过程更是一个独特、系统的教育公平法律体系不断自我完善和演进的过程。全面翔实的教育政策以立法形式为义务教育发展提出明确的改革方向，提供足够的经费与制度保障，设置合理的责任分担，如《国防教育法》使联邦政府以财政拨款手段对地方教育实行干预；《初等与中等教育法》标志着联邦政府教育资助的全面实施；《2000 年目标：美国教育法》标志着美国义务教育公平内涵由教育输入平等转为高标准教育成就平等；《不让一个孩子掉队法》（NCLB）与《改革蓝图：对〈初等与中等教育法〉的重新授权》（简称《改革蓝图》）更是进一步扩大了联邦政府的教育调控作用。尽管这些计划、法案的内容和具体措施互有差异，但内在的价值理念和本质目的都是一致和延续的，即消除受教育对象在区域间、群体间的差距，实现高质量教育公平。

我国城乡义务教育失衡发展的历史表明，教育失衡的主要原因在于农村义务教育在过去常常缺乏具体的制度和法律的保障。虽然我国宪法很早就明确赋予公民平等的受教育权利，但是由于缺乏切实有效的制度和措施，教育平等政策难以落实，因此党和国家近年来在教育公平立法方面陆续出台了许多重要法规，并不断完善使其成体系。例如，1986 年出台的《中华人民共和国义务教育法》和 1995 年颁布的《中华人民共和国教育法》都不断将公民教育权保障进行细化。2006 年新修订的《中华人民共和国义务教育法》中规定"国务院和县级以上地方人民政府应当合理配置教育资源，促进义务教育均衡发展"，将促进义务教育均衡发展明确规定为各级政府的法定义务。当然，我国教育权的立法速度还落后于人民群众

---

❶ 高杭，薛二勇.特殊群体教育公平与补偿性政策：美国法律演进中体现出的制度保障 [J].比较教育研究，2010，32（9）：43-47.

对教育公平与教育质量的高增长需求，教育的立法质量、执行效力、操作效度等方面仍存在许多不足，有法不依和有法难依的状况时有发生。例如，农村学校发展常常处于变动的经费投入与管理环境中，包括农村义务教育经费投入制度、师资政策等，使相关政策的一线教育工作者无法得到持久的资源支持。因此，义务教育发展的法律保障体系亟待不断完善，以保障教育公平、维护教育公益性作为教育法律的基本目标，加大对受教育权侵权行为的司法干预，有重点地针对农村教育、特殊教育、移民教育等为处于社会不利地位的群体提供教育法制保障。同时，立法保障国家对义务教育的经费投入，建立稳定且有效的资源配置机制，如经济标准、师资标准、办学标准等教育发展的关键因素实施强制保障，并建立健全监督机制和问责机制以维护政策法规的尊严和权威。国家设立和实施了如"贫困地区义务教育工程""农村义务教育经费保障机制""中小学教师国家级培训计划""特岗教师计划"等重大计划和工程，使义务教育在法律和政策上得到了均衡保障，在计划和工程上推动了均衡发展。

二、坚持教育财政长效投入

从美国义务教育改革历程可以知道，美国义务教育的均衡发展及教育成就与其居世界首位的教育经费投入是分不开的。早在 1642 年的马萨诸塞州通过第一个北美教育法令以来，美国教育财政立法就逐渐形成了联邦与州两级的立法和司法系统。几百年来，庞杂而系统的教育法律体系与法律制度在教育财政公平与充分的目标以及不断的法律诉讼中逐步得到完善。在人们对义务教育价值观念的变迁中，联邦政府通过不断增加教育财政拨款来干预教育事务，在 2001—2007 年间，国会对教育的资助从 422 亿美元增至 544 亿美元。其中，NCLB 法案中政府提供的资金从 174 亿美元增至 244 亿美元，涨幅达 40.2%，仅促进学生阅读水平的项目资金就增加了 3 倍。而奥巴马政府在次贷危机引发的金融动荡下颁布了《2009 年美国复苏和再投资法案》，以加大教育投资、改善教学、改进评估、促进教育质量提升作为挽救经济和维护社会稳定的策略。2011 年，联邦政府为教育部提供了预算拨款 497 亿美元，比 2010 年的拨款增加了 35 亿美元，继续保持着教育经费的稳定增长，并创下 1965 年以来对《初等与中等教育法》的拨款新纪录。同时，美国义务教育财政来源渠道稳定且多样，从而保证了学校教育发展经费的充足。其中，财政来源稳定是指义务教育经费主要来源于三级政府的拨款，联邦政府依据公平性原则负责对贫困地区、特殊群体等进行补贴，州与地方政府则以当地公民的个人所得税、消费税、财产税承担义务教育的主要经费。财政渠道多样是指除了三种基本税收外，教育经费还可以来自彩票、教育基金、教育税、学校自筹等各种形式。对于教育均衡发展问题，联邦政府主要承担起平衡各州经费投入差异的责任，通过将经费补贴国内教育财政落后地区，尤其是南部与西部地区，确保所有学区的教育经费能达到国家认定的统一经费标准；而各州政府则关注因教育财政过度依赖财产税而导致的学区间教育财政不公平问题，通过不断进行地方财产税改革与修订教育财政补助公式，从而对教育经费进行调控和保障。

从整体上看，我国的义务教育仍面临着经费负担结构不合理、区域间与城乡间经费投入不平衡等主要问题。为此，在充分认识到教育财政保障的重要性后，我国对经费的投入与配置需要有统一明确的认识：第一，需明确各级政府的教育公共服务职责，对义务教育进行全面财政保障，确保财政性教育经费增长高于财政经常性收入增长；第二，需拓宽教育经费的筹措渠道，推动投资主体的多元化发展；第三，需推动教育财政立法和财政诉讼，发挥立法与司法机关在义务教育财政投入与配置中的保障作用；第四，需开辟合理的教育税种，并在税收分配上向地方政府倾斜；第五，需合理划分各级政府的义务教育财政责任，明晰各级政府承担经费比例的标准，并加大对中西部地区的转移支付力度；第六，需设立义务教育财政投入的基本标准，对低于标准的地区进行自上而下的经费补贴；第七，各省需加强经费统筹，努力缩小省内县域间的教育差距；第八，同一县域内需实行以学生数为标准的均等化拨款制度，并适当向农村地区、薄弱学校倾斜。这些策略和认识需要在一个持续增长的、稳定的经费投入保障机制下逐步实施和推行，从而分步骤、分区域地缩小学校间、县域间、城乡间的教育发展差距。

三、大力加强教师资源建设

教师是义务教育发展的关键性资源，是推动教育改革发展的最重要力量。无论是我国政府还是美国联邦政府，都将大力培养优秀教师、促进教师流动、合理配置教师资源作为义务教育均衡发展的重要举措。由于地域文化、经济发展水平的差异，美国同样存在偏远地区和薄弱学校师资短缺、各地师资分配不均的情况。对此，奥巴马非常注重优秀教师的培养和公平分配，他认为优秀的教育者可以改变来自底层的落后学生的命运。为了储备充足的优秀教师资源，确保各地区拥有充分的教育机会和较高的教育质量，奥巴马政府设立了50亿美元的奖励和创新基金，大部分用于奖励教师的教学成效；设立"职业阶梯计划"，鼓励专家型教师、高级教师前往落后地区、薄弱学校提供培训、指导或任教实施"教师服务奖励"政策，使农村教师的岗位工资高于城市，且要求城镇教师下乡支教。美国通过富于科学性、系统性和实践性取向的师资配置政策推动义务教育教师队伍的良性发展（见图2-1）。

提高待遇、福利和职业地位，　　　增加教师志愿者，　　　加强教师职前培养，
加大教师职业吸引力　　　　　　　加大师资储备　　　　　严格入职标准

……　　　　加大教师　　　　　改善教师资源　　　　提升偏远地区、稀缺
　　　　　职后培训　　　　　分布差距　　　　　学科的教师待遇

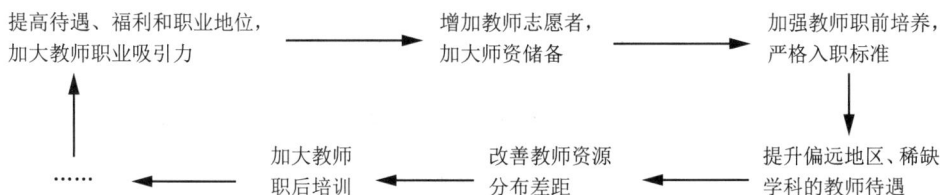

图片来源：自制。

图 2-1　美国教师师资队伍良性循环图

在我国，教师资源的配置在地区、学科等方面存在不同程度的结构性矛盾，部分西部地区缺乏外语、音乐、美术、信息技术等学科教师。为此，教师队伍建设需要在管理和待遇两方面进行加强与关注。

教师管理可以从以下几个方面改善：第一，完善教师资格标准，从教师职业的起点把握教师的水平差异。教师资格制度不是一种终身制度，其标准是随着时代需求的变化、教育发展目标的变化而不断更新和提升的，具有促进教师专业不断发展、能力不断提升的评估和激励功能，如美国中小学教师资格证书的有效期通常为 5~10 年。通过证书的有效期设定，可以很好地激励教师加强自我学习和专业发展。同时，教师资格制度根据不同教师的需求建构多样化、阶梯式的资格体系。教师资格证书可以是多层次、多类别的，这样可以很好地满足不同学科、不同水平的教师的职业发展，同时对教师职业生涯具有指导功能。第二，加强对教师编制的管理，这是教师资源合理配置的核心。科学、合理地构建我国中小学教师编制标准，重点向农村地区和薄弱学校倾斜。在难以实现优秀教师在各个地区均衡调配的情况下，增加偏远落后地区的教师编制、缩减当地学校班额是提升教育的有效途径。例如，美国田纳西州实验证明，当学前班至 3 年级学生从班额 25 名降至 15 名后，阅读和数学的成绩就会明显提升。第三，加大中小学教师的培养力度，提升教师专业整体水平，缩小城乡、学校之间的师资水平差距。教师的专业培养是根据教育发展的总体目标、未来教师的教育需求和当地教师的现状来进行的整体布局规划。建立以师范院校为主体、综合大学参与的职前教育体系，以及包含国家、省、市三个级别，多样化、多元式的职后培训体系，形成包括职前、入职、在职在内的一体化教师教育体系。第四，建立教师流动机制，促进师资良性流动。教师良性流动是有利于教师队伍建设和教育质量提升的合理流动，可分为市场主导与行政主导两种类型。采取适当的形式和措施可以有效促进教师在城乡、学校之间良性流动，如鼓励新增师资向农村落后地区、薄弱学校流动，鼓励

骨干教师、专家到农村学校进行指导或支教等。第五，加大对教师队伍的督政和督学力度，确保各项教师管理政策能具体转化为各级政府部门、学校和教师的具体行动。

教师待遇可以从以下几个方面改善：第一，创造一个良好的职业环境，推崇尊师重教的社会风尚。这需要社会大力宣传和营造重视教育、尊重教师的社会舆论氛围，从而影响人们对教师职业的价值观念；加强教师在政治和社会中的决策参与，充分鼓励教师在教育政策制定中的参与权、发言权和决策权。第二，提升教师的工资待遇，着重加大落后地区的教师职业吸引力。提高工资待遇，尤其是提高落后地区、薄弱学校的教师工资是解决教师短缺问题的主要途径。第三，为教师职业发展进行合理指导、激励和规划。针对教师专业发展的不同层次、类型进行梯次培养，设立具有激励性的职称和荣誉体系，将教师的职业发展、工资福利与专业技能、农村支教经历等各项指标紧密联系起来，激发教师的专业积极性。第四，对不同学校、地区教师实施"积极差别待遇"政策，针对教师的医疗问题、住房问题、儿女教育问题等主要需求分地区、分步骤地予以解决，并重点向落后地区或薄弱学校进行政策倾斜。

四、有效建立弱势群体教育补偿制度

对社会低收入群体、少数族裔等弱势学生群体进行补偿教育是美国义务教育均衡发展的有效举措。美国社会的贫困人口、少数族裔在教育的补偿政策中获得巨大利益，无论是直接的教育财政援助还是表现在课程、教学、评价以及学校文化中的多元文化教育理念，都使这些弱势学生有了接受平等教育的机会，而联邦政府也因为教育群体间差距的弥合而获得社会的稳定与国家整体人才水平的提升。为此，美国从 20 世纪 60 年代开始，不断强调不同族裔、不同文化群体和不同地域群体的平等发展权利。联邦和各州政府都开始为弱势群体制订大规模的教育服务方案，期望通过在资金、课程等方面的立法和政策倾斜来补偿这些儿童因历史、地域等客观因素而形成的不足。从推动入学机会均等的形式公平转变为追求教育过程与结果平等的实质公平，美国政府提出的各类补偿教育政策除了提供财政资助，也开始关注不同文化背景对个人能力和学业成就的影响与评价标准，具体包括：为低收入家庭学生的密集地区提供补偿教育财政支持；提供多元文化融入的课程内容，将与学生过去生活经历和文化背景相关联的知识内容融入补偿课程中；注重参与式、对话式的教学方式，鼓励学生能通过思考提供完成任务的多种途径。因此，为了保障不同文化背景、社会背景、经济背景的学生受教育的权利，需要政府实施财政上补贴、文化上认同的合理补偿政策，通过多样化教学形式和多元化课程内容，培养各个群体学生具有多元文化的意识和实践能力，从而消除偏见、促进平等、传承文化、维护社会稳定和谐。

我国是地域广、民族多的文化大国，需要积极实施补偿教育措施，推动多元文化在各族学生教育中的融合，促使不同社会阶层、种族、文化和性别群体的学生能享有公平的受教育机会，在跨文化社会中获取必需的民主价值观、信念、知识、技能和态度。为此，依据教育公平的补偿性原则，对义务教育的资源投入与配置分区域、有重点地调整，可以逐渐缩小因经济、文化等方面的差距带来的教育水平差异，具体包括：教育资源配置向农村等资源匮乏的地区倾斜，通过科学合理的现代公共财政配置制度，确保农村教育能得到政府全方位的支持与保障；教育资源配置向广大西部地区倾斜，完善国家对西部地区的财政转移支付政策，实施西部开发、中部崛起、以东带西、共同发展的区域帮扶战略；教育资源向薄弱学校倾斜，推进学校标准化建设进程，确保所有学校符合教育发展标准；教育资源向弱势学生群体倾斜，确保贫困学生、残疾学生、农村学生等特殊群体能得到补偿性的对待。此外，由于我国教育体制的高度统一，部分少数民族学生无法适应以主流文化为核心的课程标准与教学内容，在生活习俗、宗教信仰、价值观念、认知方式等方面都有较大差异。为此，除了增加对贫困地区、弱势学生群体的教育财政拨款外，可主动开发适用于当地社会现实的地方课程和校本课程，将本土性知识与主流课程标准有机结合起来，帮助这些学生适应现代学校教育，如开发包括少数民族文化传统、节日庆典、历史发展等内容在内的教材。❶

五、切实加强教育督导与问责力度

消除应试导向的教学与学习需要政府对学校办学和教育实施的评价具有指导功能和监控功能。美国教育评估也经历了高风险考试带来的应试教育问题，致使教师不再关注学生学习能力、情感能力等方面的提升，仅看重学生对考试技巧、学科技能的掌握。为此，美国从 2005 年年底开始大力推广评估增长模型，在2014 年启用共同核心州立标准的复合型模型，表明了联邦政府评估的内在含义：并不是要求所有学生达到一样的学业水平，而是达到国家规定的较高的基本标准后，在"共同基石"上发展学生的个性和差异，从而整体兼顾，缩小差距。我国当前课程标准以"为每个学生的发展"为核心发展取向，突出学生的共性与个性，本质上同样是为了追求学生享有优质教育均等机会。然而，由于教育资源不足、受教育人口众多、评估手段单一等因素，我国全国统一考试制度同样存在因高利

---

❶　姜峰，万明钢. 发达国家促进民族教育均衡发展政策研究 [M]. 北京：民族出版社，2011.

害标准化考试而产生的严重应试问题及由此引发的教育不公平问题。统一的高利害标准化考试虽然有着成本低、信度高等优点，但是将其作为单一的教育教学评价工具必然会导致学生情感、道德和伦理等方面能力培养的缺失。因此，需要加大对多元性、指导性评估体系的开发力度，采用针对教学过程的评估方式，如美国的增值评估模型，将评价目的从单纯关注学生成绩转为关注学生个性发展的综合评价，拓展教育评估的评定教学工作、测量学生能力、调整教学质量等功能。❶

美国教育问责十分重视责任的共同承担，即专业的教育工作人员与政府、公众共同对教育成效负责。这要求各级教育专管部门人员、政府官员、学校管理人员、教师、家长等教育的利益相关者共同为学生学业成就担负责任。美国学校的校长、教师享有很大程度的办学自主权和教学自主权，因而需要接受教育资源使用成效、学生学习积极性、教学效果等方面的公众问责。同时，美国教育问责强调公正的奖惩，主要针对两方面的评价进行奖惩，即教育资源的投资效益和学生的学业成就。若学校能以最小的资源投入获得最大的产出，即获得大量优秀毕业生和合格公民，学校将受到奖励；反之，学校将接受改造、援助、重组甚至接管等改革措施。问责的整个评价过程应注重延续性和公开性，即问责的评价并不是一次性的学业考核，而是对学生进行长期跟踪的综合评价，评价的结果应及时、准确地得到公开，从而使评价结果对教学起到指导和改善作用。为此，需要各级政府不断加大教育的评估督导力度，逐步完善义务教育问责的信息公开制度、责任追究制度、动态评价制度和奖惩激励制度。目前，教育部国家教育督导团办公室已经印发了《义务教育均衡发展督导评估实施意见》，指导各级政府全面建立义务教育均衡发展督导评估体系并制订相关的督导工作方案，实施督导评估工作，定期向社会发布监测报告，对评估监测报告进行政府工作问责。同时，将义务教育均衡发展信息公开作为改进政府工作的有效途径，以公告或通报等形式，向社会、学校公开或非公开地报告我国义务教育均衡发展的评估结果，让各级政府、学校可以根据结果对自己的工作进行调整和改进。教育部每年都会向社会报告国家义务教育均衡发展的整体情况、发展水平、区域差异、主要进展、存在的问题与改进建议等，为国家制定或修订相关教育政策提供科学、准确、及时的信息参考，提升我国人才培养在国家竞争中的整体能力。

第三章 义务教育区域教师均衡配置的理论基础

第一节 教育公平理论

20世纪中期以后，教育公平成为全球最为关注的问题之一，也是我国20世纪80年代以来教育改革与发展的重要内容。教育公平是我国政府制定教育政策的重要依据之一，尤其是我国推进区域内义务教育均衡发展的关键指导理念。

一、教育公平的内涵

（一）公平的基本含义

"公"字意为公平、公正；"平"字意为不倾斜、均等、公平。公平在《辞海》（第6版）中的意思是：作为一种道德要求和品质，指按照一定的社会标准（法律、道德、政策）、正当的秩序合理地待人处世，是制度、系统、重要活动的重要道德性质。它反映社会生活中人们的作用和地位、权利和义务以及努力和结果之间的合理关系。公平对同一地位的人应该平等对待，对不同地位的人要有所区别。公平不仅体现在经济领域中收入和财富的合理分配，也体现在政治领域中各种权利的合理分配。公平不是永恒的，它受社会生产力的制约，为促进生产效率的提高和生产力的发展服务，不同历史时期公平的内涵各不相同。公平是相对的，不同的阶层、不同的个人，对公平的理解是不一样的。约翰·罗尔斯强烈地表达了对社会公平的重视，在《正义论》中提出了正义原则，主要包括平等自由原则、差别原则和机会公平原则。阿马蒂亚·森对流行的功利主义发展观予以深刻的揭示，提出应当树立一种新的公平观，并认为自由由政治自由、经济自由、社会机会（教育、医疗保健等）平等、透明性保证（知情权、信用等）、防护性保障（社会救济等）建构而成。

（二）教育公平的基本含义

随着社会的快速发展，公平的理念逐渐在政治、经济、文化、伦理等各个领域深入人心，成为人们进行价值判断的重要依据。教育系统是社会系统的一个子系统，是一种重要的社会公共资源，正义是教育发展的根本旨趣。教育公平是公平在教育领域的拓展与延伸，它具有公平的一般属性，也具有其独特性质。关于教育公平的概念，可谓多种多样。关于教育公平的基本含义，科尔曼和胡森提出了起点平等（入学机会的均等）、过程平等（学校条件、受教育过程的机会均等）、结果平等（学业成就甚至未来的生活成就的机会均等）的观点。麦克马洪提出了三类型说："① 水平公平，指相同者受相同对待。② 垂直公平，指不同者受不同对待。③ 代际公平，指确保上一代人的不平等现象不至于全然延续下去。"❶我国学者立足我国实际，也对教育公平的基本含义进行了深入的探讨，如杨东平认为，"教育公平包括教育权利平等与教育机会均衡两个基本方面"。❷郭元祥认为，"从教育本体的教育来看，教育公平是指教育活动中对待每个教育对象的公平和对教育对象评价的公平"。❸张良才、李润洲认为，"教育公平的本质主要表现在三个方面：第一，教育公平蕴含着人对自己、对他人，乃至对人类的意义关怀。第二，教育公平反映着教育利益在人们之间的分配关系。第三，教育公平是规范概念与描述概念的统一"。❹"教育公平作为一种价值观，在宏观上指适龄儿童、青少年享有同等的受教育权利和机会，享有同等的公共教育资源服务，并向社会弱势群体倾斜；在微观上指教育者（包括校长和教师）应同等地对待每个受教育者（学生）。"❺"教育公平的内涵可以分为三种类型，即观念层次上的教育公平（对教育市场公平和教育社会公平的一种主观的价值判断）、教育市场公平（一种使教育效率达到最大化的教育资源的最佳配置）和教育的社会公平（学生已有的受教育程度和一定时期内所受教育程度的平等）。"❻所谓教育公平，是指国家对教育资源

---

❶ 翁文艳.教育公平的多元分析[J].教育发展研究，2001（3）：62-64.

❷ 杨东平.从权利平等到机会均等：新中国教育公平的轨迹[J].北京大学教育评论，2006（2）：2-11.

❸ 郭元祥.对教育公平问题的理论思考[J].教育研究，2000（3）：21-24.

❹ 张良才，李润洲.关于教育公平问题的理论思考[J].教育研究，2002（12）：35-38.

❺ 王善迈.教育公平的分析框架和评价指标[J].北京师范大学学报（社会科学版），2008（3）：93-97.

❻ 郑晓鸿.教育公平界定[J].教育研究，1998（4）：29-33.

进行配置时所依据的合理性的规范或原则。这里所说的"合理"是指要符合社会整体的发展和稳定，符合社会成员的个体发展和需要，并从两者的辩证关系出发来统一配置教育资源。

由以上定义可以看出，从不同的学科视角或不同的出发点都会获得不同的定义。政治学的视角强调教育权利与教育机会，经济学的视角强调教育资源的享用与分配，教育社会学的视角强调教育制度的公正性与合理性。无论是从哪个视角对教育公平基本含义的深入探索，都在某种程度上反映了客观现实，都具有一定的合理性，都有助于对教育公平丰富内涵的深入认识。综合以上定义，无论是哪种视角，无论是教育机会均衡还是教育资源均衡配置，都应该明确教育公平的目的是促进每个个体全面而有个性的发展。教育是一项趋向至善的活动，要促进人的全面解放，促进生命个体自由而全面的发展，公平的教育意味着要重视个体差异，要为个体提供与其自身条件相匹配的教育，使强者更加卓越，弱者实现最大限度的发展。

从教育内部要素来看，教育公平可分为学校公平、教师公平与学生公平。学校公平是指对待和评价同一类别的学校是否公平的问题；教师公平是指对待和评价所有教师是否公平的问题；学生公平则是指对待和评价所有学生是否公平的问题。

从教育实践活动过程来看，教育公平可分为起点公平、过程公平与结果公平。起点公平包括教育权利平等和教育机会平等两个方面。权利平等是指人人享有的基本权利应该完全平等以及人人享有的非基本权利比例是相同的。教育机会平等，主要是指每个人无论性别、出身、民族、身体状况、智力水平、政治地位、经济基础、居住地等情况如何都有接受教育的机会。过程公平是指在接受教育的过程中享受平等的待遇，不仅包括建筑、场地、教学设施等硬件资源，还包括学校管理、教师队伍等软件资源，同时还包括教师在课堂教学过程中平等对待每一位学生，根据每位学生的身体智力水平、家庭背景、特长爱好、教养程度进行教育。结果公平即教育质量的公平，是指学生在毕业时所获得的知识与技能、过程与方法、情感态度价值观在同一水平，实现实质上的平等。

教育公平不是教育平等。教育平等是教育公平的一项重要依据，也是教育公平的基本要求。教育平等主要指受教育者在教育地位、权利、资源分配和利益分配等方面的平等状态，具有较强的客观性；教育公平则是人们对于受教育者在教育地位、权利、资源分配和利益分配上的一种价值认识和价值判断，它反映的是人与人之间利益关系的合理性问题，具有较强的主观性。在认可当前现实这方面，或许存在着一些等级制、双轨制等不平等，如当前我国教育政策中的"城市取向"，教育平等往往容易一味追求平等，导致抵触教育现实的倾向。当前的现实状况是调适的平等，不是绝对的而是相对的，没有绝对的平等，如果一味追求教育平等，过度的自由也会导致秩序失效，阻碍教育发展的活力，不利于教育质量的提高。

教育公平不是社会公平。教育公平是社会公平的重要内容，社会公平是教育公平的前提，教育公平对社会公平具有重要的促进作用，研究教育公平必须与社会公平联系起来。首先，在当前社会存在分层的状况下，不同的阶层存在着不平等的现象，社会资源、社会财富在社会成员之间分配不公，真正的社会公平是难以完全实现的。在这样一个社会公平难以真正实现的条件下，不同阶层对知识、信息、社会关系、财富等的占有量是不同的，无论教育收费与否都不可能实现真正的教育公平。其次，教育公平的推进能够促进社会公平的发展。在教育公平的环境下，不管是上层还是下层人民都可以享受到公平的教育，都可以提高自身的知识文化水平、增强创造财富的能力，同时能够增强社会的凝聚力，降低犯罪率，进而缩小社会层次之间的差距，增强社会的和谐程度，促进科学发展和技术进步，促进社会公平的实现。由此可见，教育公平对社会公平、个人发展都具有重要作用。

（三）教育公平的基本特征

1. 教育公平是历史性和发展性的辩证统一

教育公平是社会历史发展的产物，它受当时社会经济发展和经济社会发展的影响。在原始社会，人在很大限度上依附于自然，每个社会成员都必须接受基本的生产经验的教育，否则个体难以生存。因此，在原始社会，每个社会成员都平等地接受了教育。但是，这种社会公平是低层次的公平。在奴隶社会和封建社会，接受教育是统治阶级的特权，广大人民群众是没有经济能力接受教育的，从这个角度看，教育是不公平的，只有在统治阶级内部，教育才是公平的。在资本主义社会和社会主义社会，由于机器大生产需要劳动者掌握一定的知识和技能，资产阶级提倡自由和平等，张扬公平和自由的理念，因此从社会经济发展客观上需要广大人民群众接受教育。在经济全球化的今天，全球体系内部的异质化和文化多元主义成为全球化的必然逻辑，要求全世界所有人不分性别、肤色、种族等社会差异都具有平等享受教育的机会和权利。虽然每个历史时期教育公平的内容与范围都带有深刻的社会历史的烙印，但在社会发展的历史长河中依然具有一定的继承性。后一历史阶段的教育公平不管是对前一历史阶段教育公平的批判、否定，还是对前一历史阶段教育公平的吸取与传承，都或多或少地与前一历史时期的原则之间存在着一定的继承关系。

2. 教育公平是现实性和理想性的辩证统一

从教育公平发展的历史来看，它一方面是对当时社会政治经济的反映，也是对未来社会的向往，是一种对现实继承与否定的理想追求。同社会公平一样，当社会现实中出现不公平的教育现象时，人们就会产生相应的教育公平价值观，并通过制定某种规则把它反映出来。比如，古希腊城邦奴隶制即将走向衰落的时期，奴隶制所固有的社会矛盾和阶级矛盾日益尖锐和凸显，当时的社会制度已经无法解决，教育不平等达到了顶峰。柏拉图从"上帝创世""天赋观念"出发，认为人是上帝创造出来的，有的人是"黄金质地"，有的人是"泥土质地"，每个人应从自己的天赋出发，接受相应的教育。显然他设计的这种教育规则体现了等级观念，同时又是对未来教育公平的一种理想。

3. 教育公平是主观性与客观性的辩证统一

教育公平是一种价值判断，是人们对当前的教育事实的主观感受。当教育事实与人们的主观心理预期完全一致时，则产生公平感；否则，便产生不公平感。当然，在完全一致与不完全一致之间存在着很大的空间，从而使得公平感与不公平感都有一定的强度差异。教育公平受人们的价值观念影响很大，如同样的教育事实，可能在教育大众化思想的持有者眼中是公平的，在精英主义教育思想的持有者眼中就是不公平的。但是就教育公平所反映的内容而言，是不以人的意志为转移的客观现实。

二、教育公平理论的演进

（一）西方教育公平理论的演进

追求教育公平是人类社会古老的理念。在西方国家，对教育公平的探讨与追求的步伐从未停止过。

在古希腊时期，大思想家柏拉图最早提出教育公平的思想，在他所构建的理想国中，认为哲学家生来含有黄金，军人生来含有白银，手工业者和农民生来含有铜和铁，一个人应归入哪一类不取决于他的血统和财产，而是取决于他的天赋和在教育、实践中表现出来的才德。柏拉图提出儿童应有公育，并且第一次提出了以考试作为选拔人才的手段之一，他强调身心协调发展、男女平等接受教育。但他认为只有哲学家才能成为国王，过于强调教育用一个刻板的模子铸造人，忽视个性发展。亚里士多德认为必须建立公共生活的正确制度，有良好的立法和法律，以此保证自由公民的受教育权利。

17世纪，捷克具有强烈民主主义思想的夸美纽斯从"把一切事物教给一切人""一切儿童都可以造就成人"的"泛智"思想出发，提出了普及教育的思想。他对当时的学校仅为富人设立表示愤慨，提出一切男女青年都应该进学校，不仅有钱有势的人的子女应该进学校，而且一切城镇乡村的男女儿童，不分富贵贫贱，同样都应该进学校。但他认为一切男女青年受教育的目的和程度应是不同的：权贵和富人的子女受教育是为了更加有智慧，成为领袖人物；地位较低的人接受教育，才能聪明地、谨慎地、自愿地服从领袖。

18世纪，法国的卢梭不同意按教育对象的贫富分设学校和课程的贵族性主张，要求儿童受同样的教育。他认为即使不可能建立一种完全免费的公家教育，不管是哪一处所收的费用都应该放低到使最贫苦的人也能付得起。

19世纪，瑞士的裴斯泰洛奇对当时少数上层阶级的子弟享有教育的特权而广大劳动人民的子弟被排斥于学校之外的现象非常不满，并对瑞士的等级性国民教育制度提出了尖锐的批评，他呼吁人人都应该接受教育。但认为所谓平等的教育权利，不在于富人和穷人、平民和贵族受到相同的教育，而是要求每一个人必须获得符合他的本性和社会地位的教育。

以圣西门、傅立叶和欧文为代表的19世纪的三大空想社会主义者尖锐地抨击了资本主义社会教育的弊病，都对教育问题提出了许多重要观点，描绘了未来共产主义社会的教育蓝图。欧文还力图在英国苏格兰纽拉克沙厂推行他的社会改革，在美国印第安纳州的"新和谐公社"尝试实践他的空想社会主义理论和教育设想。

马克思对教育公平问题的研究和探索，是通过对早期资本主义社会里存在的各种复杂的不公平现象的分析以及汲取前人理论的精华形成的。其中，马克思的公平理论（权利公平、机会公平、规则公平、分配公平）和人的全面发展理论（人的需要的全面发展、人的活动及其能力的全面发展、人的社会关系的全面发展、人的个性的全面发展）是其公平理论得以形成和发展的基础。马克思主义教育公平观主要包括以下内容：① 平等受教育权的实现是教育公平的基本要求。1866年，马克思提出一个基本观点，认为教育是人类发展的正常条件和每个公民的真正利益，教育是每个公民都应拥有的一项平等权利。马克思公平观包括两层含义，一是教育是每个公民都应该拥有的一项平等的权利；二是这种平等表现为每个人智力和能力上发展的平等。平等受教育权是实现教育公平的起点，如果起点都得不到保障，就谈不上教育公平的最终实现。② 人的自由而全面发展是教育公平的最高理想。马克思提出资本主义教育的目的是为了让工人发展更加异化，更加畸形。

这样的教育束缚了工人身心的发展，抑制了工人发挥自己主观能动性的可能。马克思认为，平等受教育权的实现是教育公平首先要解决的问题，但这仅是获得教育公平的起点，人的自由而全面发展才是教育公平的最高理想和归宿。社会政治、经济是实现教育公平的重要条件。马克思认为经济上的平等状况是教育公平发展的物质基础，政治上的平等地位是教育权利平等的制度保障。教育公平是代表着统治阶级的意识形态和价值取向的，在阶级社会里是不可能真正实现的，只有共产主义社会才能真正实现。

到了近现代，西方学者从不同的视角，如社会学、伦理学、经济学、法学等多方面进行剖析，提出了各具特色的教育公平观。

美国的科尔曼通过分析一个多世纪以来教育机会均等观念的演变及对英美两国的比较，提出美国的教育机会均衡观念包括以下几个方面：一是向人们提供达到某一规定水平的免费教育；二是为全部的儿童提供普通课程；三是为不同社会背景的儿童提供进入同样学校的机会；四是地方税收提供了创办学校的资源，因此可在特定地区范围内提供均等的机会。科尔曼在教育调查中提出了五种有关小均等的界说：一是以社区对学校的投入差异进行界说，如每个学生的费用、校舍、图书馆、教师素质等；二是根据学校的种族构成进行界说，如果该体系内的学校由不同的种族构成，学校体系内就存在不均等现象；三是根据学校各种无形的因素进行界说，如教师的德行、教师对学生的期望、学生的学习兴趣等，其中任何一种因素都可能影响学生；四是根据学校对背景和能力相同的个体所产生的教育结果进行界说，若给予个人相同的投入，教育机会均等就是结果均等，不均等可能源于学校投入和种族构成上的差异或者上述多种无形的因素；五是根据学校对背景和能力不同的个体所产生的教育结果进行界说，教育机会均等是在个人投入不同的条件下获得均等的教育。

瑞典的胡森认为，所谓"平等"首先是指每个人都有不受任何歧视地开始其学习生涯的机会，至少在政府所创办的学校教育中应该如此；其次，是指平等地对待每一个人，不管他的种族和社会出身如何；最后，在制定和实施教育政策时，应确保入学机会和学业成就的机会平等。❶ "机会"是一个变量，它包括学校内部因素（如图书馆、建筑物等）、学校外部因素（如家庭经济、学习开支总额、地理位置等）、家庭因素（如对子女的尊重、期望等）、学校因素（如教师专业发展水平等）。胡森认为，教育机会均等包括起点均等、过程均等和结果均等。起点

❶ 易红郡.西方教育公平理论的多元化分析[J].湖南师范大学教育科学学报，2010，9（4）：5-9.

均等强调教育权利的平等，人人接受教育应受到法律的保护，但处于不同阶层具有不同能力的人应进入不同性质的学校；过程均等强调教育制度应平等地对待每一个孩子，但孩子和家庭有如何利用这种机会的选择权利；结果均等是指在确保人人都有受教育机会的基础上，注重人的差异性，要选择不同的方式对待具有差异特性的孩子。

美国社会功能学派代表人物帕森斯认为，教育公平是社会公平的基础和前提，是实现社会公平"最伟大的工具"。他认为社会平等包括四个维度，即成就获取的机会平等、法律保护的平等、制度个人主义所保障的阶层地位平等、信托责任中的道德平等。教育的根本问题在于为现代社会提供一种文化认知层面的公共性，使现代社会在日益分化和多元化基础上伴随一种相应的整合过程。

美国的罗尔斯从伦理学的角度提出了独具特色的教育公平理论。他认为，正义原则有两个：一是平等自由原则，二是差别原则。从教育意义上来看，为了平等地对待所有的孩子，提供真正的同等的教育机会，国家必须更多地关注那些天赋较低和出生于社会地位较低家庭的孩子，较多的教育资源应花费在智力较差而非较高的人身上，至少在早期教育阶段应该如此。他的正义原则无疑有利于教育资源的合理分配，有利于改善弱势群体的教育环境和生存状况。

（二）我国教育公平理论的演进

教育公平的观念在我国源远流长。两千年前的孔子就提出了"有教无类"的朴素的教育公平思想。"有教无类"作为私学的办学方针，与贵族官学的办学方针相对立，打破了贵贱、贫富和种族的界限，把受教育的范围扩大到平民，他认为只要有学习愿望的人，并主动奉送10条干肉作为束脩，也就可以成为其弟子。另外，孔子创造的因材施教的教育方法，提出要从每个人的实际情况出发，根据个性特点和具体要求来进行教育。

在唐朝，一方面要求地方官员向中央政府推荐德才兼备的人才；另一方面推行科举制，逐步扩大考试科目，增加考试内容，完善考试程序，如武则天针对考场舞弊之风，采取糊名考试的办法，要求在考试之日，考生自糊其名，暗考以定等第，从而使科举制取代了以荐举为主的选士制度。科举制在其发展过程中，形成了一套完备的制度，考试有一定的内容，分级进行考试，不同的科目采取不同的方法，为确保考试的公正合理而建立的一系列防范措施，比以前任何一种选士制度都更为公正客观，这对以后考试制度的发展产生了积极的影响。科举考试重视考生的学识和才干，而不是出身和门第，允许平民子弟参加，充分体现了教育公平思想。

清朝王夫之指出，学生之间存在着个别差异，他们"质有不齐"，有刚有柔，有敏有钝；"志量不齐"，有大有小；德行不同，有优有劣；知识不等，有多有少。因此，教师应该根据学生的实际状况，有针对性地施教，即"因人而进"。正因为要"因人而进"，所以教师在实际教学活动中应该采用各种不同的方法。他说："顺其所易，骄其所难，成其美，变其恶，教非一也，理一也，从人者异耳。"

太平天国在1853年定都天京后，颁布《天朝田亩制度》，规定儿童每天都要到礼拜堂区听"两司马"教读《旧遗诏圣书》、《新遗诏圣书》和《真命诏旨书》等宗教性读物，这反映了太平天国希望普及儿童教育的朴素的教育公平思想。

洋务运动开始后，随着"西学东渐"的深入以及近代工商业的产生和发展，中国思想界涌动着一股资产阶级启蒙思潮。康有为在《请开学校折》中设计了一个学校系统：在乡间设立小学，时间为8年，7岁以上儿童必须入学。县立中学，儿童14岁入学，加深小学阶段内容。在他所设计的大同社会中，根除了愚昧和无知，教育昌盛、文化繁荣、语言统一、教化相同，儿童是整个社会的儿童，不再是某个家庭或个人的子女，对儿童的抚养和教育均应由社会承担。梁启超在《时务报》上发表《记江西康女士》一文，以介绍中国早期女子留美学生康爱德的经历和优异成绩，号召发展女子教育。梁启超还在《变法通议·论女学》中，系统论述女子教育问题，从女子自养自立、成才成德、教育子女、实施文明胎教等方面揭示女子教育的必要性。他认为接受教育是女子的天赋权利，也是男女平等的保障；提出女子有耐心、喜静等特点，与男子相比，各有所长，可以相互补充。

清末壬寅学制和癸卯学制的颁布，解决了当时各地兴学无章可依的矛盾，为新式学堂的发展奠定了基础。其中有两点体现了较强的教育公平思想：一是在学制中开放了"女禁"，继近代第一所国人自办的学堂——经正女学之后，全国各地不同形式的女子学校相继出现。1907年，学部颁布《女子小学堂章程》和《女子师范学堂章程》，虽离全面开放女子学校教育相差甚远，但这是我国女子教育在学制上取得合法地位的开始。二是针对民间关于初等小学堂难以按章程规定普及的议论，1909年颁布了《变通初等小学堂章程》，规定根据师资和入学对象的情况，原章程中初等小学完全科的部分课程可以删减，初等小学简易科的年限可缩短4年或3年。这些措施有助于扩大教育的对象和范围，促进了新式学堂的发展。

以民主和科学为旗帜的新文化运动，促使中国现代教育观念发生了巨大变化。对民主、科学的呼唤，对文化传统的反思，对专制主义的批判，折射于教育就是增强了人们对个人价值的肯定、对个性化教育的倡导。个性主义思想体现于教育，其一强调在教育上使个人享有自由平等之机会而不为政府、社会、家庭所抑制。其二要求在教育中尊重个人，又从尊重儿童始，甚至"以儿童为中心"。其三尊重个性意味着不以"划一单调"的"模型"塑造个人，让社会淹没个性。其四，学校教育尤忌"随便教育"，作为教师必须深知儿童身心发展之程序，而选择种种适当之方法以助之，作为学生必须学会自动地研究和自治，"灌"进去的知识学问是没有多大用处的，真正可靠的学问都是自修得来的。可见，"个性解放"思想使学校内外的教育观念都在发生变化，人们开始习惯于站在教育对象的立场上去思考教育问题。新文化运动对教育观念的又一改变是教育平民化观念的形成，这是民主思潮在教育领域里的回响。当时所谓民主包括自由、平等、互助等要素，要求个人有独立发展的自由，将剥夺个人发展权利的封建制度、阶级势力解放得干干净净。同时，受第一次世界大战时世界性的民主、民治声浪的影响，受陆续传入中国的"互助论""泛劳动主义""社会主义"等思想的影响，以提倡白话文反对文言文为发端的新文化运动几乎可以被看作一场平民主义运动，它力求沟通和消除知识阶层与"社会上一般人"在语言上也是在思想上的隔阂，使新知识、新思想传播到一般社会民众中，因此焕发出民众中蕴藏着的巨大能量。当时有不少人提出必须坚持教育的"庶民"方向，打破以往社会有贵贱上下、劳心与劳力、治人与治于人种种差别的阶级教育。在民主思想的推动下，平民教育呼声强烈，义务教育得到倡导。1917年10月，第三届全国教育会联合会通过《请促进义务教育案》，次年10月又提出《推行义务教育案》，要求政府切实实施义务教育，各地也纷纷推进落实。倡导平民教育，是新文化运动中的民主思潮在教育领域里的反映和重要组成部分。1919年10月通过《失学人民补习法》，表明平民教育问题已引起教育界和社会的重视。宣传平民教育思想、投身平民教育运动的有初步具有共产主义思想的知识分子、小资产阶级知识分子和资产阶级知识分子。

从1926年始，一大批有见识的教育家将平民教育实验运动从大城市转向中国广大的农村。晏阳初、陶行知、黄炎培、梁漱溟等一大批教育家在20世纪20年代后期几乎同时开始了由城市向农村的战略"转移"。至20世纪30年代，形成了声势浩大的乡村建设实验运动，晏阳初主持的中华平民教育促进总会所进行的河北定县乡村教育实验，在这场运动中占有举足轻重的地位。

自中华人民共和国成立后，国家就为促进教育的公平而不断努力，国家一直把教育当作头等大事，教育事业得到蓬勃发展，取得了举世瞩目的成就，人的全面发展不断进步。在不同的时代，几代领导人都以马克思主义教育公平观为行动指南，为实现教育公平做出了卓越的贡献，他们立足于我国的国情，继承和发展了马克思主义教育公平观，经历了漫长的发展历程，实现了马克思主义教育公平

观的中国化。❶

　　作为中华人民共和国的缔造者，毛泽东继承和发展了马克思主义教育公平观，其教育公平思想以教育的普及和人的全面发展为主要特点，是由继承马克思主义教育公平观的教育普及、人的全面发展及教育与生产劳动相结合等思想发展而来。毛泽东的教育公平思想主要包括以下内容：在教育起点公平方面，不分性别，男子、女子共同享有受教育的权利；不分阶层等级，各个阶层的群体包括干部子弟、资本家子女与广大劳动人民的子女，不论其出身和地位如何都有受教育的权利，没有种族差异和地区差异，无论汉族还是少数民族，不论中原腹地人民还是西北边远地区人民都有受教育的权利。在教育过程公平方面，提出教育资源的分配要均匀，他强调教育要为工农服务，还在高等学校录取方面规定工农群众和干部入学成绩稍差、从宽录取的原则；教育经费的投入以政府财力为主体，并依靠群众力量，坚持"两条腿走路""多种形式办学"，将政府办学与群众办学结合起来；教育课程的设置要合理，要少而精，符合社会实际，遵循教育规律，适应学生身心发展特点；实施启发式教学，调动学生的主动性和积极性；个人具有参与选择何种教育资源的权利。在教育结果公平方面，教育要同生产劳动相结合，消灭劳动分工差别，培养德、智、体、美、劳全面发展的人，培养"又红又专"的人才。在教育与政治、经济的关系方面，强调教育发展依赖于政治和经济水平，同时教育要为政治、经济服务。

　　习近平也反复强调，要让人民享有更好、更公平的教育，努力让每个人都有人生出彩的机会。促进教育公平，必须解决好农村和贫困家庭孩子教育问题。扶贫要扶智，治贫先治愚。政府要保障贫困家庭的孩子都能够接受义务教育，并为他们提供进一步求学的机会；基础教育资源要向农村倾斜，向边远地区、贫困地区、民族地区倾斜；进一步健全资助体系，想方设法解决贫困地区、贫困家庭孩子上学面临的实际困难等。促进教育公平，必须积极稳妥有序推进高考改革。应通过深化考试招生制度改革，促进教育公平，提高人才选拔水平，适应培养德、智、体、美全面发展的社会主义合格建设者和可靠接班人的要求，努力做到高考机会公平、过程公开、结果公正，切实维护社会公平。现在，高考招生中屡屡出现弄虚作假、徇私舞弊现象，引起社会各界强烈不满。我们必须通过更严格的法规、更先进的技术、更得力的举措，遏制腐败之风在高考领域滋生蔓延。要规范自主招生、高考加分等，使各种初衷良好的政策不走样、不变味；合理配置教育

❶　宋友根. 马克思主义教育公平观视野下促进我国教育公平的对策研究 [D]. 南昌：东华理工大学，2012.

资源，科学投放生源指标，缩小区域、城乡差距，促进入学机会公平。总之，要以有力的措施确保高考成为"一片净土"，以明显的成效取信于民。❶

第二节　人权教育理论

人权和教育一直以来都是人类文明的重要表征，它们担负着创造人类尊严与价值的重要使命。人权与教育是互为表里、相互依存的关系，人权若没有了教育，就好像马车有车无马，寸步难行；相反，教育若失去了人权，就好像马车有马无车，空行无物。教育从实质上看是人的一项基本权利，而人权则以自由和平等为价值核心，通过法律和道德的规范得以实现。人权教育作为"关于人权的教育"和"为了人权的教育"，是通过符合人权的教育方式，通过传授相关的内容，最终达到人权的提升。因此，人权教育是关于权利的启蒙教育，是人权得到尊重的教育，更是实现人权理想的教育。实现教育均衡发展需要人们对人权有普遍的深入理解和尊重，这就需要深刻把握人权教育的理论和实质。

一、人权的内涵

自文艺复兴时期的思想家但丁第一次提出"人权"这一概念以来，人权思想、人权制度与人权实践都在不断发展和完善，逐步形成了人类普遍接受和认同的人权内涵体系。尽管历史、阶级、种族、国家与文化的差异会造成人们对人权的理解和表述各异，但核心的思想是不变的，即人权享有法律的保障、道德的尊重，自由与平等的核心价值以及主体普遍性的基本属性。

（一）人权是受到法律承认和保护的人类普遍道德权利

从概念上看，人权在法学、哲学、社会学和政治学等各个学科中都有不同的理解和界定，其中法学和哲学上人权概念的应用和影响更为广泛与深刻。从哲学的道德层面出发，英国的米尔恩认为人权是一种道德权利，是跨越了文明、种族和地域的全人类都认同的最低限度的普遍道德标准，其包括七项人的最基本权利，即生命权、公正权、受助权、自由权、诚实权、礼貌权和儿童受监护权。❷从法律角度出发，"人权"的概念得到较严谨和全面的认定："人权是每个人在个性、精

---

❶　瞿振元.发展具有中国特色世界水平的现代教育 [N].人民日报，2014-09-10（007）.

❷　米尔恩.人的权利与人的多样性 [M].北京：中国大百科全书出版社，1995.

神、道德等方面可以享有充分和自由发展的权利，其作为人与生俱来的自由意志的产物，受到法律的承认和保护。"❶每个人无论其出身背景如何，作为一个独立的、唯一的生命个体都具有平等的价值，其生命价值和人格尊严都应当得到相应的尊重。法律可以剥夺人类包括生命在内的各种权利，但不能剥夺人的尊严。人权是人具有"人"这一属性的特有产物，是人区别于动物、人之所以为人的一个根本尺度。同时，人权也是人用以维护自身利益的有效保障，其可以维护个人的自身利益不受他人的侵害。人权是人实现利益的有效手段，也是具有普遍性的权利，是符合道德一般标准的。一种利益若是有害于他人，那这种权利则不是普遍权利，而是特殊权利，特权是无法满足利益的普遍性要求的，但人权体现的利益必然是利己的，且不损害他人的。对利益的维护使人权具有批判和抵制不当公权的道德功能，可以促使国家和集体善待每一位公民和个体。此外，从无数学者和理论家的不断探寻中可以知道，人在逐渐探寻人权内涵的过程中实现了自身的生命意义。从笛卡儿在理论上确立了人的理性主体，卢梭提出了追求道德自由的天赋人权说，康德得出人权道义论，发展到胡塞尔、海德格尔、雅斯贝尔斯、哈贝马斯等人提出交互主体性，人们越来越意识到人权是基于民主和平等的权利，人的生命的意义必须伴随着对人权的尊重，人权是人实现其生命意义的最终表现。

（二）自由和平等是人权的基本核心价值

从历史的视角看，人权是由人的自然权利衍生而来的，而自然权利则源于自然且由自然规定的标准或法则，其优先于任何社会的约定和法则，是人们道德评判的初始来源。自然法的思想演进可以很好地理解人权的价值理念。在古希腊时期，智者学派从人的自然本性角度提出了自然平等的人权观。智者普罗塔哥拉认为人是万物的尺度，是宇宙的中心，在法律和政治上具有平等的权利。而西塞罗则认为理性就是人的自然法则，人生来具有理性，享有平等的自由权利，真正的自由应包括权利的平等以及人的本性的自由。随着历史的迁移，人的自然本性、尊严与价值得到更深入的挖掘，人权价值进一步得到明确和普及。荷兰的斯宾诺莎认为，人在情欲和理智下具有各种天赋的自由，如生存的自由、事物占有的自由、行动的自由、信仰的自由和思想的自由等，而统治者维护国家安全的最优方式就是让人们可以自由地思考。他认为人的心只能由自己来安排和处置，没有人

❶ 沃克.牛津法律大辞典[M].北京社会与科技发展研究所，译.北京：光明日报出版社，1988: 213.

会同意将其天赋的自由思考的权利转让给他人。❶而英国学者霍布斯则认为，所有人在初始时都被赋予同等的身体能力与心理能力，之后在相同的时间与空间中应该获得相等的经验和智慧。因此，人们在自然状态下应享有天赋自由权。这种自由是一种绝对的自由，即用其自由的判断和理性采取最合适的手段去享有任何事物的自由。霍布斯作为新兴资产阶级的代言人，他的观点反映了资产阶级君主专制的意识形态。随后，洛克对人权做了较为全面的诠释，他将人的生命权、自由权、平等权和财产权都认定为不受任何阶级权利约束的自然权利，是独立于人的意志与法律效力的天然理性。人生来就应该享有自然界同等的条件和能力，不存在等级和分类。这一自由观点在卢梭处得到了更充分的论证，他认为人是生而自由的，自由就是人的基本权利和义务，只有当人们都遵守共同制定的法律时，才能实现真正的自由和社会的自由。同时，卢梭认为自然人的自爱、自保以及同情心是一种先于理性的情感，比道德理性更为根本。因此，人的人格和个性应是自由的，应摆脱社会习俗和社会道德的约束，是人权意义的体现。卢梭的观点得到了西方思想家的广泛认同，在一定程度上推动了法国和美国的革命与独立，正如美国《独立宣言》和法国《人权宣言》中都强调的：自造物主赋予人类生命开始，每一个人都有平等和自由追求幸福的权利。自由和平等是人的自然属性，是人的本性要求，是人的最基本人权。自由权是人权的中轴和灵魂，决定着人权主体的最终目的和归宿，而平等则是自由得以实现的前提，是一种前提性的人权。纵观历史，作为人权事业先行的西方发达国家，其是通过宣扬自由权利进而推动人权事业的，而人权事业后发国家则是依靠实现平等权为基点发展人权事业的。❷

（三）人权主体普遍性是人权的根本属性

除了自由与平等的价值属性外，人权的根本属性还包括人权主体范围的普遍性，人权价值与人权主体的普遍性就是人权的一体两面。从历史发展来看，人权主体范围是一个不断扩大的过程，正如洛克在政治契约的观点中肯定了自由的重要性一样。但是其对享有自由权利的公民的定义仅是少数白人和上层阶级，而多数有色人种和无产阶级则受到了排斥。古典人权理论中的人权主体是有生命的个体，并在19世纪开始从生命主体转为人格主体，经过两次世界大战的摧残，人们开始催生出对普遍人权的渴望，个体人权开始发展为集体人权。人权主体范围也开始从个体逐渐拓展到以种族为内容的集体，并衍生出如发展权、和平权、环境

---

❶ 斯宾诺莎.神学政治论[M].温锡增，译.北京：商务印书馆，1963.

❷ 徐显明，齐延平.中国人权制度建设的五大主题[J].文史哲，2002（4）：45-51.

权、反核权等集体人权。人权主体范围的扩大是人权理论和人权实践共同发展的结果。同时，人权主体普遍性还体现在人们对特殊人权主体的差异平等上。特殊人权主体通常包括"弱特征"的"弱势人主体"和"强特征"的"公权力人主体"。由于弱势人主体在实际生活中通常未享受到正常人的权利和待遇，而公权力人作为强势人主体，其掌握并行使国家权力，因此补偿弱势人主体所应得的权利并限制强势人主体的过度权利是人权平等的真实体现，也是保障人权主体普遍性的必备条件。对弱势人主体权利的补偿保护是人权保障全面化的特征，也是一种对人格尊严的尊重；而对公权力人主体权利的限制则是防止其成为阻碍其他人权主体权利实现的特殊主体权利。因此，人权主体范围的扩展是一个从特殊主体转为普遍主体、从个体主体转为集体主体、从生命主体转为人格主体的过程。人权主体范围的扩展以及对特殊人权主体的差别对待反映出人权正经历一个从异化到复归的发展过程。❶

二、人权与教育的关系

受教育是人的基本权利，教育同时又是推进和提升人权状况的根本途径，两者都为提升人类的尊严与价值而相互依存和发展。作为人权的教育，通常是指受教育权，其要求无论种族、性别、阶级、信仰和地区等外在因素如何，人人都能公平、普遍地享有各级各类受教育机会的权利。

（一）教育是一项基本人权

美国学者斯普林格认为，当今世界具有一定水平的教育是人类行为的必要条件，教育是一项首要人权。❷1960 年，联合国教科文组织大会在《取缔教育歧视国际公约》中对教育人权做出了说明：教育应该能鼓励人的个性与尊严得到充分的发展，应该能强化对人权与基本自由的尊重，应该能帮助人有效且自由地参与社会。❸权利可划分为消极权利和积极权利。消极权利是要求国家权利做出相应的不作为的权利，如自由权；而积极权利是要求国家权利做出相应的作为的权利，如社会权。教育的自然属性和社会属性决定了受教育权利是兼具消极权利和积极权利的复合权利。因此，受教育权是公民至高无上的应有权利，其具有不可缺少性、不可取代性和不可转让性。同时，受教育权包含人权所具有的普遍性和具体性，

❶ 徐显明，曲相霏.人权主体界说[J].中国法学，2001（2）：54-63.

❷ 斯普林格.脑中之轮：教育哲学导论[M].贾晨阳，译.北京：北京大学出版社，2005.

❸ 董云虎，刘武萍.世界人权约法总览[M].成都：四川人民出版社，1991.

即作为人权的主体应普遍享有基本权利以及作为人权客体的基本权利内容应该是具体的。若没有人权普遍性原则的约束，人的自由、平等和尊严等无法得到保障；若没有人权具体性原则的约束，人权则只是一些抽象的概念，无法实现实质的权利。具体而言，受教育的基本人权具体体现在受教育机会权利、受教育条件权利、受教育结果权利三个方面。

首先，受教育机会权利是受教育者有权利通过教育获得生存能力和发展能力的可能性，是受教育者接受各级各类教育的起点和资格。公民若丧失了受教育的机会或失去了受教育的身份，那就没有了受教育的可能性。可以说，受教育机会权利是受教育权利存在的前提性权利，其可具体分为入学机会权利、升学机会权利、受教育选择权利和学生身份权利。❶入学与升学的机会权利是公民受教育机会权利最重要的表现形式和实现方式，其确保人人都普遍和平等地享有受教育的机会。受教育选择权利是受教育者有自由选择接受教育的类别、学校以及教师等的权利，使受教育者能根据自身条件选择适当的教育。在行使了这三项权利之后，必然会赋予受教育者合法的学生身份，即学生身份权利。学生身份权利是指受教育者有权在其所处的教育机构获得学籍并进行学习、生活和取得学习结果。由于人一旦失去了学生的身份，就意味着丧失了享有其他一切学生权利的机会，因此学生身份权利是受教育机会权利的核心和实质。

其次，受教育条件权利是受教育者在获得入学、升学的机会权以及学生的身份权利后，享有一系列保障受教育过程合理进行的权利，包括教育条件建设请求权利、教育条件利用权利和教育资助权利，其是受教育者在受教育过程中要求国家提供设施和保障教学的反映。教育条件建设请求权利包括教育设施建设的请求权利和教育财政措施的请求权利。教育设施建设的请求权利是受教育者有权请求国家设立在接受教育过程中不可或缺的硬件设施，如学校、图书馆、体育场等。而教育教学活动与设备建设的运转需要国家的财政投入，受教育者有权向国家提出这方面的请求。教育条件利用权利是受教育者可以享有平等利用已有的教育设施和资源进行受教育活动的权利，包括参加教育教学活动的权利和在教育过程中使用教育教学设施的权利，前者是指受教育者有上课和参与课外活动的权利，后者是指受教育者可以无偿使用教育教学活动中的教学设施和资源以及图书馆、科技馆等社会公共教育资源。教育资助权利则是针对那些因有紧急困难且其在拥有教育条件建设和利用权利后也难以完全享有受教育权的受教育者，他们有权向国家申请经济资助用于负担教育费用。

❶ 徐显明. 人权研究 [M]. 济南：山东人民出版社，2003.

最后，受教育结果权利是受教育者在获得受教育机会并利用教育条件后，应获得相应的教育结果，它包括获得公正评价以及学业学位证书的权利。获得公正评价的权利是受教育者有权从其所在教育机构获得按照国家统一标准做出的客观的学习评价，主要表现在对学生的学业成绩和操行进行客观公正的评价。当受教育者认为所获评价不公正时，有权申请重新评价。而获得学业学位证书的权利是指受教育者在完成规定学业后有权享有其相应学业完成情况的证明。具有强大公信度的国家学业学位证书应建立在统一而完备的教育考试制度、学业证书制度和学位制度之上，从而确保人人享有平等获取该证书的机会和条件。可见，从受教育的机会、过程和结果三个阶段来看，受教育者都应享有其不可转让和不可替代的应有教育权利。

（二）人权是教育的基本要素和根本属性

教育从其诞生之日起，就一直被统治阶级当作延续社会经济、文化的工具，带有工具属性的受教育者当然就没有权利和尊严，受教育权利也被视为受教育者的被动和外在的权利。英国学者彼得斯认为，教育的内在标准包括向受教育者传递有价值的内容，这些内容应该是对事物的知识、理解和认知；教育方式不应该是灌输的，而应该来自受教育者的主动和自觉。教育应符合价值性、认知性和自愿性，也就是说，教育的内在标准应包括自由、平等和人权三个基本要素，自由和平等是人权要素实现的前提，即以平等的方式传播教育的自由理念，最终实现教育中的"人是目的"。

首先，人权主要涵盖了法学意义上的各类权利，同时也包括哲学层面上人如何对待人、尊重人的判断和原则，即权利与人格。人权的最基本价值与核心就在于其能维护个体不可侵犯的基本权利和尊严。受教育作为一种权利，更是一种人道行为。每个人都有接受教育的权利，且只有接受了真正的教育，人才能成为人，这项权利是不受人的出身、种族、智力和性别等因素影响的。人与动物有差别，就在于人可以通过学习和教育使自己的生命由生存提升为生活，即人只有通过教育才能成为人。人权作为教育的基本价值要素，要求教育建立在每位受教育者都具有独立人格的权利主体的基础上，通过平等、尊重的教育方式，打破教师教、学生学这一固有的权威观念，消除教育中的歧视，树立适合每位学生个人的、可选择的教育教学观念。教育是培养人的教育，要彰显其人文性并体现人文追求，这就要求从每位学生的受教育权利出发，将单纯的教学原则上升为教学实践中的教学观念并体现在教育行为中。这就要求教育机构中的制度安排、课程设置、日常管理规范都尊重学生作为人应享有的权利和人格。教育中内含的人权因素要求教育行政管理不能侵害学生的受教育权和教育自由，要求教师不得以其职位而具有的特殊权利去侵犯学生的人权。学生作为受教育权的权利主体，应得到教育机构在教育管理、教育教学过程中的保护。真正意义的教育完全是为了人，以成为人为目的和出发点，以人对人的方式来成为人。❶

其次，从价值或逻辑层面来分析，人权作为一种应有权利，是人受到伦理道德认可的权利，是道德意义上人的基本权利；从规范或实证层面来分析，人权作为一种法定权利，是人受到法律保障的权利；从社会层面来分析，人权作为一种实有权利，是在社会活动中得到人们承认的。只有人们在真正享有权利，即当人权成为实有权利时，受教育权才是有意义和现实的权利，受教育权的人权属性应落实到这一社会层面。对受教育权的发展演变进行考察不难发现，其具有人权的特征以及相对应的形态。在原始社会，人类社会没有阶级，为了传递生产与社会生活经验而产生了教育活动，此时人人都平等地接受教育，受教育权是无阶级性的，是以道德和义务的应有人权形式存在的；而在奴隶社会，学校作为专门从事教育的机构场所应运而生，学校教育成为维护统治者阶级利益的特权和工具，受教育权利也因此被赋予了阶级性而成为统治阶级的特殊的法律权利。到了近现代，人们对人权有了更深刻的认识，受教育权在各国也由伦理本位向法律本位、国家权力本位向个人权利本位不断转变。作为人权的受教育权利应该是权利本位的，并且是要求国家积极作为的权利，其实现需要依赖相对主体义务的履行。受教育权利应首先针对个体的发展，而不是他人或者群体的发展。因此，从受教育者的人权属性来看，国家不应以需要塑造某类国民为目的来强迫人民接受某种教育，家长、教师或学校也不能以自身目的来决定学生的教育，每个学生所受的教育应该基于充分发展其人格和各类能力等个体需要，应以受教育者个体的最大权益为出发点，决定在何时何处、以何种方式予以何种教育。受教育权目前可以分为形式上和实质上的保障，前者是个体获得平等接受教育的机会，可以通过法律强制实现，而后者则是"以人为本"的教育方式和教育内容，可以通过教育实现个体的文化性生活。可以说，平等属性是受教育权的形式保障，而人权属性则是受教育权的实质保障。

三、人权教育

人权的应有属性强调个人的自由发展，并通过法定属性保障人人平等地发展，而实有属性则要求人权制度的民主发展。因此，人权教育中蕴含的教育思想体现

---

❶ 王啸. 教育人学 [M]. 南京：江苏教育出版社，2003.

了尊重人权主体平等性、自由性和民主性等人权理念，这有助于促进人权民主观念的更新、人权价值观和人权文化的建立以及教育权的维护。

（一）人权教育的基本内涵

人权教育是一个有着丰富内涵的概念，从概念的界定来看，通常有三种定义：从国际人权文书的要求来看，人权教育是通过培训、宣传等途径传授人权相关的知识与技能，以此塑造人的情感、态度和价值观，建立尊重自由和人权的人权文化；从人权教育的内容和方法来看，人权教育是促进以权利为根本的教育过程，包括在教育中学习人权的知识和进行人权的实践；从人权教育的目的来看，人权教育就是关于人权和为了人权的教育。❶为此，人权教育在内容和形式上是学习人权的理论知识和实践技能，实质上则是国家、个人不断加大对个人人格和个人权利的尊重、保护。为进一步把握人权教育的基本内涵，可以从以下几个方面去理解。

首先，人权教育是为了"人"的一种教育，它要求将教育作为人提升的手段而不是阶级工具，将受教育者当成权利、尊严和价值的主体而不是被灌输、制造的"非人"。教育应把"人"作为目的，而不是手段或工具。正如康德所言，人之为动物与人之为人的两种属性是不同的，前者是经验性的，而后者是理性的。道德的神圣性源于人的理性，只有依靠理性才能获得人类最终的自由，即善良意志。其中，理论理性可以使人们认识自然世界，而实践理性可以为人们确立社会法则。康德"人是目的"的论断是解放人类并使文明进步的一种理想，是对人权主体命运的终极关怀。教育面对的是人，教育的世界是人的世界，任何教育理论都应有意识或无意识地建立在人性假设的基础上。因此，教育应尊重人的主体性，以人的自由、公正和平等为首要原则，关注全面的人、个体的人、整体的人，其目的应是培养"人"而非制造"人力"或"工具"。

其次，人权教育应该是一种人人享有的启蒙教育权利，这是由人的自然属性和社会属性要求所决定的。人权源于人的自然属性，即自由地追求幸福的生活，而当人与人之间交互作用，形成社会后，其社会属性就要求人相互尊重他人的权利和保护自己的权利，因此，人权教育就是让人们在教育过程中认识并学会保障自身和他人的权利，促使社会中的法律、制度和政策更符合人权性。这就要求人权教育是一种最基本的权利启蒙和普及教育，能使每个人在成长的初级阶段有能力认识到自身的权利，主张自己和他人的权利，维护自己的权利，尊重他人的权

---

❶ 夏勇. 人权教育手册 [M]. 北京：生活·读书·新知三联书店，2005.

利，营造尊重权利的环境等。学生处于天然的弱势地位，需要通过正面的启蒙式教育对其进行培养，要求在学校制度、教师理念和行为上对其进行正面的引导。

最后，人权教育是尊重人权的一种教育，这种尊重体现在教育的整个流程和环节当中。例如，教育规章和制度的制定应尊重学生的参与权，显性与隐性的学习环境都应尊重人权和基本自由，课程、教材和教法都应公正、人道和合人权性，整个环节要符合人权的基本价值，即平等和自由。教育中的自由权利包括言语自由、信仰自由、机会自由、私隐自由和人身自由等；而平等权利则包括性别平等、能力平等、评价平等、社会背景平等和身心障碍平等。在教育中，可通过教育实施和促进人权，落实到如学校制度、课程内容、教学方法、教学环境、教学形式、教学管理等教育中的各个环节、内容中。

（二）人权教育的思想理念

首先，人权教育是自由的教育。卢梭的自然主义思想认为，人的本质是自由的，教育应遵循儿童的天性和自由发展的规律。卢梭以性善论为论述基点，认为教育应该以培养身心调和的人为教育目标，以不分富贵贫贱的全体人类为培养对象，以现实且有用的知识为知识观，通过灵活和自由的教育方法实施教育。其中，他尤其强调教学方法应符合儿童年龄的自由差异，如儿童的发育在他看来可以分为四个阶段，每个阶段都有相应的教育重点。此外，教育应尊重儿童个性自由，即认同并发展儿童在兴趣、能力、性格和气质等各方面的个性差异。儿童不同的天资能力需要教师深入了解后，按照最适合的方式提供最适合的内容进行教育。自由的教育还应该保障儿童身体的自由发展，这就要求学生有规律的生活作息和良好的睡眠，能在体育锻炼中获得抵抗自然灾患的能力。

其次，人权教育是追求平等的教育。从教育学层面上看，是指孔子"有教无类"似的受教育权的平等。孔子提出"性相近也，习相远也"，即人的先天素质都是相近的，但是在后天的学习中人会形成差别。人人都应该是教育对象，不应以政治、经济、种族、出身等方面的差异来加以区分。"有教无类"的教育思想在当时完全颠覆了统治阶级"学在官府"的教育垄断意识，而是主张将教育对象的范围不断下移到广大群众中。丰厚的人才储备与充满活力的教育环境为春秋战国时期的百家争鸣创造了客观条件。除了受教育机会平等外，教育平等理念还包括教育的环境、内容、主体等方面平等，如师生交往平等、学术言论自由和平等、人格平等、人才选用平等等。同时，教育的平等从社会学层面上看可以体现为对处于社会不利地位的受教育者的补偿。以中国教育家陶行知的人权教育思想为代表，其认为中国弱势群体的教育问题主要分为乡村教育、女子教育和儿童教育三类。他认为中国乡村教育应该是活的教育，即从乡村的实际生活中产生教育，因地制宜地为受教育者提供适合自身发展条件的教育。除了从人权主体的区域视野看待教育平等外，陶行知还对性别视野予以了关注，他认为改变贫穷女性的奴役地位的根本途径就是让女子接受教育，学习知识技能，获得独立生活的能力。而在对待儿童受教育权利的问题上，陶行知提出了十条建议，内容包括儿童教育中的心理、习俗、卫生、文化等方面，明确提出应保障儿童的生命权、健康权、人格尊严、性别尊重以及儿童发展的教育规律等。

最后，人权教育也是民主的教育，这在美国教育家杜威的教育思想中得到了充分体现。杜威认为，教育应符合儿童的自然天性并对其进行引导，应反对专制的强制性教育形式。例如，在教育环境方面，他认为成人不应过多地给儿童强加那些习俗和规则，而应由儿童自主地引导和分享，教育的目的应该根据受教育者个人固有的活动与需要进行设定。对于专制的教育，如体罚教育，应该遭到反对和禁止；对于儿童在教学中的不当举动，不应体罚，而应用直观教学的方式，通过教育活动激发儿童的兴趣，从而吸引儿童回归活动队伍。杜威认为，民主不仅是特殊的政治形式，更是人与社会交互的生活方式，是社会群体间相互影响和交流经验的方式，要实现民主教育则需要建立民主学校、民主课堂和民主管理。民主学校要求学校的所有成员自由、平等地相互交流，是一种公共的社会事业，以成就个人性格和才智来产生；民主课堂则是让受教育者的理智获得自由和独立，这就要求学校提供资源和环境，努力培养儿童探究的能力和理智的能力；民主管理是鼓励教师积极参与和制定教育政策，降低教育行政权力的专制化倾向，通过权利的赋予来增强教师和学生的责任感。

（三）人权教育的目标指向

人权教育不是简单地将人权与教育进行概念的叠加，其既是具有人权属性的教育，也能通过教育实现人权。因此，人权教育从实施目的上看有三种目的指向，即人权意识的普及和提高、教育过程符合人权性以及生活质量的改善与提升。

首先，人权意识是人们在人权实践过程中所形成的心态、情感、思想和观念等社会意识，是人权知识水平与人权实践经验共同作用的结果。人权教育通过教授人权理论知识和丰富人权实践经验，使人们形成人权的情感、观念和思想，进而提升人权意识。人权意识的提升需要依赖不断地认识和解决教育中的人权问题，若人权问题在教育过程中不断出现且无力解决，会慢慢形成人权教育的负面文本，使受教育者采取消极的方式进行抵抗、逃避或忍受；若这些问题得到正确的认识或及时解决，就可以让事件本身或者教育者对以往的观念进行说明和调整。

其次，人权教育的目标之一是教育过程更加符合人权性。过程是相对于片段和静止而言的一种状态，一切的存在都处于生成和变化的过程之中，世界是由各种实践所构成的活动与进化的统一结构。人权教育想要获得实效，就必须在整个教育过程中显示合人权性，而不是某一静止的片段。无论是显性还是隐性的课程，人权教育都应该贯穿学校教育的全部过程，这要求不能片面单一地将人权教育单独设科，使学生对人权教育的认识仅局限于知识、理论的概念层面。人权教育应贯穿到人权课程中，贯穿到其他所有学科的课程和实践中，贯穿到教育目的、内容和方法中，贯穿到家庭、社区和学校中，贯穿到制度制定、运行等的各个角落、环节和层面中。同时，作为学生人权的重要内容，受教育权应在教育全过程合人权性。这就要求受教育者要对受教育起点的入学权利、入学条件以及最终的教育结果都予以充分的关注。在受教育机会方面的义务教育入学权利应该是受到学校和政府绝对保障的法律性人权，而对受教育过程和结果中的教育活动、教育评价、教育环境等教育条件和资源的提供与利用都是受到学校和教师共同维护的道德性人权。

最后，人权教育的目标指向还包括提升人们的生活质量，这也是人权教育的最根本目的。教育源于生活也归于生活，这是人的生活，也是人有意义的生活。人权教育是让人在教育中能像"人"一样"生活"，而不是像所有"非人"那样"活着"，这是一种无功利的、有价值的、有尊严的生活；人权教育是让人有意义地生活，即不断自我更新、充满希望地生活；人权教育是让人有教育意义地生活，即让人人都懂得人权的尊重，学会相互尊重，从而获得尊重，这就要求人们在教育中学会自由、宽容、公平以及其他真理；人权教育还是一种成功与享受的生活，成功是生活的动力和支撑，而享受是对待生活的态度，只有在教育中学会如何面对生活、享受生活，才能从中获得成功和自信。

第三节　教育现代化理论

教育的公平与均衡发展是随着现代社会经济和文化的发展而出现的产物，是人类进入现代化大生产时期的客观发展要求。现代化大生产需要大量合格的、科学化的知识劳动者，这就要求广大劳动者拥有基本的科学知识和劳动技术，且必须接受过制度化的正规教育。以科学技术为生产力的现代化大生产对人类社会进一步提出了扩大受教育机会、人人享有平等教育的诉求。经济、社会和文化的现代化发展虽然为教育平等提供了深厚的文化基础和物质基础以及强烈的内在和外在诉求，但是受到政治、经济、文化在社会中的阶级性的制约，教育公平始终是广大人民不断奋斗和争取的理想，是社会公平与社会民主化追求的重要内容。教育均衡发展是现代化社会中自由、效率、平等、正义、人权等一系列价值观念在教育领域中的综合反映，是实现教育现代化的主要路径。教育均衡发展更体现出教育现代化的丰富特性，如教育的生产性、终身性、普及性、科学性、民主性等。

一、教育现代化的内涵

现代化描述的是国家或社会获得现代性特征的一个变化过程，通常指发达国家在工业革命以后所发生的重大变革，或指发展中国家在不同领域追赶发达国家的发展过程。作为社会现代化的重要组成部分，教育现代化具备现代化的共同属性以及自身教育领域中的独特属性，有相当丰富的内涵与外延。

（一）现代化

"现代化"（modernize）源于"现代"，最初使用于文艺复兴时期，作为与中世纪对应的文艺复兴新观念体系，其否定中世纪的神学权威，崇尚古典文化，被称为欧洲历史的新时代。❶ "现代"一词代表任何或多或少能取代过去并被接受的行为或事物，既可用于人，也可用于国家、制度、城市等。而作为"现代"一词内涵的"现代性"（modernity）则有更深刻和复杂的含义，即现代的事物未必具有现代性。吉登斯曾从社会学的角度对现代性进行深刻研究，认为现代性是一种"后传统秩序"，指在后封建的欧洲建立和发展中形成的、具有世界历史影响力的社会制度与模式，也可以指涵盖了竞争性的劳动力市场化的资本主义生产体系。西方功能结构学派也从社会学视角对现代性进行了界定，认为其是社会在工业化进程中进行了全面变革而形成的属性，这种属性具有发达国家在科技、政治、经济与文化发展各方面的共同特征。而从哲学的视角看，哈贝马斯认为现代性是一种新的社会知识与新时代的标志，作为时代现代性的特征与贡献是个人自我选择与实现主体价值的自由。福柯则认为现代性是一种态度，一种与现实联系的思想态度，是时代的意识和精神。❷

当现代性逐渐被广泛应用于表述那些在技术、政治、经济和社会发展的各个方面都处于最先进水平的国家所共有的特征时，则现代化是指国家或社会获得现

---

❶ 罗荣渠. 现代化新论 [M]. 北京：北京大学出版社，1993.

❷ 陈嘉明. "现代性"与"现代化" [J]. 厦门大学学报（哲学社会科学版），2003（5）：14–20.

代性特征的一个变化过程。这通常有两方面共识：一是发达国家在工业革命以后所产生的重大变革；二是发展中国家在不同领域追赶发达先进国家的发展过程。不同的视角对"现代化"有更好、更深刻的理解。从词义界定上看，现代化主要是指成为现代的、适合现代需要的新特点和新变化，其既是一个成为现代的过程，也是现代先进水平的特征。从理论内涵上看，现代化包括在经济、社会、文化、政治等领域从传统转向现代的过程，其既发生在发达国家的社会变迁中，也存在于发展中国家的发展过程中。其中，经典现代化是从农业社会转向工业社会的深刻变革，而第二次现代化则是从工业社会转向知识社会。从政策外延上看，现代化理论在不同的国家和理论中有着不同的政策含义，如经济领域中的工业现代化、农业现代化、科技现代化等，社会领域中的教育现代化、国防现代化、医疗现代化等。

发展中国家和发达国家对于现代化的发展有着截然不同的发展问题和发展任务，现代化后发展国家在现代化进程中与早发展国家有着不同的发展逻辑。

一是发展背景不同。西方发达国家在过去几百年中，通过殖民扩张和殖民统治积累了大量财富，这为现代化奠定了物质基础；而发展中国家则更多的是经历了不同程度被殖民和被奴役的历史，在失去巨额资源和财富的同时，政治和经济都经历了较为畸形的发展。

二是所处的国际地位不同。西方发达国家在整个世界的经济、政治、文化体系中处于霸权中心地位，世界的格局、分工更多的是按照霸权国的期望进行划分的，这必然导致处于边缘附属地位的发展中国家长期面临不利的发展环境，主要表现在为发达国家提供初级原始资源。

三是发展起点不同。西方发达国家的现代化更多的是源于经济变革，即商业革命和工业革命创造的经济发展带动社会发展；而发展中国家则更多的是通过民族独立或国家解放来推动经济发展，其首先要经历政治改革、文化改革，才能着手实施经济改革，这致使其错过了现代化进程的正常发展机遇。在社会关系的构成方面，西方发达国家大多是在资本主义生产关系相当成熟的阶段开始推动现代化；而发展中国家则是在封建色彩浓厚的关系中起步。

四是推动现代化的方式不同。西方发达国家在社会长期的精神积累和物质积累的条件下，现代化诉求更多的是自下而上、源于民间的社会力量，如新贵族、资本家、技术联盟等；而发展中国家的社会则普遍没有完成精神和物质的积累与转型，现代化进程更多的是依靠政府力量进行推动，这种自上而下的推动会导致现代化发展缺乏一定的自主性和灵活性。

五是现代化发展的导因不同。西方发达国家开展并推动现代化发展是由传统农业社会向现代工业社会转变的渐进过程，这种"早发内生"的发展路径与发展中国家是截然不同的；发展中国家更多的是依靠政府以外部力量进行刺激而引发，是人为设计和选择的过程，非自然规律的发展必然会面临更多特殊的、不确定的因素和问题。

（二）教育现代化

教育现代化作为社会现代化的一个重要组成部分，具备了现代化的共同属性，同时也具备了自身教育领域中的独特属性。从广义上看，教育现代化是指从适应宗法社会中的封建旧教育转变为适应工业民主社会中的现代教育的演进过程，是工业大革命和科技大革命在教育领域中的产物，是一切有关现代教育改革的统称。从狭义上看，教育现代化是第二次世界大战以来，发展中国家通过向发达国家学习、借鉴以推动本国教育发展、赶超发达国家教育的现代化运动。这是后发外生型国家的教育在赶超早发内生型国家时，达到先进国家教育发展水平的过程。❶教育现代化也可以说是教育形态具有的教育现代性不断更新发展的进程，包括当今教育的世俗化、国家化和科技化等。同时，教育现代化并不等同于现代教育或教育现代性。一方面，从时间上看，教育现代化是一个从传统向当代社会开放的教育转化过程；从价值上看，教育现代化则是在这一转化过程中通过不断的分化和整合而产生的新的时代精神，当传统教育在转化中获得新的特征和精神后，它就成为了现代教育。现代教育是教育演变的最终结果，而教育现代化则是演化的一个过程。另一方面，教育现代性是现代教育的时代精神和特征，其思想、观念、价值都影响着教育现代化发展的方向并使其合理发展，而教育现代化则是教育现代性内涵文化价值的客观运动或实现过程。

教育的现代化与人的现代化以及现代化自身的内在逻辑都有着紧密联系。人作为社会的主体，承担着社会现代化的核心责任，其中包括政治、经济、科技、文化以及思想观念等方方面面。人作为生产力的决定因素，也就决定了社会的现代化发展取决于人的现代化发展，而教育作为培养人成为"人"的有效途径，使人的现代化离不开教育的现代化。英格尔斯在关于教育水平和现代化程度的研究中发现，两者呈现明显的正相关，这说明教育对人的现代性有直接且独立的贡献。❷个人的现代化过程本身就是人的社会环境与人相互影响的过程，而教育则是

❶ 冯增俊. 比较教育学与教育现代化 [J]. 华南师范大学学报（社会科学版），1996（5）：65-72.

❷ 英格尔斯. 人的现代化 [M]. 成都：四川人民出版社，1985.

人受到影响的最为直观的方式。从历史层面来看，纵观现代化和教育现代化的发展进程可以发现，两者是相互促进和影响的。18世纪的第一次工业革命是人类现代化的序章，其现代化进程是以经济和技术以及生产结构的变革为特征的，但教育也受到相应的影响，西方工业国家开始建立国民教育制度，并开始普及初等义务教育，自然科学开始逐步取代神学而成为课堂内容的核心。随着以电动机的发明和广泛运用为标志的第二次工业革命以及以计算机的发明和广泛运用为标志的第三次工业革命的爆发，教育现代化进程也随之在教育理念、教育管理和教学方式等各个方面取得了巨大发展。从理性层面来看，教育现代化与现代化也是有机统一的。如上所述，人作为社会人，社会现代化即人的现代化，而人的发展离不开教育，人的现代化的发展需要教育的发展，尤其是教育现代化的发展。教育现代化是现代化得以实现的必备条件和因素。现代化进程不断对教育发展提出新的时代要求，并形成教育现代化的内因，同时也为教育现代化提供了内部和外部的基础，包括教育观念、制度、技术以及其他物资资源。可以说，教育现代化的全面实施与充分实现需要社会主体结构的现代化，教育现代化依附于社会主体的发展，如政治、经济、文化等，只有社会各方面高度发展，才能实现教育现代化的全面发展。❶

（三）教育现代化的意义

教育作为庞大且重要的国家事业，在一定程度上决定了国家的命运，教育现代化的顺利进行对国家有着重要作用。

首先，教育现代化体现了国家的基本利益。尽管各国因历史、政治、文化和经济等各方面原因而形成了自上而下或自下而上的教育现代化发展模式，但是其仍具有国家化这一普适特征。根本原因在于教育现代化是国家利益的内在要求，无论国家的利益是统治阶级利益还是社会公共利益，都要求教育作为国家工具或统治阶级工具来积极介入教育现代化的进程，教育机会的普及、教育歧视的消除、教育质量的提高等问题的解决会推动教育朝着民主、和平等方向发展。而在国际竞争环境中，普及和发展国民教育是保证国家发展和提高综合实力的重要基础，西方发达国家高度重视教育事业，以"教育强国"为共识，实施教育现代化的各项措施无疑是很好的证明。从国家的本体上看，国家利益主要体现在对国家现有制度的维护、主权的完整、科技的繁荣等方面，教育现代化在推动经济繁荣、科技进步、军事发展等方面有着不可替代的促进作用。因此，国家在国际和国内双

---

❶ 褚宏启.教育现代化的路径[M].北京：教育科学出版社，2000.

重动力的机制下，必然需要合理地介入教育现代化进程。

其次，教育现代化具有促进国家现代化的工具性使命。教育在国家的政治现代化中起到了巨大作用，具体包括：促进政治社会化，即个人将现代政治制度的规范与价值不断内化；培养并选拔出政治精英；培养和提升国民的政治意识，促进政治的整合发展。教育还能为国家的发展培养和储备人才，提供足够的精神支持和智力支持。当今综合国力的竞争主要是高新科技的竞争，归根结底就是科技人才的竞争，人力智力资源开发和利用的程度取决于国家教育发展的程度。为此，发展教育已经成为立国之本，是民族发展的根本事业。各国在教育领域的开支和投入日益增大，尤其重视终身教育和学习型社会的发展，这是教育现代化的基本内容。

最后，教育现代化是发展中国家加速现代化发展的必然路径。从实践上看，纵观世界各国，发展中国家普遍面临着物质资源与人口不匹配、数量巨大的人口压力必须转为优质的劳动技术生产力的问题。当前发展较快的国家如韩国、新加坡等都是采取"教育拉动型"的发展战略，集中财力和物力发展教育，利用现代的教育理念、制度、方法和内容全面提高国民尤其是年轻一代的现代化素质，使之具备与发达国家进行国际竞争的基本能力。从理论上看，事物的发展和变化通常具有两种方式：一是结构或体制的变革；二是质量或素质的提升。许多国家都会在经济、政治、科技和教育等领域进行体制改革，并同时全面提高教育质量和国民素质。因此，教育现代化事实上是社会现代化的基本发展点，是维护国家利益和民族利益、应对新时代挑战的战略决策。

二、教育现代化的发展特性

以工业化为基础的现代化进程决定了教育现代化在其中的重要地位，即教育是培养高科技人才、传承和创新科学文化的首要途径。教育现代化的根本任务是促进和推动经济的持续发展和工业化水平的提升。同时，教育过程是文化传递和建构的过程以及与文化传统不断冲突和抗争的过程。教育现代化应承担一种文化的吸收、批判、解释和创新，以批判的眼光和实践的精神因地制宜地将文化的传统性与现代性有机地继承或融合。因此，教育现代化过程需要国家权力的强大支持和协调。教育现代化发展具有经济制约性、文化制约性和政治制约性三种基本发展特性。

（一）强调经济发展

强调经济发展是由教育现代化的经济制约性所决定的。现代化启蒙于工业大革命，是工业革命后传统农业社会向现代工业社会和知识社会转化的历史进程，是一种促进社会制度、文化和经济体系朝着更高级方向发展的社会变革进程。这种变革不仅是体制的转变，也包含了人们的价值观念、心理态度和生活方式的转变。因此，从现代化的根源来看，其衡量标准是经济或工业的发展水平，而工业化或经济发展水平是现代化的发展动力，是现代化进程的重要表征，当今社会的工业化或后工业的知识化正是现代化的基本目标。以工业化为基础的现代化进程决定了教育现代化在其中的重要地位，即科学技术是工业化的直接决定因素，而教育则是培养高科技人才、传承和创新科学文化的首要途径。同时，现代化以工业化作为基础的本质特征决定了教育现代化必须促进经济现代化这一基本使命。作为工业核心的经济发展是衡量社会进步的关键指标，这种增长不是某时段或某区域的临时增长，而是一种整体的、可持续的稳定增长。要实现经济的增长，需要社会、经济以及政治和文化体制做出相应的转变，而经济增长实现的工业化又推动了社会进程产生新的社会文明，这是一种相互促进的渐变过程，决定了经济增长和工业化成为现代化与教育现代化的重要因素，教育现代化的根本任务是促进和推动经济的持续发展和工业化水平的提升。

从生产力的发展历程中可以清晰地发现，经济发展与教育现代化是紧密相连的。现代化经历了从农业社会到工业社会再到知识社会和信息社会的变革过程。不同的现代化阶段，教育在其中也有其独特的表征。比如，在农业社会中，人们以土地生产力为主发展农业和手工业，社会处于依赖武力迫使群众长期服从统治阶级意志的专制制度时期，国家强调的是教育的政治功能和教育的思辨能力，教育思想多数是虚幻的宗教哲学和统治学，以家庭教育制度为主的教育基本脱离了生产劳动和社会生活；到了工业社会，人们开始从事以机器生产力为主的制造业和服务业，社会出现了城市化，统治阶级开始运用经济和工业理性地进行社会维护，人们强调教育的经济功能和教育的科学理性，而教育思想也开始体现理性的科学精神和经济权威，以中等教育和职业教育制度为主的教育注重与生产劳动和社会生活紧密联系；而信息社会则出现了以信息生产力为主的信息产业和知识产业，人们开始进入社会网络系统下的人权民主制度，注重科学与人文相统一的教育理论，强调教育的内在价值，而教育也开始注重人道主义和科学主义的理念，以社会教育和终身教育制度为主的教育强调民主性、生活性和实践性。

（二）关注文化传统

关注文化传统是由教育现代化的文化制约性所决定的。文化是指文化体在发展传承的过程中形成的价值体系，通常包括制度文化、精神文化和物质文化。而文化传统则主要是指人的精神文化，如人的心态、精神、观点和意识形态等，其决定了一个民族的思维方式（知）、情感方式（情）和行为方式（意）以及价值观念，而这些精神文化的传递主要依赖教育这个途径。作为人类文化发生和发展的生命机制，教育是一种不断沉积、过滤、选择、创造和传递的高级文化体。文化是教育的本体，而教育是文化生命延续的机制。教育过程是文化传递和建构的过程，人类文化传统的传递和创新需要通过教育完成。也可以说，教育必须以文化传统为前提。在人类文化不断沉积的过程中，人类不断累积和掌握以往的认知经验并形成认识结构和能力，这是人类无法抗拒的传承使命。同时，在传承传统的过程中，教育对传统进行沉淀、过滤、选择，这样可以使人类通过传统了解历史、认识现在、理解未来。将历史、现实和未来联系并整合为特定的认知和价值整体，可以使人类具备在文化传统中进行创新的能力。因此，教育现代化是对文化传统不断继承和选择并最终创新的革新过程。

教育现代化的进程同时也是与文化传统不断冲突和抗争的过程。早发内生型的西方发达国家自工业革命以来，不断通过缓慢的方式推进文化传统与现代意识的磨合，由于其经历的是上百年的演变和磨合，避免了现代文化与传统文化的直接冲撞，表现出较为缓和、自然的演进状况。然而，作为后发外生型的发展中国家，一方面面临从封建的农业社会直接转变为民主的工业社会或信息社会，封建社会主体的文化传统就会遭受现代化最直接、最猛烈的冲击；另一方面，则是民众薄弱的现代性导致现代化缺乏生长环境，政府自上而下的强推力遭遇传统文化力量的阻碍。与早发内生型国家相比，后发外生型国家的教育现代化中的文化传统具备以下几个特征：一是对抗性。发展中国家的文化传统大都是封建社会的产物，与现代性天然对立，在加速现代化的进程中，这种对抗更为严重和惨烈。二是顽固性。民族的凝聚力和生命力在一定程度上与文化传统相生相长，现代化虽是苦口良药，但在变革过程中仍遭到旧文化、旧机制变本加厉的抵抗。三是系统性。作为后发外生型国家的教育现代化，由于一方面面临沉重、顽抗的文化传统，另一方面又面临全球化席卷下的现代化冲击，因此在国民的意识演变上需要政府不断加大重视力度的同时，也需要注重教育现代化在社会意识、体制等各方面的系统发展。为促进文化传统的继承和民族文化的弘扬，以上三者在理论上并不是矛盾的，这不在于对传统事物的否定或肯定，而在于如何将传统与未来建立联系。文化传统是一个民族最理所当然的思想方式，教育现代化应承担吸收、批判、解释和创新文化的责任，既不能照搬西方先发国家的现代性文化，也不能沿袭本土古老的民族文化，而应该以批判的眼光和实践的精神因地制宜地将文化的传统性与现代性有机地加以继承或融合。

（三）突出政府主导

突出政府主导是由教育现代化的政治制约性所决定的。关于政府和国家在现代化进程中的作用一直以来都存在争议，古典自由主义经济学家认为政府对经济的发展起到一种消极作用，政府应以保护财产所有权、消除市场运转的不利因素为限度，保持市场的自由性和独立性，即"管理最少就是最好"。自由竞争的理想市场是解决人类社会问题和调节社会矛盾的最佳体制，符合了人的自然属性和社会属性。然而，从凯恩斯开始提出的国家干预理念以及依附论等观点认为，光依靠自由市场是无法解决社会矛盾的，尤其是处于依附地位的欠发达国家，其需要在社会动员的基础上建立强有力的政府，以政府干预和市场取向相结合的方式推动政治的制度化和社会的有序化。无论政府是否直接推动现代化进程，其作用和影响都是不容忽视的，尤其在发展中国家。

由于发展中国家缺乏自发产生的现代工业文明的主体，因此需要依靠政府自上而下地创造现代化条件和基础，推动现代化进程。比如，日本明治维新后，政府大力扶持和开展产业革命和资本主义工业化，加速资本主义发展进程；而韩国政府则在第二次世界大战后开始加强经济干预，提倡以经济建设为核心，采取政府干预和市场发展相结合的方式推动韩国现代化。通过对各国现代化发展历史的考察可以发现，政府在现代化进程中主要有以下几个主导作用：首先是社会动员作用。政府通过有效的社会动员和宣传可以加强国民对现代化的认识和热情，可以合理调动国民的能动性和创造性，可以凝聚和统一国民的个体力量并形成巨大的社会推力。政府通过社会动员还可以有效组织各类大型系统工程，协调各方关系，创造现代化的发展环境。其次是社会凝聚作用。由于是自上而下地推动改革，因此经济和社会改革先行与国民的意识观念转变滞后容易导致社会出现分散和紊乱，社会成员的行为方式、价值观念、法律规范都会出现冲突和不可预测的情况，这需要政府担当起凝聚社会、维护稳定的责任。最后是社会调控作用。随着劳动生产的社会化和国际化，经济体系由简单的经济单位集合转变成各级各类经济活动单元相互依存的网络有机体。因此，经济活动单位的微观发展和整个社会经济网络的宏观方向会不断产生冲突和不协调。这在客观上需要一种独立于经济活动的力量进行调节，而政府通过法律、制度、政策的制定可以有效实现调控。

因此，政府作为现代化的主导力量，在教育领域也有着不容置疑的影响力。教育作为一项庞大的事业，首先需要强大的力量支持和协调，尤其是资源有限、教育落后的国家，需要国家权力的支持才能有效地调配足够的资源发展教育。教育后进的发展中国家由于自身缺乏自发进行现代化的意识环境，因此需要依靠政府的教育改革，加大引进先进国家发展经验的力度。其中，政府教育政策是政府管理教育领域和调节领域内各种社会关系的措施和工具，其代表了政府对待教育问题或事物的价值取向。教育现代化的发展方向决定教育政策的走向。其次，教育现代化还需要一定的市场自由，这是由于政府行为无法完全取代经济发展的客观需要，计划经济式的管理容易导致官僚主义的盛行，因此需要政府运用科学化和宏观化的调控手段，履行好"裁判员"而非"守门员"或"运动员"的职责，即理性的渗透、明确的目标、宏观的调控、科学的管理以及合理的调配的职责。

第四节　资源优化配置理论

教育资源的优化配置符合相关的经济学原理。因此，可以通过研究资源优化配置理论分析。

一、从公共经济学理论看义务教育的性质

根据公共经济学理论，依照社会产品消费时是否具有排他性和竞争性的标准，社会产品可以划分为公共产品、私人产品和准公共产品三类。公共产品是指这些产品或劳务的利益为全社会共同享有，而不能为一个人单独享有。公共产品的最大特征在于消费的非排他性和利益的共享性，每个人对该物品的消费不会导致别人对这种物品或劳务消费的减少。❶因此，只能由公共生产或政府提供纯粹的公共物品（如国家事务）。

私人产品或劳务则是指这些产品或劳务的利益只能由购买它的消费者个人单独享有，不产生其他外在的利益。私人产品或劳务的最大特征在于消费的竞争性和利益的排他性，每人对该物品的消费都会导致其他人对其消费的减少。所以，只能由私人生产、市场提供纯粹的私人产品（如家用电器、食品等）。

准公共产品则是公共产品与私人产品之外的另一种产品。准公共产品一方面在消费上具有排他性，在供给上可实行排除，将不付款的人排除在外；另一方面，又具有外在的利益性，可以为社会共同享受，不能在个人间划分，也不能将一些人排除出去。

从消费上是否具有排他性、供给上是否具有外在利益等特征看义务教育，正

❶　姚永强.关于基础教育资源优化配置的理论思考[J].西华师范大学学报（哲学社会科学版），2005（2）：135-138.

如袁连生所说，根据公共产品理论对产品属性的分类，是从产品的消费特性出发的。作为产品属性分析对象的教育是指学校提供的教育服务。从教育服务的直接消费看，它具有竞争性和排他性，每增加一个学生，它的边际成本并不为零。比如，一个班级增加一名学生，学生平均占有的资源就会减少，他们受教师关注的程度也会降低。正因为它的竞争性和排他性，公共经济学权威阿特金森和斯蒂格利茨认为，教育是"公共供应的私人产品"。从教育服务的间接消费看，教育服务是具有竞争性和排他性的，因为教育能够使受教育者得到更高的收入与社会地位，这些是其他人所不能够分享的。同时，受教育者走入社会后，也能使社会的物质财富和精神财富更加丰富，这些又是全体社会成员可共享的。因此，公共选择理论权威布坎南也认为，教育是准公共产品。事实上，虽然不同学者在教育产品的属性问题上还存在一定的分歧，但越来越多的人把教育看成是一种准公共产品。王善迈认为，国家举办的公立教育应归属准公共产品；范先佐也认为，教育不是一种纯公共产品，而是一种混合产品，即准公共产品。❶由以上介绍可以看出，义务教育作为大教育系统中的一部分，不仅有外在利益性，可让全社会共同享有，而且在具体消费上又具有竞争性和排他性，个体对义务教育资源的享用有较大差异。因此，从总体上看义务教育只能是准公共产品。

二、资源优化配置理论的内涵

资源优化配置理论是指通过合理地配置人类有限的资源，达到市场需求与供给的相对均衡，使经济中各种对立的、变动着的力量相当，形成相对静止、不再变动的状态，从而实现经济均衡发展。西方经济学家认为，资源是有限的，即资源存在着稀缺性，"人力资源和非人力资源的数量都是有限的"，❷这是进行资源配置的主要原因，资源优化配置理论也正是基于这样的认识。人类资源本身是稀缺的，但人们对资源的需求是无限的、多种多样的，这就可能造成人类资源的不可持续发展，甚至会出现科学家所担心的人类资源消耗殆尽问题。要想真正解决资源有限性与人们需求无限性、多样性的矛盾，使国民经济成为由相互联系、相互依存的各个组成部分构成的有机整体，就必须把有限的资源按照一定比例分配到国民经济的各个组成部分，并使资源得到最充分、最有效的使用。资源经济学的资源优化配置理论不仅在现代社会经济发展中是一种较新的理论，而且在解决国民经济发展中的不公平、不合理等问题上起到了特殊作用。所以，该理论受到了

---

❶ 王善迈.教育经济学简明教程 [M].北京：高等教育出版社，2000：112.

❷ 萨缪尔森.经济学：上 [M].高鸿业，译.北京：商务印书馆，1979：123.

其他学科的青睐。

关于资源配置含义的最为严谨的解释是由菲尔弗雷多·帕累托做出的。按照帕累托的说法，如果社会资源的配置已经达到这样一种状态，如果想让某个社会成员变得更好，就只能让其他某个成员的状况变得比现在差。即如果不让某个人变差就不能让任何人变得更好，人尽其才，物尽其用，这种资源配置的状况就是最佳的，就是最有效率的。如果达不到这种状态，即通过任何重新调整使某人境况变好，而不使其他任何一个人情况变坏，则说明这种资源配置的状况不是最佳的，是缺乏效率的。这就是著名的"帕累托效率"准则，也称为帕累托最优准则。帕累托最优准则可能意味着收入分配的不公平和极端化。一个人得到所有的收入，另一个人一无所有，也是帕累托最优状态。正如 G. 鲁宾逊·格雷戈里所说，资源配置所需要的经济学，不是什么特殊牌号的经济学，那些适用于生产汽车、电脑、可口可乐的需求与供给理论，同样也适用于资源。因为不论用什么样的资源，经营目的是什么，都存在着占有（产权或所有）、生产、交换、分配、消费方面的经济问题，但各个类型资源都有特殊性，资源利用问题受其特殊性的约束，这就需要研究各类资源的特殊性。

教育资源是一种特殊的资源。教育资源一般是保证教育活动正常进行而使用的人力、物力、财力的总和。有学者认为，教育资源可从静态、动态、制度等不同视角进行理解。静态教育资源可分为人力资源、物力资源和财力资源。人力资源主要是指教育过程中的人员及其间的结构比例；物力资源是指国家和社会用于学校教育资金的物化形式，具体体现为教育过程中物化劳动的占有与消耗；财力资源是指人力和物力资源消耗的货币表现。

动态教育资源可分为四类：一是原生教育资源，即原本存在但必须经过开发才能生成为教育资源，强调资源本身的内在性和人才开发探索作用；二是延生教育资源，即教育资源的作用不受其利用消耗的影响，体现资源的隐蔽性和长效性特点；三是再生教育资源，即资源在使用和消耗后还能重新产生，具有衍生性和再生性特点；四是创生教育资源，即通过人的创造性思维与创造性劳动才能产生的资源，体现资源的无限性和人的创造性。从这一视角看，教育资源是指具有教育意义或能保证教育实践顺利进行的各种资源或条件。

制度视角下的教育资源是把制度看作最重要的教育资源，主要基于教育制度可以节约教育中个人为获得有关他人信息、处理与他人关系、确保人与人有效沟通和互动等产生的交易费用的原因。教育制度作为一种资源，它的建立不可避免地会受到一定的制约，需要满足一些条件。一个有效率的制度，一定具备这样的最根本特征：能提供一组有关权利、责任和义务的规则，能为一切创造性和生产性的活动提供最广阔的空间。这一制度使每个人不是通过占别人便宜来增加个人利益，而是想方设法通过增加生产实现自己利益最大化。

教育均衡发展的概念源于资源经济学。教育均衡发展理论是从经济均衡发展理论移植而来的。教育均衡发展，是指在教育公平思想和教育平等原则指导下，政府通过一定的法律、法规、政策确保公民或未来公民有同等享受教育的权利和义务，通过政策的调整、制定及资源的调配提供相对均等的教育机会与条件。教育均衡发展的实质是不仅要有教育"输入"的平等，更要有平等的"输出"效果，即达到教育"投入"与"产出"的相对均衡。以经济学观点看，不同的投入肯定会有不同的产出，相同的投入可能也会有不同的产出，这些是由教育资源的配置因素决定的。两种情况都有导致教育非均衡发展的可能性，然而，不同的教育产出又会导致不同的教育投入，这就出现了教育发展中非均衡发展的恶性循环。所以，教育均衡发展就必须合理配置教育资源，即教育资源在教育系统内各部分或不同子系统间分配，既包括社会总资源对教育的配置，也包括教育资源在各级各类教育行业间、各级各类学校间、各类地区教育事业间的分配。教育均衡发展的目标就是使教育需求与教育供给之间相对均衡。

三、教育资源配置的两种方式

最优化是任何社会进行资源配置的目标，不同社会、不同生产方式对资源配置方式的选择各不相同。在现代社会经济条件下，纯粹的资源配置有两种：一种是以决策的集中性、信息传递的纵向性以及动力结构的行政性为特征的计划配置形式，另一种是以决策的分散性、信息传递的横向性以及动力结构的市场性为特征的市场配置机制。也有人认为，除计划与市场两种手段外，还存在着第三种配置力量，即伦理道德等社会文化的影响。❶

在现实的经济生活中，并不存在纯粹的计划或市场配置方式，两者也不是截然分开的，现实中更多的是两者的结合，只是程度不同而已。因此，可供选择的社会资源配置方式有两种：一种是以计划或行政手段为基础的计划资源配置方式，一种是以市场机制为基础的市场资源配置方式。教育资源是社会资源的一种，其配置方式同样也是计划与市场两种机制，但两者如何有机结合，在不同的教育层次与结构中如何确定两种方式的支配地位以及运行机制，这些一直是教育理论界争论的问题。

---

❶　严清华，刘穷志.第三配置及其路径依赖偏好[J].武汉大学学报（社会科学版），2001（3）：297-301.

（一）教育资源的计划配置方式

教育资源的计划配置方式主要是通过计划或行政手段进行推动或实现的，无论是学校内或区域内的微观配置，还是教育资源在各级教育或地区间的宏观配置，只要是以计划或行政手段进行配置的，都是计划配置方式。计划配置的显著特点就是在教育决策权的分配上，上级主管部门集中管理，地方部门和运行主体只是负责执行；在教育运行机制或信息结构上，用指令性计划或直接的行政控制取代市场机制的调节作用，通过行政的渠道层层传递教育供求信息；在动力机制上，学校没有决策权，只是单纯执行上级下达的行政指标，单纯依靠外部力量进行推动。

计划配置教育资源的最大优点在于它能根据现实状况和可预测的教育发展规模和速度，确定国民经济总支出中分配给教育部门的经费，并从宏观方面确定教育布局，根据各地区的教育资源状况和公民素质水平的差异制定出相关政策，消除各地区教育、文化发展的不平衡状态；能够根据一定时期内教育发展的战略目标、步骤以及重点，集中有限的人力、物力、财力发展教育，具体建设重点学科，扶持薄弱学校，推动义务教育发展，推进科技进步，提升公民素质。这样不仅能避免教育发展的盲目性、波动性，而且能站在全局高度合理配置教育资源。

单纯采用上级高度集权的计划资源配置方式，使学校成为行政的附属物，缺乏学校自身发展的能动性。学校自主权的缺乏，使其只能依靠外部力量推动，丧失了运行过程中最为重要的自身利益驱动力和外部的竞争压力，导致改革创新与提高资源利用率的原动力缺乏。

（二）教育资源的市场配置方式

教育资源在不同的教育行为主体间通过价格机制和竞争机制配置时，称为市场资源配置方式。教育资源市场配置方式的显著特点就是在决策机构上，不是靠行政力量自上而下地执行，而是由追求利润最大化的各分散的微观教育主体做出的；在信息结构上，通过市场机制在决策者之间横向传递社会各种信息，供求信息通过交换获得，然后不同的教育运行主体根据供求关系和竞争状况，对外界信息做出灵敏的反应和合乎理性的教育决策和经济决策。

教育资源进行市场配置的显著优点是，由于社会投入教育系统中的各种资源量是有限的，市场是各种供求关系的立足点和出发点，是实现教育的价值积累和社会再生产的场所；它把不同的教育利益主体和部门有机联系，使个别劳动变成社会总劳动的有机组成部分；教育供求关系能够反映社会和家庭对教育消费的不同需求，促进教育根据需求进行规划和发展；它依靠外部压力促使学校合理布局和提高教学、管理效益，自动实现资源优化配置。在市场经济背景下，教育资源的来源、分配和使用也或多或少地直接或间接地借助了市场来调节，但完全的市场配置方式容易造成教育发展不平衡、教育机会不平等、教育的社会效益难以充分实现等不良后果。

四、教育资源优化配置应遵循的原则

（一）公平优先，兼顾效率

公平与效率的关系是一个十分古老的话题，资源配置必然要涉及公平与效率的选择问题，社会各界对它们的内涵及关系有许多论述。一般来说，效率是指资源的合理有效配置，能够在社会资源和技术状况确定的条件下为消费者提供最大可能的各种商品的组合，或者指不可能通过重新组织生产使任何一个人的境况变好而不使另一个人的境况变坏。资源配置的最优效率是帕累托效率。公平是一个价值判断和规范分析的问题，主要指个体从事生产与消费活动以及收入分配的公平，教育公平主要是从起点、过程、结果这三个方面来阐述的。公平是一个难以准确界定的概念，在不同时代、不同阶层、不同领域会有不同的看法。一般而言，公平是一种价值判断，是人们在一定历史条件下对人与人的利益关系的评价，反映人们在社会活动中投入与产出之间的一种物质变换关系。效率是一个含义很广泛的概念，一般指投入与产出之间的对比关系。在广义上效率概念涉及经济、法律、文化、科技、教育领域，这些领域事实上也存在着产出与投入之间的对比关系。

在教育领域内，公平与效率的关系也是一个争论的焦点。在过去，人们对基础性教育事业的社会价值取向一直以公平为主。教育投资不足、办学条件差异和个体受教育的不平等以及我国教育管理体制的特点，使教育公平成为各方面关注的焦点，但对于有限教育资源的使用和教育机构的运行效率的问题关心较少，使现存的教育效率问题逐步变得非常突出。

在市场经济条件下，评判市场经济活动的首要标准是效率。目前，教育资源比较匮乏且长期得不到合理有效利用与配置，教育资源转化为教育资本需要讲究效率。所以，要改变一些人"等、靠、要"的思想，激发运行主体、各层次、各部门的积极性，科学分配、管理，有效使用教育资源，保证投入和产出，增大办学规模，提高资源的利用效率和效益。教育资源优化配置的主要标准，就是尽可能节省资源投入来培养一定数量的高质量学生，或者说用有限的资源尽可能培养出较多的高素质的学生。

由于教育的特殊性，在对教育资源配置时要把公平作为教育发展的主要价值目标选择。正如胡森所说："若干年以后，无论在国内还是在国际上，就教育问题进行讨论中，平等已变成一个关键词。"●教育作为一种全民性事业，从伦理学和经济学上讲，首先要实现的是公平。教育公平是社会公平的一个方面，在协调社会关系、提高人们的文明素养、优化社会环境方面发挥了重要作用，还是避免个体后天条件所造成的不公平的重要手段。现实中，由于传统教育投资体制的偏差和经济发展水平的制约，地区之间、校际之间教育资源配置不均衡，各个学校在资源获得上（数量和质量两个方面）有着不公平的待遇，办学条件和教学质量有较大差异，导致受教育者的机会不均等，这些都要求公平配置教育资源。正如美国的阿瑟·奥肯所说："并非凡有利于一方的因素就必然有害于另一方，但有时，为了平等就不惜牺牲一些效率；为了效率，又不得不影响到平等，因为平等和经济效率之间的冲突是不可避免的，这也许是它们互相需要的原因。在平等中放入一些合理性，在效率里添加一些人性。"●

（二）供求均衡原则

教育资源供给主要是由国家各级政府、社会组织或个人以及学生和家庭在一定时期内实际提供给各级各类教育机构的资源总和；教育资源需求是指各级各类教育机构为了正常进行教学活动，提高办学水平和教育质量，进行教育改革和创新所需的资源投入量。如前面所述，教育活动开展的前提是要有一定的教育资源投入。人才培养和资源优化配置需要一定社会资源的投入，但投入量也要适中，不存在不足和过剩现象。不足只能维持一个最低水平的教育要求，不能保证教育的正常运转与必要改革；过剩会存在浪费现象，使有限的社会资源发挥不出它应有的作用。教育资源供求调节机制是解决教育资源供求矛盾，使其关系协调的基本方式和途径，能使资源配置达到最优化。

教育资源在供求上达到均衡必须要满足下列条件：第一是社会资源或教育总资源对教育的投入必须满足教育发展与改革的需要；第二是要因地而异、因校而异地为各地区、各学校提供资源而非均等投入；第三是科学合理地为各学校提供资源，不能波动太大；第四是资源供给要适当，不能不足或过剩。

参照上述条件，无论在宏观还是微观层面，我国教育资源都是不均衡的。因

● 张人杰.国外教育社会学基本文选 [M].上海：华东师范大学出版社，1991: 193.

● 奥肯.平等与效率：重大的权衡 [M].王忠民，黄清，译.成都：四川人民出版社.1988: 91.

此，要坚持均衡原则，不断加大教育投入，增加在教育总资源分配中的比例，在根据地区或学校实际需求进行资源投入的基础上，有所倾斜或侧重地进行供给，杜绝教育资源投入总量与质量要求盲目上涨的现象，以科学合理的供给制度保证相对均衡与稳定。

（三）利益兼顾原则

教育资源配置涉及多方面的利益因素，在具体配置时要兼顾各方利益。如果考虑不周全，很可能会因小失大、顾此失彼，影响资源的有效利用和优化配置。教育在国家、社会发展中起着重要作用的同时，又面临着资源的有限投入和受教育者消费方式的不同。所以，教育资源优化配置既要遵循效率优先、兼顾公平的资源配置一般准则，又要兼顾个人利益与国家利益、长远利益与眼前利益、局部利益与整体利益、经济效率与社会效益等各方面的利益关系。

这里重点讲社会效益。对于资源合理配置的标准，在考虑分配与消费方面经济因素的同时，也要考虑社会文化、社会保障和社会稳定等方面的因素。然而，教育是没有直接经济效益的纯社会性的资源配置项目，配置时必须注重其社会效益，符合教育资源优化配置的一般准则。

关于个人利益，在进行资源配置时，社会或政府首先考虑的是社会的整体利益和国家的长远利益，同时也必须兼顾个人利益，没有个人利益的实现也就没有国家或社会整体利益的实现。为了保障个人利益，我国出台了《中华人民共和国民办教育促进法》，规定了扶持薄弱学校的相关政策，并试点实行教育券制度，有力保障了个人利益的实现。总而言之，不管是经济效率还是社会效益，不管是个人利益还是集体利益，它们之间都是相互关联的，在进行教育资源优化配置时，必须要多方面权衡利弊，遵循综合效益和利益兼顾原则，使教育资源实现最优化配置。

第四章 义务教育区域教师均衡发展的现状与问题

第一节 义务教育区域教师均衡发展的现状

本节分析义务教育区域教师均衡发展的现状。下面将从城乡教师的生命意识与自由状态现状、城乡教师获得"机会与地位"的平等性状态、城乡教师获取或拥有"资本"的状态、城乡教师"凝聚共识"的状态、城乡教师中处境不利者的"补偿"状态对比几个角度来阐述。

一、城乡教师的生命意识与自由状态现状

（一）关于生命的认知

首先，虽然城乡教师在许多方面存在差异，但调查发现，他们对生命的概念与意义的理解无明显差异，在涉及教师的实践行为时，城乡教师却存在较大差异。城乡教师中的大多数均有一定的生命意识，认同教育要关注生命、唤醒生命、呵护生命。这反映出教师们对生命充满敬畏与热情。虽然只有少部分被调查者理解"历史即生命""境遇即生命"这样的命题，但是，大多对生命概念有朴素的、辩证的理解。比如，许多教师认为，生命即"新生""含苞欲放""生活""命运""性命""精神""灵魂""人命""健康""身体健康、心理健康与思想健康""健康地活着""发展""强健、自由、快乐""个体"等，这说明很多一线教师对生命的概念虽不能明确地给出定义，但是他们理解其内涵。虽然很少有教师从心灵、精神、历史与文化的角度理解生命，但普遍能从肉体与现实生活的角度阐述生命。即使在农村，也能经常感受到生命的主题，特别是在年轻教师对生命的理解也非常深刻，有的教师还能结合自己的专业、社会环境，将生命教育融入教学内容。

第二，在应试教育背景中，教育现实使有的教师无法关注生命，甚至将其曲解，如认为"生命就是分数"。他们主要关注学生学业成绩、升学率、知识体系等，就像一位乡村教师说的那样："我们都清楚地明白，每一个孩子都是一个个体，他们有个性差异，有其自己的生命状态，但是我在实际教学中，根本无力关注他们的这些特征，我更多的是看重他们的分数和他们所要我花费的时间以及他们能给我带来的金钱收益和自我社会价值的感受。"

第三，教师的休闲时空、自主生活、批判精神、审美意识等生命形式正在受到严重挤压。一方面，城乡教师均能体验自己的欲望，并承认其合理性。另一方面，教师在高考制度及相应的教学技术形式的支配下，长期陷入教育的技术理性之中而不自知。教师与学生的休闲时空与自主生活全部被占用，教师的批判精神、生存意志、自由生活、审美意识等生命形式正在或已经受到严重挤压。作为教师，除了日常工作中和师生以及学校打交道外，很少有自己的自由空间。教师的生存压力大，很难有创造力与内在欲望释放的心理条件。

教师自身的发展与个性的张扬，具有教育的示范价值与永恒意义。然而，城乡教师似乎沦陷在升学率之中。他们被卷入繁重的劳动，既纠结又痛苦，除了按部就班外，很少有精力对教育问题切身体察，何谈启迪心灵，唤醒生命？他们中间，即使有一些思想深刻、身体力行的优秀分子，在应试教育体制的惯性中，最终也沦为"沉默的大多数"。

（二）关于自由思想的认知

思想自由，是衡量生命状态的一个维度，是衡量生命之间和而不同的重要指标，是衡量城乡教师均衡与否的理论根基。没有思想自由，就谈不上知识创新，更谈不上教学改革。调查发现，大部分教师具有素质教育及相应的教学思想，能够在力所能及的范围内发挥教师的引导作用，提升学生自主学习的能力，开展素质教育。在提高学习成绩的同时，尽力发展学生各种兴趣爱好，拓展学生的知识面以养成良好的行为习惯，为学生全面与个性发展做好铺垫。但是，在这方面仍存在诸多问题。

第一，目前的教育教学思想主要集中在应试教育方面。很明显，学校强调升学率的现实，不可避免地会导致教师沦为实用主义的"代言人"。许多教师的回答流露出对教育理想的执着，却又无奈、辛劳的情绪。他们有追求、讲实效、有修养、爱学生，但工作任务繁重，没有时间思考教学任务以外的事情。

第二，与城市教师相比，乡村教师更加缺乏自主思想的意识、习惯与人格。无论城市教师还是乡村教师，他们都缺乏自己独特的教育教学思想，没有经常审察、完善自己教育思想的习惯；缺乏在孤独中沉思冥想、写日记，记录教育教学经历，总结自己教学经验的习惯；甚至有的教师不清楚教育教学思想的确切含义；也有教师认为，教育思想是领导的事情，与自己并无多大关系。甚至可以说，在基础教育特别是农村基础教育中，普遍存在官僚对基层教师的话语霸权。城乡教师均衡发展，不仅是物质基础的均衡，也是思想领域的均衡。思想领域的均衡需要赋予其自主的条件，但这种条件的不成熟，是城乡教师发展不均衡的问题症结之一。

（三）关于自主行为的认知

自主行为是生命的自由状态，是心灵自由的表现。随着年轻教师的不断补充，新的教育理念与思想融入传统的教育教学中，基础教育渐渐出现一些新鲜活泼的气氛。一方面，在"我经常把自己的教育思想付诸教学实践""我能够按照自己的志趣进行教学改革"等选项中，乡村教师表现出的意愿低于城市教师。访谈调查验证了问卷的结论，乡村教师在自由地选择教学内容，超越课堂进行教学改革方面不及城市教师的自主性强。一位受访乡村教师说："我觉得我的主要工作就是把我自己在学校里学到的理论知识运用到实践中，在这个过程中积累自己的经验，以便自己以后能够很好地应对一些教育问题。我觉得形成自己的教育思想是一个漫长的过程，也对教师的能力有很高的要求，我觉得凭借一己之力无法实现，所以最好是'以不变应万变'。"另一方面，随着年轻教师走进乡村学校，乡村学校的教育教学活动开始变得丰富。

第一，乡村教师在教育教学改革方面，基本上只限于课堂改革，且倾向于传统的控制型教学模式。

第二，城乡教师普遍对学生成长的历史、家庭环境的关注不够。例如，在"我经常思考学生成长的历史与家庭环境问题""我经常思考如何释放学生的个性与潜能的问题""我经常思考学生的多样性与复杂性问题"等选项的回答中，两者存在较大差异。一是许多乡村教师对学生的家庭环境与成长历史有一定了解，但不是很深入。许多教师认同关注每一位学生的成长是教师的应有责任，也知道家庭对孩子的学习进步、性格形成与习惯养成有重要影响，但限于某些特殊情况，教师们并未尽可能多地去了解学生的家庭情况。大部分教师主要专注于学生的知识层面，只有当个别学生遇到学习与生活上的困难时，才会做进一步了解。二是教师一般都会按照学校的规定与计划进行一些例行的联系工作。学校会安排一些必需的家访工作、家长会，如时常与家长联系，在课余时间经常与学生谈心，在课后常与任课老师沟通。但是在农村，学生家长外出打工，爷爷奶奶年岁较高，所以乡村学校很难像城市学校一样能够经常举行家长会。三是乡村教育中有大量的留守儿童，使许多乡村教师无法与孩子们的父母沟通。

第三，在与自身生存环境的互动性方面，乡村教师离乡土环境与文化越来越远。一方面，乡村教师与社会的互动普遍缺乏，水平也不高。调查显示，乡村教师在"选择教材以外的材料进行教学""利用本土自然地理或传统文化优势进行教学"等方面，明显不如城市教师。很少有教师与学校所在的村落或社区互动，并把本土文化融入自己的教学中。究其原因，一是所在的学校及其地区很普通，没有什么值得荣耀的人文历史与自然地理环境，因此无法将教学与本土文化联系起来。二是主要的教学任务就是让学生专心学习课本知识，争取考出高分成绩，而对那些本土文化根本没有必要讲解，因为对学生而言，有点浪费时间。三是许多乡村教师在乡村学校工作只是过渡性的，他们大多在县城买了房子，不会长久地留在乡村学校，期待今后条件成熟或通过各种途径调入县城。所以，他们与本地社会互动，教育与生活的融合，学校与社会的亲密关系就很难体现。这说明，乡村教师与其生存的乡土社会越来越遥远，甚至存在隔阂，他们没有建立起与自己应该关心的世界、社会和他人的归属感和亲密感。当然，无论是城市教师还是乡村教师，他们并非没有与本土文化结合、与自己的环境互融的意识，恰恰相反，如果不是升学率的压力，他们肯定会做得更好些。

第四，基层教师即使有自己的教育教学思想，欲付诸实践却非常艰难。访谈中，面对"您谈一下您的教育思想好吗？您是如何实践您的教育思想的""作为教师，您最想做的事情是什么？您是如何实践它的"等问题，有的乡村教师说，许多教师不能按照自己的志趣做自己的事情，更谈不上进行独特的教学改革。调查显示，当前的教育教学改革现状，其更多的是打着素质教育的旗帜，用新的模式化方式实践应试教育的内容，有一种"新瓶装旧酒"的嫌疑。由于教学模式落后，改革终究无法真正落实。

二、城乡教师获得"机会与地位"的平等性状态

"机会与地位"的平等性，是指教师的专业发展机会、享有的学术地位及相互交往的平等状态。调查显示，就专业发展机会而言，城乡教师在短期集体培训、远程教育等方面比以往有更多的机会；就学术地位而言，城乡教师在课题研究、学术交流、专家座谈、表达思想与学术研讨等方面均有不同程度的提升；就交往平台而言，城乡教师在经常性的教学经验交流或类似活动、学校之间的伙伴关系、教师与大学生的轮岗等发展平台方面均在不断加强。但乡村教师在校本培训与教育教学经验交流的机会方面，在课题研究、学术交流、专家座谈、表达思想与学

术研讨的地位方面，在享有教学或学术沙龙等发展平台方面还有许多方面亟待加强，这也是城乡教师均衡发展需要进一步改善与加强的。

（一）关于城乡教师专业发展机会的现状

这里的专业发展机会，是指向所有城乡教师提供的进修、培训、自学条件与专业交流等提升专业能力的学习机会。调查显示，城乡教师参加继续教育的各种机会正趋于公平。城乡教师中的大多数均参加过如"国培计划"、学科适岗培训、特岗教师培训、新教师培训、学校组织的各种校本培训等继续教育。这些培训不仅使教师专业知识、实践能力等有所提升，而且加强了城乡教师之间的沟通、理解与互融，但仍存在一些问题。

第一，在老、少、边、穷地区还存在规模小、教师人数少的学校，甚至还存在"一校一师"的学校。在那里，教师的继续教育，无论是哪种形式的总是面临着诸多困难。

第二，在专业发展的内容与形式的多样性方面，乡村教师无法与城市教师相提并论。虽然政府教育行政部门组织的教师专业发展机会相对均衡，但目前，乡村教师参加的校本培训及其他非正式组织的相关活动是比较有限的，传统的教学研究仍占主导地位。

第三，培训的效率问题。在调查访谈中，教师对于"国培计划"是肯定的。但其中的"网络课堂"形式又反映出新的问题。一方面，有的边远地区学校硬件设备仍然落后，难以开展现代化的教师培训。一位乡村教师说，在农村学校，谈不上"网络课堂"和"翻转课堂"，许多学校就只有校长办公室有一台电脑，所以对普通教师来说，基本没有这类培训。另一方面，虽然大部分乡村学校已经配置了开展"网络教育"的硬件设备，但是，由于乡村学校学习资源的缺乏，乡村教师对统一的网络课程学习的积极性普遍不高，如果教师的内在力量调动不起来，任何外在的行动都是事倍功半的，这是一个值得深思的问题。

第四，乡村教师参加培训的意愿较低。主要理由是，到县城或省城参加培训活动会给乡村教师带来许多额外负担，这些负担包括经济的与工作的。

（二）关于城乡教师学术地位的现状

教师都是知识分子，工作在教育的第一线，有着非常丰富的教育经验。他们都是教育研究者，也是真正的教育专家。在乡村教师中也不乏教育专家，值得去关注、挖掘、尊重与培育。

第一，乡村教师以专家身份从事各种教学学术活动的次数低于城市教师。在现实中，教育专家大多来自城市，乡村教师由于各种因素的限制，不能像城市教师一样，经常以专家的身份与他人分享或传授自己的经验与成果。

第二，乡村教师在知识的创造、生产及相关方面权利较少。城市教师处于现代文明的中心，有一定的地域优势与知识聚焦力，容易成为教育活动的发起人。例如，在"我参与过县（市、区）以上的（乡土）教材开发研究""我参与过县（市、区）以上教育行政部门组织的教材编写""我经常参与学校教育教学改革决策，并提出相关建议"等选项中，选择"是"的乡村教师均比城市教师少。

第三，在获取课题、发表成果的学术资源方面，乡村教师处于不利地位。调查显示，"我近5年内至少主持过1项县（市、区）以上的纵向课题""我近5年内在报刊上公开发表2篇以上教学研究或相关文章"等选项，乡村教师的比例明显低于城市教师。乡村教师关于课题的研究，比较局限于"考试"研究。

（三）关于城乡教师交往平台的现状

每个人都有交往与表达的本能欲望与需求，对教师而言，交往对话更是促进其专业发展的有效方式，但是乡村教师比之城市教师，交往平台较少。

第一，乡村教师的学术交往活动贫乏，但渐趋丰富。在问卷调查中，对"我学校教师与外校教师间有经常性的教学经验交流或类似活动""我参加过教师与大学生轮岗的活动"等选项的调查结果证明了这一点。虽然许多乡村教师也用微信、QQ群、手机短信等方式进行交流，但是由于自然地理与交通不便等原因，他们与外界的交流机会较少。访谈中还发现，乡村教师不仅与城市教师交往不多，即便与邻近学校、甚至在校内教师之间，他们的交流也是不多的。

第二，乡村学校很难与其他学校结成伙伴关系。例如，问卷中在"我学校与其他同类学校结成了伙伴关系""我学校与其他大学教育类专业结成了伙伴关系"等选项中，乡村教师几乎都回答"没有"。在访谈中，绝大部分乡村教师表示，自己所在的学校并未与其他学校形成伙伴关系。无论城市还是乡村教师，均认为交流可以增进感情，通过相互学习、竞争、帮助，能够了解自己教学方面的特长，从而充分利用资源，以提高教学水平。

第三，乡村教师与专家对话、合作的机会不多。正如问卷调查的结果所示，在"交往平台"模块的各项问题的选择上，乡村教师选择"不是"的人数比例明显高于城市教师。在实际访谈过程中，有位乡村教师说道："城市教师有很多学习机会，经常能与优秀教师进行交流，在交流和学习中不断进步，而乡村教师这种条件和机会较少。"还有位乡村教师说："我们不只是与城市专家、城市教师接触的机会少，与其他的乡村教师交流的机会也非常少。"

现在逐渐有少数学科的乡村教师，有一些与同行专家对话的机会，不过在活动的主导权与话语权方面，明显不如城市教师。

第四，在学术交往机会较少的同时，乡村教师的本土生活形式也被逐渐淡化。例如，问卷中对"在教学中，我经常与我校所在的村落或社区互动"的选项中，大部分乡村教师表达了他们与乡土缺乏互动的现实。

乡村教师发展真正缺乏的是一种自主的、内在的、实际的、可操作的内容。然而，在谈及学术生活时，大部分乡村教师主要谈论的是各种专业培训。而这些专业培训大多比较偏重于理论，不一定可以准确反映当地的教学实际情况。

三、城乡教师获取或拥有"资本"的状态

按照资源公平配置的理念，目前国家给城乡教师的投入是渐趋公平的。最明显的事实是，他们的工资待遇与过去相比均有明显的提升。教师的总体收入比较透明，拥有的教学资源均按照义务教育标准进行配置且日渐丰富，学校的硬件设备、现代化教学条件与教学环境建设均有较高程度的改善。

根据调查，城乡教师在拥有经济资本、文化资本与社会资本方面仍存在一定的差异，致使他们获取"机会与地位"的能力不均衡。这种不均衡不在于他们个体的生理遗传素质的差异，而在于他们群体先天地理资源的不利，文化基因的差异，后天拥有的获取文化资本的能力差异等因素。韦伯在他的《支配社会学》中说道："这种支配状况的确可见之于私人市场与私人关系领域之外。即使没有任何正式的命令权力……那些可以通过权威或市场而获得决定权的地区仍能发挥影响广泛（有时甚至是专制性）的霸权。"和城市教师相比，乡村教师往往处于权力影响力的不利地位。

（一）关于城乡教师的经济资本现状

近年来，政府在促进城乡教师均衡发展的政策方面采取了一系列合理的、补偿性的举措，城乡教师发展逐步均衡。但是，在生存与生活的物质条件、经济资本形式、资本积累方式等方面，乡村教师依旧处于相对不利的地位。

第一，生活的物质条件，城乡教师之间虽然差距不断缩小，但经济资本不均衡的情况仍然存在。目前，城乡教师的工资水平已经基本均衡，甚至在许多地区已经对乡村教师有专门的津贴。但乡村教师认为在以下方面依旧存在各种问题：有的学校硬件设施问题没有彻底解决，甚至有的教学用房下雨漏水，很不安全；教学任务重，超工作量补贴低；青年教师发展机会少，还要长期面临上级的各种考核等。

第二，在经济资本来源与积累方式的多样性方面，乡村教师与城市教师无法相提并论。在调查中，从选项"我在教师职业之余做了其他有偿兼职""我校班主任教师有专门的班主任津贴""我在校外参加专业活动（如学习、交流与培训等），有合理的经济补助"等统计结果来看，城市教师比乡村教师有更多的经济来源与更好的商业环境。

第三，在经济支付能力及占有社会资源的能力方面，乡村教师明显不如城市教师。由于城乡自然地理、生存环境、历史文化诸多原因，城乡教师在发展的起点与过程中均存在不平等。城市教师相比乡村教师而言，在获取现代知识方面具有优先地位；乡村教师获取同样的知识时，所花的代价却是数以倍计的。因为地缘关系制约了学缘与亲缘等人力资本，城市教师拥有获取现代知识的优先权。这不是一个城乡教师的智力差异问题，从某种意义而言，是一个自然地理差异问题，所以城乡教师发展的不均衡是由城乡差别所导致的。访谈中，我们发现许多学校除工资以外，有班主任津贴，但其数额差别较大，有的乡村小学只有 1 元 / 月的津贴费。的确，他们不仅报酬微薄，而且教学负担沉重，但他们没有因生活的清贫而潦倒、屈服。他们一直肩负教育责任，构成了最强盛、最美丽、最动人的生命影像。

（二）关于城乡教师的文化资本现状

许多教师会情不自禁地对自己家乡的历史文化表现出一种自豪感。他们普遍认为，这些人文历史对教学的影响是潜在的，但限于经济发展水平，关于本土人文历史的开发，特别是作为乡土课程资源的开发仍然十分落后。这是一个需要全局关注的重要问题。事实上，城乡教师拥有的文化资本的差异与其"不均衡"是一个相互联系的统一体，它们同时存在。在其各自文化的发展过程中，乡村教师之所以处于不利地位，一部分是由于科学知识传统、专业化模式和制度化生存境遇等原因造成的。

第一，乡村教师的文化境遇更为单调。乡村教师大多土生土长，而城市教师的籍贯或来源则更多样化。调查显示，乡村教师与城市教师相比，父母大多文化水平较低，接受的义务教育也大多在乡镇以下的农村学校，他们从小接受更多的是家庭与乡土文化的熏陶，拥有相对贫乏的现代文化资源，对其他多样性的文化形式也知之甚少。

第二，在拥有的现代知识与信息资源方面，城乡教师之间存在不对称的情况。访谈中发现，乡村教师的家庭结构、收入状况、生活方式与本土农民很接近，他们孩子的教育状况也与农民的孩子很接近。相比城市教师而言，乡村教师在现代知识、信息技术的获取方面存在一种天然隔阂，他们对于教育改革的目标、意图、内容的获取与理解方面相对不易。

当前，乡村教师在获取现代信息与知识资源方面，最好的途径是网络，但由于基础设施不到位，有的学校，特别是那些"一校一师"的学校电脑、网络更难以落实到位。同时，网络教育管理的局限性致使城乡教师在文化资本的发展方面存在不可弥补的鸿沟。

第三，乡村教师很少与本土文化资源互动，甚至放弃了自己独特的乡土历史与文化资本，致使乡村教师的"独特性"丧失。一方面，大多乡村教师热爱乡土，他们为农村教育事业鞠躬尽瘁，做出了不可磨灭的贡献。另一方面，在现代知识体制中，特别是应试教育体制中，"帮助学生走出大山"是每个乡村教师最大的心愿。因为他们只有进入教育的现代体制，才能使自己的孩子融入现代社会，学会生存与竞争。

（三）关于城乡教师的社会资本现状

社会资本包括社会关系、社会交往内容与社会交往方式等。社会关系，一般除了自己的家人以外，主要是同事、同学、学生以及与其他社会个人和团体的关系。社会交往的内容，包括与同事的专业交往，教育方式方法的交流，亲朋好友提供工作和学习的心理暗示、启发与动力，其他个人及团体与自己的互动；社会交往的方式，主要有课后和同事的讨论，与学生的对话，与其他个人及团体的交往等，包括面谈、QQ聊天、视频、微信、报告、沙龙与学术研究等方式。社会资本可以拓展与教学同行的交流渠道，有利于提高教师的教学水平，与学生的交流则让教师更好地了解他们的内心世界，拉近彼此的心理距离，了解学生的各种困难，形成良好的师生互动。然而，乡村教师与城市教师相比，在拥有的社会资本方面存在较大差异。

第一，乡村教师社会交往圈子较小。城乡教师的家庭出身、学缘关系、伙伴关系、亲缘关系等差别明显。虽然根据人与环境之间关系的规律，乡村教师之于身边的农民群体，其相对地位较高，但从现代教师专业发展的标准与要求来看，其专业发展水平与城市教师相比较低。许多乡村教师，其交往对象主要是学生和学生家长。并且在许多边远落后地区，"劝学"即留住学生已经成为他们的重要任务。更值得注意的是，乡村教师面对的不只是学生及其家长，还有一群留守儿童及其爷爷、奶奶们。

第二，乡村教师社会交往的质量低。可以说，由于社会交往的环境不同，城乡教师交往的质量存在较大差异。城市教师所在的学校及其所处的城市环境，给自己带来了较大的隐形效益。城市教师在享受现代公共文化资源方面，如欣赏或享受电影、雕塑、音乐、体育、论坛、集会、沙龙等，与乡村教师相比要容易与方便得多。乡村教师大多出生于本地，家庭在离学校20千米以内的范围，其生活状态大多与农民相似，业余生活相对单调。在问及"在日常生活中，您参加过哪些与专业有关的沙龙或类似活动？谈谈您对这些活动的看法"时，许多乡村教师要说的话很少。即使有一些交流活动，也大多是以提高学生成绩为目的，进行与"赛课"相关的活动。有些外地的老师听当地方言比较困难，这影响他们与学生家长的交流，再加上当地留守儿童由老人照顾的居多，老人不会普通话，所以老师很难和他们沟通，这就影响了教师与学生、家长的交往质量。

第三，校内师资来源和结构，也构成了城乡学校教师发展不均衡的社会资本原因。农村学校规模小，教师年龄偏大。在访谈中，一些教师也反映：乡村学校教师年龄普遍偏大，大多是50岁以上的原农村民办教师转正过来的，其中有的还是"半边户"，他们的生活状况属于农民中的中等水平。近年来，高等教育扩张，对高中教师的需求急剧增加，县域内教师编制偏紧，乡村教师层层拔高，向县城聚集，这对偏远农村学校如釜底抽薪，乡村教师队伍老龄化严重，缺乏"新鲜血液"。目前出现的一个新现象是，进入农村学校的新教师大多为女性，年轻女教师找对象难的问题逐渐凸显出来。

第四，乡村教师长守乡村学校容易导致其专业水平滞后，甚至出现专业知识老化与退化。

尽管大多乡村教师对自己的工作比较满意，但也有少数年轻教师工作不太安心，显得情绪有些急躁。从社会心理学的角度，这些不满与急躁的情绪，直接影响了乡村教师的生活、人格、精神等方面的发展，已经成为制约城乡教师均衡发展的重要原因。

四、城乡教师"凝聚共识"的状态

无论乡村教师还是城市教师，必定存在共同的信念、共同的职业诉求、共同的关注点。凝聚共识是"均衡"的重要精神力量与内在品质，也是"均衡"持续高效的保证。调查与访谈结果表明，城乡教师总体来说有理想、有信心，对教育事业充满希望，并想通过自己的智慧与劳作对青少年成长给予最大的帮助。就信念而言，他们有永恒的追求，有对教育的热爱，这种追求与热爱是由教育的永恒价值所决定的。就职业诉求而言，大部分教师认为选择教师职业是源于这是一种可选择的生存手段，追求工作稳定，追求生活的安全感，但也有相当数量的教师认为是自己的兴趣使然。就共同的关注点而言，许多教师认为，自己的关注点应该是人的全面发展，但是在行动中，他们最关注的仍然是升学率、工作的升迁机会与发展。更多的教师认为，城乡教师"凝聚共识"的状态仍然存在诸多问题。

（一）关于城乡教师的教育信念

城乡教师之间有共同的信念基础。调查发现，许多教师对教育事业充满执着与热爱；他们相信，自己的知识与人格会对学生的成长有极大帮助；对学生犹如父亲或母亲般的亲切，有自己的育人原则并奉行不悖等。许多教师的回答均显示教师的大爱无私、乐于奉献、诲人不倦的教书育人信念。

可见，大部分教师热爱教育事业，能够把学校利益与学生利益置于比较高的位置，并且认为职业操守是最重要的，认同教师职业有一定的地位与尊严，这说明城乡教师的教育信念主流是好的。但也有少数教师在教育信念上存在以下问题。

第一，有的教师只是把教师职业当作谋生手段，而不是人生追求。有些年轻的乡村教师，其教育理想缺失、生活迷惘，几乎可以说他们还没有进入最起码的工作状态。很显然，这是一种病态现象。必须正视年轻教师的心理倾向、基本需要与生活遭遇，解决他们的实际问题。有针对性地与他们进行沟通、对话与补偿，以使他们理解、接纳与热爱农村教育，树立坚定的教育信念。

第二，有少数教师对学生存在偏爱的现象。部分教师的谈话中反映出，只喜欢成绩好的、可爱的、和自己关系比较好的学生，甚至喜欢家庭条件富有的学生。有教师这样说道："对成绩好的学生，我讲一句话，他会有反应；学生成绩好，教师很骄傲；现实中，许多教师都喜欢家庭条件好的，不可能平等对待每一个学生。"所以说，教师的职业道德、价值承诺、社会责任与专业发展，在"教育即升学""学而优则仕"的社会心理认同中显得苍白无力。受市场社会的影响，教师被牢固地束缚于绩效评价体系中，在自己的物质基础不是很好的情况下，他们难以逃离与自己生存待遇相联系的利益轨道中，教育的仁爱、审美与无私等精神品性必然在一定程度上被遮蔽。

第三，部分教师感到难以践行自己的教育信念。在现实压力之下，教师真正追求的仍然是学生学业成绩与升学率。对于乡村教师来说，除了关注学生成绩以外，很难实现自己的教育理想，很难关注学生其他素质的发展。在这样的情况下，部分教师缺乏梦想，很少有成为专家、思想家、研究者的抱负。

第四，教师之间亦存在一定程度的竞争。城乡教师普遍重视勤奋、刻苦、节俭与拼搏的德性，也重视自立、进取与独立的品质。但是，教师的工作绩效、收入水平与工作满意度等，直接决定主观幸福感。有人觉得教师职业是一个苦行僧的修行生活，很难享受人们所期望的知识分子的自由闲暇境界。

（二）关于城乡教师的职业诉求

大多乡村教师选择教师职业的动机呈现多样化：一是教师职业伟大；二是教师能提高个人修养；三是教师工作稳定；四是容易就业；五是家族传统。除了以上动机以外，也有其他动机。现实中，选择"容易就业"和"家族传统"的是比较多的。一方面，由于缺乏其他就业机会，一部分人不得不选择需求量较大的教师职业。另一方面，许多人选择教师职业与自己教师世家的出身、对儿童天性的热爱、父母地位、家庭处境、生存环境、社会关系等有关。对于许多乡村教师来说，很难说是发自内心喜欢这一职业，许多乡村教师几乎是被动地走上教师岗位的。目前，在教师职业诉求方面，存在的最大问题有以下几个方面。

第一，有的教师蔑视自己的教师职业，经常挖空心思甚至不惜一切代价跳槽到其他职业。比较普遍的情况是，许多年轻乡村教师想从乡村学校跳到县城学校，想从农村流动到城市，这种情况在年轻教师中居多。在当下市场社会中，这种现象虽然十分正常，但它经常发生在边远的农村学校，可谓是一件最不幸的事情。

第二，普遍感觉到付出太多，收获太少。大家最关注的是学生学业成绩与升学率，调查中对"学生学业成绩"的关注，要大于对"学生全面发展""学生的个性自由"等的关注。很明显，相当部分教师关注的是知识目标，是绩效目标，而不是生命的目标。访谈中，从乡村教师的关注重点来看，他们对人、知识、社会与教学本身，缺乏深远的意义思考。

任务重，收入低，这不是教师自己能够控制的，它与文化传统、与长期的城乡经济差距等有关。传统的"读书做官""光宗耀祖""跳龙门"等根深蒂固的社会心理长期存在。片面追求升学率，必然导致任务繁重；农村经济发展落后于城市，必然导致城乡教师的收入差距。这的确是一个令人痛苦的社会问题，它的恶果已经众所周知，它既没有培养人良好的德性与人格，也扰乱了教育的自然而然的、与生活和社会结合的亲密形式。最令人忧虑的是，它导致了人的幸福指数的降低与社会环境的恶化。

第三，许多教师感觉自身社会地位低下。许多年轻教师初参加工作时，对教育事业满怀激情、雄心勃勃，但时间一久，他们便很少流露出初始的雄心、年轻人的灵气，甚至逐渐放弃了对自己教育梦想的追求。有的乡村教师在谈到自己的身份时，流露出一种无奈与尴尬，甚至认为作为知识分子，他们没有受到应有的尊重，自己的人身安全与生命尊严都经常受到威胁。当然，这其中有教师教育理念、管理不善的问题，但教师与家长长期没有形成一个良性的互动机会，不仅没有形成合力，双方还存在对立情绪。所以，问题的解决应该从教师入手。

（三）关于城乡教师凝聚共识的力量

城乡教师之间的共识，在此指城乡教师之间信念、经验与方法的重叠，是他们作为教师共同体的共识。共识形成的真正动力来自底层，来自生命的涌动与呼唤，来自灵魂的默契。凝聚共识的力量，是关系绵延的力量，是心灵的碰撞、认同与融通的力量，是生命的力量。它是"均衡"的基础，是教师发展正义与道德的基础。然而，城乡教师在凝聚共识方面还存在一定的问题。

第一，城乡教师分享经验与合作学习的欲望不明显。一个真正的教师，在教学生活中，应该怀有对生命的激情，充满对教育事业的热爱，有分享自己信念、经验与成果的欲望。但由于各种原因，城乡教师之间分享与合作的欲望没有被真正唤醒。

可见，在应试教育体制下，人们的生活方式是刻板和狭隘的。在大班授课、工作繁重与升学的压力中，许多教师觉得自己非常卑微，工作是缺乏品位的，他们对教育怀有无穷的恐惧与焦虑。所以，就城乡教师均衡而言，双方缺乏共享与对话的高尚旨趣，缺乏内在与和谐的力量。

第二，城乡教师之间缺乏分享经验的动力、习惯与机制。目前，城乡教师之间存在各种对话平台，如日常经验交流、师资常规培训、专题学术报告、校际经验交流等，但乡村教师与城市教师相比总有一些不自信的情绪。他们在农村，觉得自己是知识人才，似乎能够找到"高人一等"的尊严感，一般也热爱自己的土地。然而，他们一旦与城市教师相比，在现代知识、信息资源的广博性方面，总是难以找到平等的感觉。乡村教师不是不想与其他教师对话，而是渴望对话，期待有新的思想能量不断注入自己的教学生活中。

第三，乡村教师对自己的特殊经验和知识资源缺乏信心。许多乡村教师认为，自己没有具有本土特色的并值得与他人分享的经验与历史。新的课程内容虽然有质的变化，但追求升学率的问题一直没有得到解决，也没有实现以学生全面发展为目的的教育期待。乡村教师作为知识分子，其守护乡土灵魂与文化的使命，其维护农村社会进步的现代民主意识，似乎没有充分发挥作用。

五、城乡教师中处境不利者的"补偿"状态对比

教育资源中作为国家公共资源部分，政府在分配给教师时应该按照生命正义原则，实行补偿机制，对作为处境不利者的乡村教师实现利益最大化。城乡教师均衡发展，就是通过建立一种秩序与体制，最大限度地增加处境不利者的福利与机会，维护生命的自由、平等、权利与尊严，以弥补乡村教师的不利处境和发展

局限性。无论是国家还是地方政府，均对乡村教师有不同程度的援助、支持等补偿措施或政策。比如，在经济资本补偿方面，有的地区按照学校于乡镇、村镇和农村，分别给予 300 元、500 元和 800 元不等的专项补贴；在文化资本补偿方面，有送教下乡、远程教育。除此之外，教育行政以及学校领导对教师培训非常重视；在社会资本补偿方面，有师范生与大学生置换、教师"特岗计划"等措施。但调查显示，在对乡村教师的经济资本、文化资本与社会资本的补偿方面，仍有待进一步加强。

（一）关于城乡教师经济资本补偿的现状

调查显示，在经济资本补偿方面，政府正在采取积极措施：一是在福利与待遇上，对于学校教师（农村或城市）有特殊政策支持；二是在改善现代教学设施（网络、多媒体等）与生活条件方面，对于教师（农村或城市）有特殊政策支持；三是在教师的生存空间与交通等的不便利性上，对于农村或城市教师均有特殊政策支持。然而，针对处境不利者的乡村教师，还需要更多的特殊政策与补偿方式。

第一，在提高教师身心健康、福利与待遇方面，政府应该进一步加大对乡村教师的特殊政策支持。调查与访谈发现，无论城乡教师，大家对物质待遇的期待普遍较高。在同一个县（市）域内，城乡教师基本工资已经实行均等，但实际收入差距较大。城乡教师普遍反映，农村学校公用经费低，不可能有其他创收渠道，这使乡村教师除基本工资以外的津贴、其他收入来源等相对较少；乡村教师除县财政发放的工资以外，几乎没有其他收入来源。乡村教师不可能像城市教师那样有其他兼职的可能。总之，乡村教师的健康、生活福利与工资待遇需要得到进一步的关注。

第二，在改善教学、生活与交通等设施条件的不便利性上，政府应该进一步加大对乡村教师的特殊政策支持。乡村教师经济资本的匮乏，不仅表现在工资待遇上，而且表现在自然地理条件上。调查发现，由于地区经济的落后与交通条件的限制，网络、多媒体等现代教学设施的发展水平与应用仍然很低。除此之外，和城市教师相比，他们需要更多的生活与学习开支。

乡村教师平常工作任务繁重，随着各种学习、培训与交流等集体活动的增加，时间紧张的问题十分突出。所以，城乡教师均衡发展不仅要转变观念，而且要有针对性地、持久地实行补偿措施，以提高其物质待遇和福利水平，改善其生活条件，使他们享受学习的自由与劳动的快乐。唯有如此，他们方可成为教育变革的领导力量。

（二）关于城乡教师文化资本补偿的现状

在文化生活方面，如为教师提供的学术杂志、教参、资料的支持方面，在教师阅读、信息资源与知识交流方面，在教师学术生活的指导与支持方面，在教师的各种集中学习、论坛、交流的支持方面，对于乡村教师的相关特殊政策支持有所加强，但城乡教师之间的差距仍然很大。

第一，乡村教师的文化服务体系，还有待进一步加强。调查显示，在期刊、教参、资料、多媒体学习等乡村教师专业发展途径的信息资源平台建设方面，一直缺乏特殊性政策支持；在完善系统的学习设施方面，缺乏长期性、生活性与有效性的支持；在教学过程、学术研究、教育论坛、可借鉴的科学研究方法、教学改革文本等学习过程的支持方面，没有得到应有的现场指导与行动支持。

从调查结果来看，即便乡村教师的物质条件还有较大的改善空间，但他们仍旧对自己的生存环境以及专业发展有着较高的期许，他们渴望得到更多的支持与帮助，渴求进入更好的平台进修，他们也希望自己能够获得一个教师应有的知识。

第二，有一些现代文化补偿措施，但实质上确实"水土不服"。也就是说，许多现代化的先进措施，在农村没有大的现代化环境和理念的支撑，不能够物尽其用，甚至根本用不上。可见，学校引进的许多时代感很强的活动，在农村操作性不强，落实很成问题。因为许多活动需要文化环境，更需要与文化环境相应的人的素质。所以，许多活动要有一定的气氛渲染与环境条件，才能真正有实效。整体而言，农村文化氛围较差，甚至有的教师从来没有参加过任何文化沙龙活动。

第三，不合理的人才流动机制，使乡村教师发展的文化环境更加不利。乡村教师发展必须有一种促进乡村教师发展的文化环境，如城乡教师之间的良性互动与流动制度，针对边远地区学校的支教活动等。这种针对乡村教师的文化补偿方式，也是保证乡村教师数量、提高乡村教师素质的关键。调查发现，在县（市、区）内，城乡教师之间流动存在一些问题。就文化资本而言，乡村教师的数量与质量是农村社会最大的文化资本。农村学校能否留得住人，留得住优秀人才，是当前我国农村教育值得注意的问题。但是，有的地方的城乡教师流动政策，即让优秀教师流向城市的机制，不仅没有对乡村教师发展的文化资本进行补偿，恰好相反，它剥夺了乡村教师的文化资本权益。

第四，城镇化导致乡村教师特殊文化资源愈加短缺。长期以来，农村在乡土知识资源的开发、利用与创造的情感与行为方面，没有得到足够的尊重与支持，也没有考虑到农村特殊文化资源对乡村教师的重要作用。可见，村校合并或村校的撤并，使农村文化氛围渐趋淡薄，虽然有的地方有特殊文化资源，但难以和乡村教师的专业发展产生联系。因此，政府应该看到文化资本之于乡村教师的意义，进一步关注城乡教师之间的互动，对乡村教师的文化环境、文化服务体系、文化的传承、创造与开发等方面实行全面、系统的补偿措施。然而，根据问卷与访谈提供的信息，在对乡村教师文化资本的补偿还有很长的路要走。

（三）关于城乡教师社会资本补偿的现状

社会资本是人们由其所处的政治、经济、地理等生存环境所决定而拥有的关系资源，如亲缘、学缘与人脉等社会关系。它对于教师的专业发展、教学生活与社会活动方式有重要影响。它是扩展经验、增长才干、转识成智、全面发展的有益平台与成长机制。目前，社会资本的补偿，如在社会服务体系与人文环境的营造方面，在教师与教育专家实践经验交流的支持方面，在教师自治、自主、社会反映的支持方面，在评职、提拔与晋升的支持方面，在教师话语权与政治影响力的支持方面，在合作交流平台的支持方面等，已经对乡村教师提供了一定的特殊政策支持，但仍有很多工作要做。

第一，缺乏针对乡村教师人际交往的服务支持体系。乡村教师的交往人群单一，人际网络圈子相对狭小，其学缘、地缘与业缘关系较为贫乏。调查显示，教育行政部门针对乡村教师社会资本短缺问题，很少有特殊的优惠政策。比如，乡村教师缺乏与教育专家、大学教师、大学生或研究生、其他中小学学校教师等群体之间交流或共享的社交平台。可见，城乡教师之间缺乏相对稳定、长效与互惠的对话机制。乡村教师与其他相关群体缺乏针对性、实用性、发展性的日常生活与学习的交往机会，缺乏与教育专家实践经验交流、项目合作及各种集中学习的论坛与交流机会。

第二，缺乏提高乡村教师社会地位的保障与支持措施。社会资本不仅表现在人际交往的多元化与丰富性上，而且表现在主体的社会地位、权利与尊严上。目前的重要问题是：一方面，缺乏对乡村教师的职称评定，培养提拔，发展晋升等方面的特殊支持政策；另一方面，缺乏对乡村教师的政治意识、自主精神与社会责任感的鼓励与支持措施。乡村教师的话语权与政治上的影响力，在长期的农村城镇化、教育现代化中未得到应有的支持；在教育内容的组织、教育质量标准的制定、教育评价的主导、教育改革的组织等方面，乡村教师缺乏足够的主导权。教师在竞争性管理制度下，人际关系普遍紧张，无论校长与教师之间，还是教师与教师之间，城乡教师之间，甚至师生关系似乎也难以融洽，关系的普遍紧张导致教师人际压力沉重。因此，真正关心乡村教师，应该从教师的关系、地位、权力与尊严开始。

第三，愈加缺乏对乡土的归属感，这也是在对乡村教师进行社会资本补偿时应该关注的问题。调查中发现，乡村教师与社会的合作关系虽然很少，但还是有一些的。比如，配合政府的中心工作，如清洁工作、文化体育活动、冬修水利、植树造林等，教师均能组织学生积极参加，但参加的频率低。随着物质条件的改善，许多教师把家安在县城，双栖于城乡环境，无论在家还是在学校似乎都是"异乡人"。

第二节　义务教育区域师资均衡配置的政策基础

制定义务教育区域师资均衡配置的政策，必须遵循一定原则。这样才能使政策更加符合实际，更加具有可操作性。

一、师资均衡配置政策制定原则

当前，城乡之间、校际义务教育师资配置不均衡是一种客观存在的事实，这引起了人们的不满，但师资均衡配置本身并不是目的，而是要追求一种理想、公平、优质的义务教育。那么，城乡之间、校际师资配置的现有状态如何，应当怎样配置呢？用康德的话来说，从"是"当中我们无论如何也引申不出"应当"来，反过来，倒是我们应该先有一个"应当"的理念，明确师资均衡配置的基本价值诉求，然后再把它应用到师资均衡配置政策的制定当中，才能引领政策发展的正确方向。从逻辑上来说，"应当"的理念是在先的，在师资均衡配置政策实践中，只有事先确立合理的"应当"的理念才能做出恰当的政策安排，才能切实有效地解决政策问题、实现政策目标，反之，"如果认为可以先制定出教育政策，然后再去确定它要达到的目的，这种想法是荒唐可笑的"。因此，明确义务教育师资均衡配置的价值诉求，才能制定出有针对性的师资均衡配置政策，从而避免泛泛而论、目标模糊不清，给政策执行带来困难，甚至浪费紧张有限的区域教育资源。义务教育均衡发展的最终目的是确保每一位学生在受教育权利、享受教育的质量、获得成功的机会等方面达到基本均等。因此，师资均衡配置政策应当坚持"城乡统一、协调发展"与"扶弱促强、共同发展"两项基本价值原则。

（一）城乡统一，协调发展

均衡发展不仅是义务教育发展观的变革问题，还涉及社会的安定以及整个社会的协调发展。长期以来，在"城市中心"价值取向主导下，城乡教育发展差距问题日趋凸显、严重，其程度甚至比城乡经济发展差距更为突出。在教师政策上，城乡义务教育也呈现出十分明显的二元特征，一方面，"城市中心"倾向使绝大多数地方政府执行的是重点与倾斜的教育政策，城区在师资配置上享有许多倾斜性的优惠政策，大量优质教师资源集中在城区学校，导致教师资源配置中的"马太效应"。另一方面，农村教育条件艰苦、教师待遇又偏低，大量农村学校教师流失，致使农村义务教育更是"雪上加霜"。如今，缩小城乡义务教育师资差距已不是一个理论问题，在法制层面上也已经解决了，如何从政策上推动实践的进展是当前所面临的主要挑战。可以认为，这种政府行为和政策导向是致使城乡师资配置失衡的最直接的也是最大的推动力，反而思之，如果政府调整政策导向，那么也将会是促进城乡师资均衡配置的最直接也是最大的推动力。因此，缩小师资差距首要的是从发展战略上转变"城市中心"的价值取向，树立"城乡统一、协调发展"的政策理念，并以此作为制定政策的价值基础，对师资均衡配置的政策目标进行整体性、长期性和全面性的统筹规划，如此才能避免政策的临时性、突击性、零散性，才能取得实际的进展和效果。

从现实来看，要纠正长期以来形成的城乡之间的师资差距，每个区县都会面临各种实际的困难与挑战。这既有体制方面的原因，也有区域教育本身的原因。一方面，在计划经济体制下，提倡"全国一盘棋"，无条件地要求个人服从组织、下级服从上级，城乡之间的教育分工以及由此导致的发展不均衡并不会产生激烈的矛盾冲突。但是，在市场经济体制下，政府、个人、学校都成了相对独立的利益主体，城乡教师资源供给不均衡的矛盾必然成为社会关注的焦点，成为义务教育改革与发展中的敏感问题，任何不顾各方利益而一意孤行的政策行为都可能适得其反。例如，2007年上海市在部分区县开始试点实施教师交流政策，让部分重点中小学优秀教师到其他薄弱的中小学任教，虽然这是落实2006年新修订的《中华人民共和国义务教育法》规定的"组织教师流动"的有力举措，但政策的出台比较仓促，被交流的教师颇有怨言、积极性不高，有的老师称此为迅雷不及掩耳之势的突然"袭击"。翌年，迫于各方面的压力，相关政策做出了重大调整，有的区县甚至干脆终结了此项政策。另一方面，区域教育有其自身的利益要求和发展规律，教育结构、规模与效益呈现出明显的区域差异，致使师资均衡配置面临不同的区域选择，而传统的自上而下、统一标准的方式，显然既不利于问题的有效解决，还会阻碍区域教育的特色发展。这种种原因表明，城乡义务教育师资均衡配置的政策目标绝非一朝一夕所能实现。虽然每当国家出台新的教育政策法规时，有计划地学习、宣传和贯彻执行成为区县教育行政部门的经常性工作，每年还要结合实际情况制订区域教育发展的各种计划，"它被理所当然地视为教育行政官员常规工作的一部分"，不成为一个问题，但"如果他是一个拙劣的规划者，他很快就会陷入困境"。

为此，区县政府应坚持对义务教育事业的统筹，明确义务教育与区域经济社会发展全局的关系以及城乡教育协调发展的关系，明确政府在城乡教师资源均衡配置中的基础性、主导性作用，在今后的投资取向和政策选择上，首要的是不再扩大城乡师资的差距。史密斯曾经指出："政策概念意味着理性地选择行动或不行动。"[1]这一界定表明政策具有"行动"属性，同时它还具有"不行动"的特征，从这一意义上来说，不继续扩大城乡师资配置差距的"不行动""无为而治"的策略也是一种具有积极意义的选择。其次，根据区域教育的实际情况，以"城乡统一、协调发展"的政策理念因地制宜地改革与完善有碍师资均衡配置的已有政策，正如罗尔斯在他的《正义论》中所指出的："某些法律和制度，不管它们如何有效率和条理，只要它们不正义就必须加以改造和废除。"[2]最后，由于城乡经济、文化、教育等方面发展不平衡是客观存在的，而且还有着不小的差别，要想在短期内从根本上消除这种不平衡状态几乎是不可能的。所以，政府还需要采取适当的"积极差别待遇"政策，积极扶持农村中小学校的师资队伍建设，以进一步缩小城乡之间的师资差距。由此，才能逐步缩小城乡之间的师资差距，解决农村中小学校的师资困境。

反之，如果不从发展战略上进行"城乡统一、协调发展"的长远政策规划，那么，在长期形成的人治传统、讲究人情的社会心理作用下，教育决策者为了部分人员或团体的利益所做出的决策就很可能使人们多年努力奋斗的结果在一瞬间功亏一篑。例如，当前与义务教育均衡发展大政方针相违背的现象屡见不鲜，一些地方大批农村教师调往城区学校而引发的教育腐败案件频频曝光，这些事件看似具有偶然性，实质暴露了区域教育政策制定中普遍存在的一些严重问题，制度化、程序化、民主化和科学化水平不足，而随意性、临时性、主观性、个人权威性有余，这不能不引起人们的深思与忧虑。当然，这需要从教育决策体制上加以改革，但更需要从发展战略上规范教育政策制定的价值取向，毕竟政策是人们根据一定的需要而制定出来的，具有明确的目的性。

（二）扶弱促强，共同发展

在当代社会，义务教育是个体发展的基础，也是社会发展和民族强盛的基

---

❶ 蔡明山.高等教育实践中的公平理念研究[D].长沙：湖南师范大学，2016.

❷ 罗尔斯.正义论[M].何怀宏，何包钢，廖申白，译.北京：中国社会科学出版社，1988: 328.

础。为此，我国义务教育在保障适龄儿童教育平等权利上已从"机会平等"迈向了"机会平等"、"过程平等"与"结果平等"相结合的发展阶段。这体现在立法上，1986年颁布的《中华人民共和国义务教育法》重在保障适龄儿童入学的"机会平等"，不受性别、民族、种族、家庭经济状况等因素的影响，而2006年新修订的义务教育法则除了在"机会平等"上保障儿童权利外，更是突出了"过程平等"与"结果平等"两个方面。

那么，从中小学教师资源配置角度来说，近年来，我国教师水平在大幅度提高的背景下，城乡学校之间、重点学校与薄弱学校之间师资水平差距较大的状况却没有得到多大改观，这无疑与义务教育追求"过程平等"与"结果平等"的价值目标是相违背的，因此，缩小各中小学校之间的师资差距迫在眉睫。但是，教师资源尤其是优质教师资源不足也是客观存在的事实，在教师资源还没有达到极大丰富的条件下，要实现真正意义上的义务教育师资均衡配置是很困难的。为此，需要从思想、体制和方法上进行创新，既不削弱优质学校的师资力量，又要使薄弱学校师资力量得到提高，在共同发展中实现均衡，在均衡发展中共同提高。因此，要正确理解义务教育师资均衡配置的政策理念，坚持"扶弱促强、共同发展"的价值原则，按优质均衡、共同发展的思路来设计和制定政策，否则就可能付出巨大的政策代价。

首先，师资均衡配置不是搞平均主义、搞"一刀切"。正如"均衡发展与其说是一种发展目标，不如说是一种发展过程；与其说是一种教育发展目的，不如说是一种促进基础教育发展的途径"一样，师资均衡配置是实现义务教育公平的行动策略，是追求优质、公平义务教育的根本途径。因此，师资均衡配置是一个动态发展的过程，目的是缩小师资差距，使其控制在一个合理的范围之内，而不是搞平均主义，追求整齐划一、"一刀切"，把区域内的教师资源按某个标准重新分配到各中小学校。韩国在20世纪六七十年代实施的义务教育"平准化"政策以教师、设施、财政等因素为平准化的重点，按规定的标准进行平衡，规定教师每四年流动一次，确保学校师资水平均衡，虽然在教育平等发展上取得了一定的成效，但也凸显出许多弊端，集中表现在教育效率的下降以及学校教育特色的缺失，韩国的历史教训是深刻的，应该引以为戒。所以，在区域师资均衡配置当中，应当使公平与效率两者并重兼顾，不可偏废，正如美国学者阿瑟·奥肯所言："在效率与平等间权衡，并不意味着凡有利于这一方的因素就必然有害于另一方。但同时，为了平等就不惜牺牲一些效率；为了效率，又不得不影响到平等，因为平等和经济效率之间的冲突是不可避免的。……或许这就是它们互相需要的原因——

在平等中放入一些合理性，并在效率里添加一些人性。"❶有什么样的教育公平观，就会出现什么样的均衡政策，只有坚持"扶弱促强、共同发展"的政策理念才能恰当地处理平等与效率之间的关系，通过各种扶持政策加强农村学校、薄弱学校的师资队伍建设，在逐步弱化和缩小城乡、学校之间师资差距的同时，推动区域内义务教育的平衡、优质、高效发展。

其次，师资均衡配置不是限制发展，而是共同发展。均衡配置教师资源的目的是提高农村学校、薄弱学校的师资力量，逐步提高这些学校的办学水平，但这并不意味着要遏制或削弱一些优质学校的师资力量优势，如若措施得当，在扶持弱者的同时也同样可以促进强者的发展。只有坚持"扶弱促强、共同发展"的原则，一切能促进城乡、学校之间师资水平的整体提高并能不断缩小师资差距的方式或手段，才是实现师资均衡配置的有效途径。

二、师资均衡配置的政策法规基础

政府是公共利益的代表，维护社会的公平、公正是政府的责任。政府并不是天然的，而是人们为了保障自己的权利所创立的。政策法规就是国家为保障公民的权利、维护某种社会秩序而制定的，表现为缓和各种利益冲突的思想和调整人们在社会关系中的行为规范。如今，义务教育已经成为公民的一项基本权利，为了保障公民的这一权利，我国已经制定了一系列政策法规，义务教育的改革与发展就应以此为依据，依法治教。师资均衡配置正是以国家所制定的一系列相关义务教育均衡发展的政策法规为根本依据的，换言之，这一系列政策规定的出台为师资均衡配置奠定了深厚的政治基础。

近年来，经济社会发展城乡差距过大、农民负担过重等问题日益严重，为加强农业基础、保护农民利益、维护农村稳定，2001 年 3 月国务院颁布了《关于进一步做好农村税费改革试点工作的通知》（以下简称《通知》）。《通知》对进一步完善农村税费改革的有关政策进行了全面部署，其中特别指出要高度重视农村义务教育的稳定和发展，改革和完善农村义务教育管理体制，增强县级政府举办义务教育的责任，为义务教育提供经费保障，确保义务教育健康发展。这就为区县政府统筹区域经济社会发展提供了依据，为深化区域义务教育管理体制的改革与发展指明了方向。

2001 年 5 月，国务院发布了《关于基础教育改革与发展的决定》（以下简称《决定》），《决定》明确规定了义务教育实行在国务院领导下，由地方政府负责、分级

❶　董建稳.现代基础教育比较研究 [M].杨凌：西北农林科技大学出版社，2011：125.

管理、以县为主的管理体制。在"以县为主"的管理体制下，县级人民政府对区域义务教育负有主要责任。根据规定，县级政府要加强对中小学教师的管理，尤其是要统一发放教师工资，设立教师"工资资金专户"，确保教师工资按时足额发放。同时，《决定》还提出中央和省级人民政府要通过转移支付，加大对贫困地区和少数民族地区义务教育的扶持力度。因此，"以县为主"的义务教育管理体制改革目标的确立以及各级政府承担义务教育举办责任的进一步明确，对于统筹区域义务教育的发展，促进城乡、学校之间师资力量的均衡配置是一股强劲的推动力量。

2005 年 5 月，教育部发布了《关于进一步推进义务教育均衡发展的若干意见》（以下简称《意见》），《意见》特别提出要统筹教师资源，加强农村学校和城镇薄弱学校师资队伍建设。《意见》提出，县级教育行政部门要从资格认定、招聘录用、职务评聘、调配交流、评价考核等方面加强辖区内教师资源的统筹管理和合理配置。由此，在教师的"进""管""用"等方面赋予区县教育行政部门更多、更大的职权，为进一步加强和完善区域教师资源的统筹管理奠定了基础。

2006 年，全国人大对 1986 年颁布的《中华人民共和国义务教育法》（简称《义务教育法》）进行了修订，新修订的《义务教育法》对义务教育的一些重大制度、政策措施以及长期以来在义务教育实施中所形成的一些成功经验进行了法律确认，并对义务教育发展不均衡、义务教育经费保障等问题指明了解决的方向。新修订的《义务教育法》凸显了义务教育均衡发展的原则，并做出了一系列的相关规定，如"国务院和县级以上地方人民政府应当合理配置教育资源，促进义务教育均衡发展，改善薄弱学校的办学条件，并采取措施，保障农村地区、民族地区实施义务教育""县级以上人民政府及其教育行政部门应当促进学校均衡发展，缩小学校之间办学条件的差距""县级人民政府教育行政部门应当均衡配置本行政区域内学校师资力量"等。需要特别强调的是，新修订的《义务教育法》重点突出了教师在义务教育中的地位，据教育部政策法规司孙霄兵透露，新修订的《义务教育法》辟有专章对教师的有关权利、义务和管理进行了规定，但这一章是后来才加进去的，他指出，这是由于大家认为教师在义务教育发展中扮演着十分重要的角色，只有师资得到保障，义务教育质量的稳定、提高和发展才有希望。由此，中小学教师的重要性更加凸显。2015 年 4 月 24 日，第十二届全国人民代表大会常务委员会第十四次会议又通过了对《中华人民共和国义务教育法》的修改，将第四十条修改为："教科书价格由省、自治区、直辖市人民政府价格行政部门会同同级出版行政部门按照微利原则确定。"

至此，从综合政策到专项政策、从教育政策到教育法律，义务教育改革与发展的目标逐渐明确、清晰，这为区域义务教育的改革与发展指明了方向，也为均衡配置义务教育师资提供了政策和法律依据。从另一个角度来说，贯彻执行国家有关义务教育均衡发展的政策和法规也是区县政府及其职能部门的义务。尤其是现在依法治国、依法治教的风气渐开，人们更加懂得应用法律手段维护自己的权利，师资均衡配置有了相关政策和法律的保障，区县政府才能更好地实施，才能有所作为。

第三节　义务教育区域师资配置不均衡的原因分析

绩效主义的负面作用、城乡教师发展不均衡的先天原因和师资调配的不利影响，都对义务教育区域师资均衡配置造成了负面效应。本节将从这三个方面进行详细分析。

一、绩效主义的负面作用

教育不仅是一个科学的事业，而且是一个艺术的事业。城乡教师的均衡发展要尊重科学，同时也要品味艺术；它需要绩效管理，如引入绩效目标、绩效标准与绩效考核等，但它同样需要爱的精神，如情感交流、人文关怀。这里所讲的绩效主义，是把城乡教师的均衡发展当成一个纯粹的科学与技术活动过程，忽视心灵、文化与精神要素。这对于以真理与育人为志业的教师来说，是脱离了教育的本质，也是偏离了"均衡"之生命正义论的。

（一）唯绩效标准不易评价教师的闲逸好奇

教育是释放求知与创造欲望的活动，是一种传播与发现真理的事业，是学术自由中的闲逸好奇本身。城乡教师均衡发展需要绩效管理，但不能走入绩效主义。教师是生动活泼、个性鲜明、天然独特的生命存在，自由与独立是其生命之本质。如果纯粹以绩效标准或目标来衡量教师的价值，那么部分教师可能被目标束缚，从而影响其潜能、想象力与创造力的发挥。如果教师的成就仅被定义为学生成绩、升学率，就会使他们忙于激烈的教育竞争，从而偏离追求真理所需要的静笃，偏离育人所需要的无私、奉献与爱。

我们可以在一定程度上追求绩效，但需要警惕在追求过程中，可能淡化的师生之间的亲密交往关系。教育之美不仅在于知识的创造与传递，更在于师生之间的互动、理解、接纳与欣赏。教师言传身教带给学生的人格与学术影响是无法仅以有形的、客观的、量化的形式去诠释和演绎的。如果城乡教师均衡发展仅与酬劳、物利之目标捆绑，那么许多教师就会背上唯目标、绩效是从的精神负担，其生命的自由与自治样式就会退居次要地位，无暇体验追求真理与教书育人的悠闲、乐趣与幸福。雅斯贝尔斯这样警醒人们："如果人被迫只顾眼前的目标，他就没有时间去展望整个的生命。"❶

所以，城乡教师均衡发展，切忌将教育的价值置于既定的、机械的绩效主义窠臼之中，否则，就会导致教师生存方式的单一化，从而遮蔽教育本身所蕴含的无限的趣味与美。

（二）绩效考核不当会降低教师的生活质量

教育的重要旨趣在于激发人的审美情趣，使人享受诗意生活。在城乡教师均衡发展中，科学、公平与系统的绩效考核的确能够改善教师的专业技术与道德表现，但不能将绩效考核作为唯一的衡量标准，否则就会伤害教育的初衷，导致教师生活焦虑，工作满意度下降。

片面或过分地运用绩效考核，会降低教师对教育本身的持久的热爱。因为在绩效主义那里，教师只能关注到可量化的成果。许多教师就可能像工人一样，按规定的生产任务加工，等待着管理者按照优秀率、合格率、上线率与升学率等各种不同的效率指标来进行分数转换与考核。❷这种考核方式无法使教师信守教育的初衷，以享受心灵的慰藉与精神的崇高。正如有人所说："自我在功利目标的引领下日益孤立化，自我与他者相伴、相处，却已无道德上的共契与伦理上的相伴。"❸如果教师只将绩效考核作为单一目标，就有可能丧失自身的独特性，从而失去城乡教师均衡发展的多样性。

（三）绩效主义可能对乡村教师的社会责任产生影响

乡村教师应该立足乡土，热爱乡土，通过发掘自身的潜力与赖以生存的文化传统价值来树立自己作为乡村知识分子的自信，这是城乡教师均衡发展的重要基础。然而，由于绩效主义及后面论及的城市主义与机械主义的共同影响，目前的城乡教师均衡发展在一定程度上偏离了这一基础。

一方面，乡村教师的实践经验、自然环境、文化传统、历史差异等作为"均衡"的重要因素，还有待进一步被尊重、被发现和被肯定。在绩效主义视野里，

---

❶ 雅斯贝尔斯.什么是教育 [M].邹进，译.北京：生活·读书·新知三联书店，1991：142.

❷ 杨颖东.失衡与反拨 [D].上海：华东师范大学，2014：23.

❸ 吕寿伟.功利意识、道德分化与排他性的教育伦理生活 [J].现代大学教育，2013（1）：92.

乡村教师与城市教师的发展是一个客观的、统一的、无差别的发展过程。他们均以现代教师素质标准为发展目标，并假设通过系统的课程学习与现代培训完全可以达到或接近这样的目标。对于偏远的乡村教师来说，尽管国家投入了巨大的物力、财力与人力，但他们在享有现代教育知识与现代技术资源方面，仍然无法与城市教师相提并论。另一方面，乡村教师亦无法关照自己赖以生存的特殊的自然、社会与文化环境，在保持或彰显自身的独特性方面总显得力不从心。他们在教育实践和与乡土文化互动过程中的感悟、理解、反思和创造所得到的个体知识，还有待进一步被开发、激励与利用。

二、城乡教师发展不均衡的先天原因

城乡教师均衡发展，是城乡教师生命之间的共存、共竞、共享与共生的自由和谐状态，当这种自由和谐状态遭到破坏，就出现了城乡教师发展的不均衡。长期以来，国家对于城乡教师均衡发展高度重视，已给予了很多政策支持，这对于城乡教师发展均衡具有很大促进作用。但是，城乡教师由于受到经济资本、文化资本与社会资本等差异的影响，两者之间"不均衡"的问题仍然突出，具体原因体现在以下三个方面：第一，城乡教师各自继承与拥有的经济资本、文化资本与社会资本的差异；第二，城乡教师在平等开放的外部机会中，凭借自己能力获得的经济资本、文化资本与社会资本的差异；第三，对于乡村教师的弱势生存处境，政府与社会对其经济资本、文化资本与社会资本进行全面补偿的力度仍然不足。

（一）经济资本不均衡

经济资本的多寡是城乡教师生产利润的潜在能力体现，也是造成双方发展不均衡的最直接原因。布尔迪厄认为，经济资本是资本的最有效的形式，这种资本可以以普通的、匿名的、多用途的、可转换成金钱的方式传递给下一代。与布尔迪厄的观点相左，魏特琳在 19 世纪就指出，维持社会混沌状态最有价值的工具是平等，是人的同等发展，是财富的共享。同等的生活条件、共享财富、废除金钱制度、平等地利用一切财富和享受一切分配产品是使大家无忧无虑、友爱幸福的必要条件。❶实际上，他们分别回答了经济资本是什么以及怎样利用经济资本实现个人发展的问题。就城乡教师而言，双方拥有的经济资本表现为工资薪酬、福利津贴等可量化的物质形式，它是教师经济支付能力、占有社会资源能力的体现。

---

❶ 魏特林.现实的人类和理想的人类：一个贫苦罪人的福音[M].胡文建，顾家庆，译.北京：商务印书馆，1984.

由于历史与现实等方面的原因，城乡教师在发展的起点与过程中均存在经济资本的不平等，这种不平等造成了双方内在能力的不均衡发展。

1. 城乡二元制度导致的发展不均衡

城乡二元制度指在二元户籍管理制度下的各项规定，并由此衍生的城乡隔离、城乡法律和制度的割裂。它在特定历史条件下促进了经济建设、稳定了社会发展，在肯定其优点的同时，其弊病亦不言而喻。第一，造成了城乡经济利益分配的不均衡。长期的城乡二元制度，形成了我国特有的户籍管理制度。它把人口分为农村人口和城市人口，相应地带来了城乡教师人口在利益、福利、子女求学就业与隐性收入等方面的不均等。从某种程度上说，这其实也是城乡二元对立所造就的一种"平衡"：作为发展快速的城市，显然在经济上强于发展落后的农村，而经济资本作为社会发展的基础，国家在利益分配问题上，更倾向于物质价值创造力更强的城市。第二，导致了城乡教师经济资本享有权的差异。在上述制度背景下，乡村教师在经济资本的享有权上，本身就处于弱势地位，教育领域内的经济资源也刻有城乡二元结构的烙印。一个很明显的事实是，国家的教育资源，尤其是优质教育资源的配置，都是向城市倾斜。❶因此，城乡二元制度是城乡教师经济资本不均衡的历史原因。

2. 分配政策不合理导致的发展不均衡

我国自古以来就十分重视民生，主张合理的分配制度。为了实现教育公平，促进城乡教师均衡发展，目前许多地区已经就城乡教师的收入悬殊情况进行调节，并制定了一系列分配政策，但仍有一些问题。第一，从教师管理制度上来看，国家对农村基础教育实行"以县为主"的管理制度，县政府对教育经费统筹安排，如何对教育经费进行合理配置，一直是县政府面临的主要问题。事实上，许多政府将大量的教育经费投放在县城"示范学校"或"重点中小学"，乡村教师发展的经济资本未受到足够的重视。第二，城乡教师因城乡经济发展不平衡而呈现出拥有的经济资本不均衡的特点。有关研究表明，相同地区的同级别教师在工资方面，仅农村与当地城镇就相差三百多元，乡村教师在工资以外的医疗保险、住房公积金、各类津贴和政策优惠等方面与城镇教师相比更是差距明显。❷第三，用于城乡教师培训的经费不均衡。乡村教师在生存境遇、学习资源条件与专业发展水

---

❶ 顾明远，檀传宝. 中国教育发展报告 [M]. 北京：北京师范大学出版社，2004.

❷ RAWLS J. A theory of justice[M].NewYork: Harvard University Press, 1971.

平均落后于城市教师的情况下，乡村教师经常花费较多的交通与生活开支，参加县级以上政府教育行政部门组织的各种培训活动。

3.补偿机制缺乏使双方经济资本不均衡情况持续存在

罗尔斯认为，只有使每个人，特别是使最少得益的社会成员的利益得到补偿时，才是解决社会和经济不平等、财富和权利不平等的有效方法，才是正义的。城乡教师作为独立生命个体，享有同等的权利、机会和自由。针对城乡教师双方质量和数量"失血"，应建立针对乡村教师发展的经济资本补偿机制，以缓和教育的两极分化。"免费师范生""特岗计划""城镇教师支援农村教育工作计划"等作为目前的补偿政策，虽然已经关注到处境不利者的生存境遇，但缺乏普遍、深刻、有效的政策与机制。就普遍性而言，目前城乡教师经济资本的调节补偿政策，大多停留在局部、短期，没有做到让每一个乡村教师受益。就深刻性而言，缺乏针对乡村教师的"边远交通""学习差旅""学习资源""学历提升"等专项经费补助。就有效性而言，缺乏针对乡村教师学历低、生活条件差等特殊问题的关注，如乡村教师住房政策的优惠不到位、教学岗位的补贴力度小、农村养老和医疗保障的专项政策不够完善、工作环境恶劣等，这些都是农村建立高水平教师梯队的重要制约因素。总之，由于乡村教师本身经济资本缺乏，加之经济资本补偿机制的缺乏，农村学校吸引人才的能力无法从根本上提升。

（二）文化资本不均衡

文化资本，按照特纳的观点，它是以一种非正式的方式呈现出的人际交往能力、行为习惯、个人品位、语言风格、教育素质、生活态度与生活方式的总和。布尔迪厄将特纳的理论进一步深化，指出人的文化资本主要包括三个方面的内容：以具体形态存在的持久"性情"，以客观状态存在的文化商品和以体制状态存在的文凭。❶基于此，下面具体分析城乡教师文化资本不均衡的状况。

1.城乡教师持久的文化"性情"不同

文化资本原始积累的过程、内容与程度，是城乡教师不可或缺的基础性的持续发展动力。在不同的城乡环境中，教师双方拥有的相对稳定的教学性情，具有明显的城乡差异。所谓性情，是人的自然天性在后天文化环境熏陶下的产物，它

---

❶ 布尔迪厄.文化资本与社会炼金术：布尔迪厄访谈录[M].包亚明，译.上海：上海人民出版社，1997.

凝聚着本能、情感、意志、信仰与价值的内涵，是个性与文化互动及融合的产物。"习性"受社会条件制约，是"一种社会化了的主体性"。"性情"是一个人格范畴的概念，"习惯"是一个教育范畴的概念。城乡教师置身于差异化的文化空间，形成了不同的文化"性情"倾向。第一，双方所受家庭教育的差异。斯坦利认为，未来的居住地区、就读学校、工作性质都是由个人的阶级身份所决定的，而这种身份在个体出生前，在进入学校前，在进入劳动市场前就已经被赋予了。正如布尔迪厄认为的那样，在社会结构与行动者心智结构之间、在行动者关注社会世界的原则与划分社会世界的原则之间，存在着一种特定的对应关系，它尤其体现在不同场域中的统治者与被统治者之间。❶这客观地解释了文化资本的产生，与人的知觉、思想与行为，还与人的特定的社会条件等具有很大的相关性。在这里，乡村教师没有城市社会环境下相应文化资本的"具体形态"，这决定了城乡教师在教养、性情等方面存在差别。第二，双方所受学校教育的差异。从本质上说，学校文化尊重知识、传授技能和推崇礼仪。具体而言，在城乡教师有意识地接受学校教育的那一刻起，表面上是学习基本的生存技能、积累文化资本，实际上是由文化再生产转向权力再生产。由于地域差异，双方在教育资格的获取、教学资源的分配与利用的能力上并不均衡。

2. 以客观形态存在的文化商品具有差异性

文化商品是文化资本的物化形式，是以一种客观形态存在的物质性文化财富。城市教师相对于乡村教师，往往是现代教育话语权的发言者、现代教育体系准则的操控者、现代语境中的教师发展模式及其素质评价结果的主导者。相比之下，乡村教师由于信息封闭、政策扶持力度较轻、经济发展较慢等原因，其现代文化商品是缺乏的。第一，乡村教师逐渐抛弃了自己的独特"商品"。乡村教师的个人知识与乡土知识被模式化、体系化。他们被固定在教育现代化这一单独的领域，乡村教师之于乡村的"知识者"角色已弱化，农村"文化人"身份已经落没。第二，文化商品的影响力不同。城乡教师文化商品与其所处的文化环境相连。在信息大爆炸的拟像时代，城市教师拥有的图、声、光、电等文化形式更丰富，更有利于文化产品的利用与创造。而乡村教师文化商品资源匮乏，他们对文化资本的累积只是局限在"够用就好"。第三，双方对自身文化影响力的认知偏差。在学历主义的教育环境中，城市教师和乡村教师相比，城市教师总是在竞争中处于优势地位，从而被社会接纳与认可。相比较而言，他们比乡村教师更有文化自信。在

---

❶ 布尔迪厄.国家精英：名牌大学与群体精神[M].杨亚平，译.北京：商务印书馆，2004.

农村环境里，乡村教师的文化资本不能为农村经济社会发展带来直接的经济利益和社会效益，因此新的"读书无用论"导致了乡村教师社会地位相对下降。

3. 以体制状态存在的文凭或学力不对称

城乡教师文化资本发展水平的不均衡，主要表现在双方学历或文凭数量和质量的不对称。究其原因：第一，历史用人制度导致双方文凭的差异。虽然 2000 年以后大量的年轻教师进入乡村教师队伍，但 20 世纪八九十年代以来被录用转正的民办教师仍是乡村教师师资的重要部分。他们大部分人获得了合法的教师资格与文凭，但所拥有的"文凭""资格"等大部分是制度与历史的产物。第二，现代培训体制造成双方学力的差距。这种学力差距主要表现为，城乡教师在吸收现代知识的条件与能力等方面存在的差异。例如，对全国 11 省市的问卷调查显示，"2011—2013 年，城市学校教师参加教师培训的次数为 6.59 次，而农村学校教师仅为 4.89 次。参加培训的学员大多数来自重点中小学和部分完全中学，乡镇以下学校的教师参加省级培训的机会比较有限。并且，在农村学校也并不是每个教师都有机会接受培训，其中，学校校长或骨干教师可能性较大，而普通小学教师外出参加培训的机会几乎为零"。❶同时，现代培训内容旨在促进城市教师的整体素质，忽视了乡村教师的有效需求。比如，教育部、财政部于 2010 年全面实施的"国培计划"，本意是提升城乡中小学教师队伍的整体素质。但在针对乡村教师的培训中，存在工学矛盾突出，培训内容"应然"与"实然"的矛盾突出，行政、学校与教师之间难以形成合力等一系列问题。第三，校本研训制度进一步加剧了双方文凭和学力的不对称。校本研训的本意在于促进教师自我反思与合作探究，从而扩展教育认知视野，感悟教育实践智慧，享受专业发展过程。它是一种内生型专业发展方式，更有利于城乡教师的多样性发展。但是，现实情况是，校本培训在城市教师群体中受到较广泛的重视，而在乡村教师群体中则受到冷落。

（三）社会资本不均衡

社会资本，是人们由其所处的政治、经济、地理与文化环境而拥有的关系资源。它是人与世界的关联状态，包括人际网络、互惠性规范与行动习惯。社会资本作为一种有声望的"凭证"，它的产生和形成与"信任半径"有关，通过一整套体制性的行为准则确定、维持和巩固下来，并且建立在牢不可破的物质和象征的基础上。对于城乡教师而言，社会资本的核心内容，包括自己的人际关系网络、生存群体成员间的互惠性规范、群体行动习惯。

---

❶ 陈向明，王志明. 城乡教师受训机会有明显差异 [N]. 中国教育报，2013-01-28（003）.

1. 人际网络关系的不对称

城乡教师由于各自所处人际关系网络的规模差异、网络中各成员占有资本数量与性质的差异，决定了他们拥有不同的社会资本形式，这种形式也是促进其自我发展的潜在能力。第一，关系的自我增值能力。城市教师凭借其团体关系，调动与利用资源的能力高于乡村教师。事实上，从一种关系中自然增长出来的社会资本，在积累和维护的有利性程度上要远远超过作为资本对象的个人所拥有的资本。第二，关系的整合增值能力。社会资本的形成不是一蹴而就的，而是在经济资本和文化资本的动态组合投资中逐渐形成的。城乡教师在经济资本和文化资本的非均衡性延伸至社会资本领域，双方在人际网络中整合经济资本和文化资本，通过二者的动态组合生成不同的社会资本结构，并在协调社会资本结构的过程中，实现运用社会资本的自我增值能力差异。第三，人际网络中文化的再生产能力。城乡教师以社会声誉、荣誉头衔为象征性符号，以社会规则、制度模式为标记性形式展开作用。在此过程中，"优秀教师""特级教师""重点学校""示范学校"等这些光环本身，具有高度的利益生产性。一方面，它进一步拉大了城乡教师在获取各种社会荣誉、取得社会成员信任、强化团体成员合作等方面的能力差异；另一方面，由于一系列激励措施，强化了双方利用社会资本的态度与行为的差异。

2. 互惠性规范的不对称

互惠性规范关注行动者所在的社会网络整体特征、网络间的互动与制度对个体获取社会资源能力的影响。从这个层面上理解，社会资本可定义为：为集体所共有且允许集体内成员间进行合作的、非正式的价值观或准则。对于城乡教师来说，社会保障制度、人事管理制度、人才激励机制等，可作为双方保障成员间的相互利益而普遍认同和遵守的规范，本意是缓和教师两极分化、实现个体与社会的和谐，但在实际操作中并未完全达到上述目的。第一，规范观念的不对称。这种不对称在某种程度上可以归因于社会资本中公平正义价值取向的偏差。第二，规范实施的不对称。一方面，城乡学校对社会保障制度理解不对称。城市教师无论是工资福利待遇还是生活环境都优于乡村教师，他们一旦离开原工作学校到其他乡镇学校任教就会失去很多福利。这种不对称的社会保障制度使其失去了原有的公正性。另一方面，城乡教师人事流动管理和人才激励机制的不对称。教师聘任制的建立更适用于具备了良好发展势头的城市学校。由于资源丰富，城市重点学校在聘任优秀教师中存在的困难较少，而农村的学校则因缺乏相应的吸引力，难以聘任到优秀教师、骨干教师。特别是"优秀教师进城"的激励政策，对农村学校犹如釜底抽薪，农村学校很难像城市学校一样，形成人才竞争的"鲶鱼效应"，培育出具有较强的获取社会资本能力的教师队伍。

3.行动习惯的不对称

行动习惯是指行动个体在已有的社会关系网络和互惠性规范的基础上，表现出的与群体中其他成员的互动行为。行动习惯是社会资本历史沉淀的产物，具有集体而非个人的特征。城乡教师由于各自所处人际关系网络的不同位置，而获得不同的社会资源和权利，在看似平等的互惠性制度规范制约下，表现出各自不同的行动习惯。

综上所述，城乡教师发展不均衡的原因在于：第一，经济资本差异是导致城乡教师发展不均衡的最直接原因。它源于城乡二元制度衍生的城乡隔离以及由此而产生的城乡教师双方获取资源能力的差异。第二，文化资本的不对称是城乡教师发展不均衡的深层次原因。城乡教师不同的家庭教育、学校教育使城乡教师拥有不同的文化"性情"，这种"性情"使双方对自身文化影响力和独特的价值产生认知差异，表现出双方的学力和文凭的不对称。第三，社会资本将城乡教师置于不同的社会关系网络中，它带给双方不同的自我增值能力。向城市教师的价值观、准则等倾斜的互惠性规范，使城乡教师间行为习惯的互动沟通失去了平等性。

三、师资调配的不利影响

为了更加合理充分地利用教师资源以及适应教育与经济社会发展的变化，有时需要对教师的工作岗位、任教学校等进行适当的调配，以满足教育发展的需要。如果说把一位新入职的教师安排到某一学校任教称之为教师资源的初次配置，那么，教师工作岗位或任教学校的变更则可称之为教师资源的再配置。再配置对于教师资源的分布具有重大影响，在义务教育发展实践中，常常由于师资调配的不当加剧了城乡、校际之间师资力量的差距。

（一）"精英教育"思想主导下的重点学校政策导致了师资配置的不均衡

长期以来，由于教育资源不足，国家为了培养社会主义建设的急需人才，确保优秀人才的培养质量，采取了典型的"精英教育"政策，集中有限的教育资源办好一批重点学校，在基础教育阶段就是要努力办好一批重点中小学。客观地说，"精英教育"思想主导下的重点学校政策确实为培养一大批高素质的人才提供了制度保障，发挥了重大的作用，具有重要的历史意义。然而，教育决策者们所期待的有重点地办好一批学校，取得经验之后指导一般学校的良好愿望并没有实现。可以说，绝大多数所谓的重点中小学都是人为打造的，很大程度上是一种形式主义的产物，是政府大量的经费投入以及确保优质生源的结果，很少是靠长期的努力和创造积淀形成的，没有多少底蕴。因此，它们的经验几乎没有什么典型性和可借鉴性，对其他中小学教育改革与发展的指导意义微乎其微。同时，长期的"精英教育"政策导致城乡、校际之间的教育差距越拉越大，制约了教育的均衡发展，严重损害了教育的公平性。虽然2006年新修订的《中华人民共和国义务教育法》第二十二条规定：县级以上人民政府及其教育行政部门应当促进学校均衡发展，缩小学校之间办学条件的差距，不得将学校分为重点学校和非重点学校，学校不得分设重点班和非重点班，重点学校政策已成为历史，但它所产生的影响却远还没有消失，仍以"滚雪球"的效应向前发展着，正如"重点"效应的形成需要一个长期的过程一样，"重点"效应的消除也必然要经历一段漫长的时期。反思"精英教育"思想及其政策对师资配置的影响，可以发现，重点中小学在师资的水平、质量上都占据着很大的优势，而且这些学校教师的责任心、进取心也明显要强。

具体而言，一方面，"精英教育"表现为重点办好城区中小学，很多地方为了办好城区中小学大量在农村选拔优秀的教师进城，农村学校成为城区学校师资培养的基地。一些校长反映，从学校发展角度来说，他们也希望学校教师能够在专业上有大的发展，尽力采取措施对教师进行培训，为教师的专业成长搭建平台、创造机会，但又很怕教师一有点儿名气后就被"挖"走，最后导致学校"人财两空"。确实，对于学校来说，这是一种两难的选择。实践中，很多业务水平高的教学能手或教学骨干往往就是这样纷纷从农村、薄弱学校流向城区或重点学校的，致使城乡、学校之间教育差距进一步扩大，造成了巨大的教育不公平。例如，湖南省很多区县出台了调农村骨干教师进城的政策，如县级以上的教学能手或教学骨干。城里较缺的语文、数学、外语教师可以参加县教育局组织的选拔讲课，结果每年都有一批优秀农村教师被调进城，在客观上导致了农村中小学骨干教师不断外流，而留下来的一般是不具备流动能力的人。

另一方面，"精英教育"还表现为重点办好一批重点中小学，这样的重点中小学也主要分布在城区。当然，一些乡镇也区分重点与非重点中小学，在师资配置上给予区别对待，享受各种优惠政策。无论是师资的学历构成、生师比，还是教师晋升职称、参加进修，抑或是教师评优、评先，重点中小学的教师都有更多机会，占有更大优势。

（二）不合理的拔高使用教师加剧了师资配置的不均衡

近年来，随着初中、高中阶段入学高峰的到来，各地中等教育发展迅速，尤其是高中阶段教育规模有了很大的扩张。教育规模的迅速扩张意味着教师资源的供给需要迅速扩大，但事实上，很多地方出台的教育扩张政策缺乏协同性，师资的需求与供给矛盾凸显，师资供不应求。在此状况下，很多区县采取的是"层层拔高"使用教师的政策，在在职中小学教师中进行层层选拔：由于初中"普九"目标和生育高峰的压力，初中在不断扩容，师资不足就从小学教师中选拔具有中专学历的优秀教师到初中任教，造成小学优秀中青年教师的流失；高中的迅速发展导致高中师资紧缺，师资不足就从初中教师中选拔具有大专学历的优秀教师到高中任教，造成初中优秀中青年教师的流失。根据我国现有的各学段教师学历标准，经过"层层拔高"，很多教师从原来的学历合格教师变成了不合格教师，原来的优秀、骨干教师由于新的要求和挑战很可能就失去了自身的优势，变成了一般教师，因而造成各学段教师整体素质的下降。这样的"层层拔高"调配教师的政策，受影响最大的是农村中小学，很多学校师资队伍的整体素质长期在低位徘徊，特别是一些教师缺乏专业学习与培训，知识体系、业务能力、综合素质等得不到提高，最终导致城乡师资差距越拉越大。因此，无视区域发展实际，无视事物发展上数量与质量的相互关系，脱离当地经济社会发展的实际，不从教育事业发展的长远需要而从社会的近期需要出发，盲目地扩大教育规模而不顾合格师资力量供给的不足，不合理地调配师资，势必会影响师资力量的均衡配置。事实上，"层层拔高"使用教师的做法并不是新的"创造发明"，早在20世纪五六十年代，为了普及教育，各地就想尽办法吸收大量小学、初中毕业生经短期培训后到小学或初中任教，以弥补教师数量的不足，70年代又出现了教师层层拔高使用的现象，即小学教师教初中、初中教师教高中，结果导致小学教育质量急剧下降，中学也没有办好。这种看似"高明"的做法实为脱离实际、有违科学的盲目行动，并不利于教育的发展和人才的培养。历史与现实都表明，不合理的拔高使用教师会进一步加剧师资配置的不均衡程度。

总之，在教师不合理调配的政策环境下，师资城乡、校际配置不均衡的现象是不可避免的。从某方面来说，这是教师流动机制灵活性的一种表现，但从另一方面来说，这是教师资源均衡配置机制的缺失。在社会各界广泛呼吁、国家政策法规力推义务教育均衡发展的背景下，这不能不发人深省。

义务教育区域教师
均衡配置之教师流动篇

第五章　教师流动的基本内涵

第一节　教师流动的概念与特征

研究义务教育区域教师均衡配置，必须要研究教师流动的相关概念。下面将从四个角度来分析。

一、教师流动的概念

如何界定教师流动，不同学者基于不同的侧重点有着不同的理解。

把教师流动理解为社会流动是从社会学角度分析教师流动，如有学者强调教师流动就是社会关系的移动，教师流动是指教师在社会关系空间中从一个地位向另一个地位的移动。由于社会关系空间与地理空间具有密切的联系，因此一般把教师在地理空间的流动也归于教师流动。现代社会普遍认为，职业无论对社会还是对个人来说都具有非常特殊的意义，因此这里所说的教师流动常常是指他们职业地位的改变。

把教师流动看作在教育系统内部流动，或在教育系统和外部系统间流动的代表性的观点有："教师流动是指根据社会经济发展的要求或者教师个人发展的需要，教师资源在教育与其他行业之间、教育系统内部不同单位之间、教育单位内部不同岗位之间进行重新配置的过程。""教师流动是指教师'改行'与'改校'的一种社会现象，所谓'改行'是指具备合格教师条件的劳动者进入或退出教师领域；所谓'改校'是指在职教师由现任学校转入另一所学校任职，即劳动者在教师劳动力领域内流动。""教师流动是指教师资源在教育与其他行业之间，在教育系统内部不同学校、不同地域之间进行重新配置的过程。""教师流动包含两方面的内容：一是具有一定条件的合格劳动者选择了教师职业或者在职教师放弃这一职业，即合格劳动者进入或退出教师劳动力领域；二是在职教师由现任职学校转入另一所学校任职，即劳动者在教师领域内的流动。"❶这种对教师流动的理解，实际上是一种广义的教师流动解读，囊括了所有的教师流动。

把教师流动看作教育系统内部流动的代表性的观点有："教师流动是教育行政部门为了均衡配置义务教育阶段学校的师资，采取行政或法律的手段，按照一定程序安排部分教师在不同学校之间进行轮岗。""教师流动是不同区域、不同学校之间教师位置移动，它或许是职业水平流动，也或许是一种以人才流动为特征的向上性职业流动。"这种对教师流动的理解，是一种狭义的解读，只把教师流动限定在教育系统内部。

此外，还可以从不同角度对教师流动进行理解。有人从社会流动的角度来理解教师流动，认为"教师流动是一种职业流动，是社会流动的一个表现。社会流动彰显了现代社会的一个重要现象，即社会成员在社会关系的空间中从一个社会位置向另一个社会位置的移动"❷。有人认为，教师流动是教育价值观的体现，教育均衡和教育公平是教师流动所遵循的上流价值观。城乡教师流动是指同一区域内的城市和乡镇教师之间的自由、合理流动，以促进教育资源的优化整合，达到师资均衡配置，教育均衡发展，以促进教育公平。有人认为，教师流动是一种制度行为，是制度的强制性与合理性共同保障的流动。教师流动是建立在强制性基础上的教师合理性流动，所谓合理是指教师流动制度并非一味地靠强制力来控制教师行为，而是通过各项正式制度做支撑来促动和引导教师流动。还有人将教师流动等同于教师流失，教师流动被视为对原单位、原地区教育资源的流失与损耗。也有人将教师流动视为在教育系统内地位的升降，如晋升职称、提升职位等。

这些对教师流动各种不同的理解，都是从特定的研究视角，针对具体问题分析时所提出的，有助于更深刻地理解和把握教师流动这一概念，也为进一步认识教师流动打下了坚实的知识基础。不容忽视的是，这种对教师流动的种种不同理解和解读，都有其自身的不足和局限，这也为更加深入理解教师流动提供了大量空间。

以此为基础，可以将教师流动理解为：根据社会经济发展需要或者教师个人发展需要，教师在教育系统内部不同单位之间或不同岗位之间，进行重新配置的过程。在这里，教师流动是针对教师个人专业发展、推动基础教育均衡公平发展、实现基础教育质量整体提升意义上而提出的。

---

❶ 靳希斌.教育经济学 [M].北京：人民教育出版社，2002: 329.

❷ 吴增基.现代社会学 [M].上海：上海人民出版社，1997: 225.

二、教师流动的内涵

教师流动概念有着丰富的特殊内涵，主要体现在以下几方面。

（一）社会经济发展需要和教师个人发展需要是教师流动的根本动力

社会发展需要和个人发展需要是教师流动的两种根本动力，教师流动缘起于哪种力量，反映了教师在流动中的被动或主动地位，更反映了教师流动中个人利益或社会利益何为主导的问题。以往对教师流动的理解，首先是受计划经济体制、城乡二元经济结构的束缚，以及严格的户籍和编制限制，教师流动基本是从国家社会整体利益出发而进行的单纯社会利益考量的交流活动。在这种情况下，完全遵从教师个人意愿的流动几乎不存在，这种教师流动无疑对教师工作积极性的提高以及个人价值的实现是不利的。其次，随着人才流动对市场价值规律的尊重，真正从个人利益出发意义上的教师流动开始出现，并逐渐成为主要的教师流动方式。然而，这种完全基于教师个人利益考量的教师流动，造成了农村学校和薄弱学校大量优秀教师流失，使教育不均衡和教育不公平问题加剧。由此，这里将教师流动的动因归结为社会发展需要和个人发展需要的综合，是在充分考虑到社会利益的前提下，对教师个人利益的最大满足。也就是说，这种按照社会发展需要和教师个人发展需要的教师流动，既是教育均衡和公平发展的需要，又体现了教师个人选择的自由及国家对个人价值的尊重，是一种双赢的教师流动。

（二）教师流动是一种发生在教育系统内部的教师资源交流活动

教师流动是在教育系统内部不同单位之间、教育单位内部不同岗位之间进行的重新配置，前者是指教师在不同学校之间包括不同区域之间的一种流动，后者则是指教师在教育单位中职位的变动，如由原来的教学部门转向教育行政部门。但无论怎样变动，教师资源都始终是在教育系统内部的变动，人尽其才。如果教师的流动跳出了教师系统这个大范围，流转到本系统以外，从事了与教育无关的其他行业，这就变成了教师资源流失的问题，而不能归为教师流动的范畴。因为"教师流动"与"教师流失"是两个完全不同的概念，后者是教育资源的一种损失，对教育的健康有序发展极为不利；而前者强调的是教育资源在教育系统内的重新分配，是一种教师资源的重新组合，教师的数量并未减少。因此，对教师流动的理解限定在教育系统内部，是考虑到这种教师流动有利于教师资源的配置，有利于教师结构的优化。

（三）教师流动是不同单位之间和不同岗位之间进行重新配置的过程

这是对"教育系统内部"这一概念进一步的细化，有助于对教师流动定义的理解，具体到教育系统内部有一个更加准确的把握，是对教师流动更加严谨的规范。教育系统内部不同单位之间，指的是教育系统内部各个独立部门，如学校与学校之间、学校与地区的教育局或教研机构之间。教师虽然在不同单位间进行了流动，无论是学校与学校之间的流动，还是学校与教育行政部门或教育科研部门之间的流动，都是在教育系统内部进行的，从动态流动上来说，最终都会达到教师资源的均衡。这种流动使教师在更适合自己的岗位、更能体现其个人价值的职位上工作，从而最大限度地发挥教师的个人作用。教育单位内部不同岗位之间进行重新配置，指的就是教育单位内部不同部门之间的流动，如学校内部以前从事教学的专职教师，调动到学校行政领导岗位或从事教研工作，这些都属于教育单位内部不同岗位之间的教师流动。

三、教师流动相关概念辨析

在教师流动的问题研究当中，有很多与教师流动相似的概念，如教师流失、教师轮岗、教师交流等。对这些相近概念进行区分，对于进一步深入理解教师流动的概念大有裨益。

（一）教师流动与教师流失

教师流失强调的是教师离开教职后，岗位完全空缺出来，而空缺出现无人填充或者接替者不胜任教职的情况。教师流失"是教育资源分布不均、教师水平悬殊的一种反映，也是各地区、各学校围绕着升学而展开的一种不良竞争"[1]。可以看出，教师流失是一个负面的、带有贬义词性的词语。

教师流动作为教师在校际、区域之间的一种动态的交流形式，本身就是一个优胜劣汰的筛选过程，是对教师资源重新配置的方式。教师流动有合理或者不合理、良性或非良性之分，有一个质和量的规定。合理的教师流动是双向的、良性的；而单向的，只流出无补充的非良性的教师流动形式，则称之为教师流失。从这个意义上看，教师流失是一种不合理的教师流动，是一种异化了的教师流动现象，是教师流动的不合理、非良性、单向性的表现形式。因此，教师流动是一个

❶　楼世洲，李士安．农村中小学校骨干教师流失的分析和思考[J].师资培训研究，2005（3）：29-33.

比教师流失更大的概念，教师流失是教师流动的一种形态。

教师流失是一个相对概念，它只是局限于某一地区某一学校而言的损失，从全国范围来看，不管教师在哪一所学校工作，都是为教育事业发展服务。所以，骨干教师在公办学校也好，到民办学校去也罢，都没有流失，充其量只是"流动"。但从局部地区来着，骨干教师流动到别的地方、别的学校去了，对流出的地区和学校，无疑是一种损失，可以算是"流失"了。

因此，"教师流失"无论是在概念内涵上还是在外延上，都缺乏"教师流动"所具有的广度和深度。

（二）教师流动与教师轮岗

教师轮岗是一种教师水平流动形式，也叫作定期换岗。类似的表述还有定期轮校支教、教师定期轮换、教师定期交流制度、轮岗支教等。所谓轮岗，即轮换岗位，也就是指教师从一所学校的岗位轮换到另一所学校去，其作为专任教师的性质不变、职位职称不变，只是在校际及地域间发生岗位的变化。正如有些学者指出：教师轮岗制度，是指为了均衡配置义务教育阶段师资水平，教师在一所学校连续任教一定年限后，接受教育行政主管部门的统筹安排，按照一定程序轮换岗位并流动到其他学校任教的一种教育人事制度。教师轮岗实质上就是一种基于实现区域教育资源均衡分配，缩小城乡教育差距，实现教育公平而实行的一种在城市与乡村之间、优质与薄弱学校之间展开的教师交流任教制度。

教师轮岗与教师流动不同。这种不同主要表现在以下方面：教师流动既可以是市场行为，也可以是政府行为；教师轮岗则完全是一种政府行为。教师流动主要是优秀的和高素质的教师参与流动；教师轮岗则是教师全员性参与的流动，不管水平高低，要求所有教师都要参与流动。教师流动可以发生在任何时候，没有明确的时间限制；教师轮岗则发生在一定的时间规定范围内，有明确的流动年限规定，以定期流动为主。教师流动在范围上基本没有限制，跨地区、跨省流动，甚至是全国性的流动；教师轮岗的范围一般固定，较多发生在某一个有限的区域内。教师流动主要是高素质、高水平的教师流向条件好、待遇高的地区或学校，结果可能导致教育中出现"马太效应"；教师轮岗是全体教师的流动，其目的在于使不同地区和学校间的师资进行轮换，以达到师资总体上保持大致均衡。

（三）教师流动与教师交流

所谓交流，就是彼此把自己有的东西供给对方。教师交流就是不同学校或区域间的教师，把彼此的长处优点供给对方，做到互通有无，获取彼此之精华。因此，教师交流的双方是平等的，不存在一方优质一方薄弱的问题，而是强调各自的优点，薄弱学校教师和优质学校教师各有其优点和长处。通过教师交流，彼此互相学习，达到取长补短的目的。教师流动不同于教师交流，它不局限于互通有无的有限范围，还包括优质学校对薄弱学校的支持性流动，以及优质教师个人追求更好发展条件的流动等方面。不过，在更广泛的意义上说，教师交流是教师流动的一种，但教师流动范围要大于教师交流。在实践中，教师交流和教师流动有时并未做详细区分，如在《国家中长期教育改革和发展规划纲要（2010—2020年）》（以下简称《纲要》）中，对于教师交流与教师流动的概念也没有做区分，二者是互换使用的，《纲要》第四章第九条中指出："实行县（区）域内教师、校长交流制度"，但在《纲要》第十七章第五十五条中又指出："建立健全义务教育学校教师和校长流动机制。城镇中小学教师在评聘高级职务（职称）时，原则上要有一年以上在农村学校或薄弱学校任教经历。"这里，交流和流动基本上是等同使用的。

四、教师流动的特征

特征是用来描述概念的，明确教师流动的特征，对深入理解教师流动的概念有重要意义。教师流动作为兼顾国家社会利益和教师个人利益的一种教师资源配置方式，具有属于自身的特殊性质，这就是教师流动的特征。总体而言，教师流动具有参与性、合理性、有序性与发展性四个显著特征。

（一）教师流动的参与性

教师流动的参与性是指为保证教师在流动中的利益和意愿，要充分尊重教师在流动过程中的主体性，使教师在流动过程中有维护自己利益的权利。这意味着，教师在流动中的主体地位应得到充分的尊重和保护，教师是流动的主人和参与者，亦应是流动的决策者和管理者，流动是教师的主动行为，而不是行政化的强制要求。倘若教师流动过分依靠行政强制手段，而忽略教师自身的主动意愿和要求，那么教师流动就不能真正满足教师个人发展的需要，教师的个体价值在流动中就会被忽视，其结果就会损害教师参与流动的积极性和主动性。如此，就难免使参与流动的教师对流动产生相应的抵触情绪和行为，对整个教师流动工作的开展将会产生极大的阻碍。即使教师勉强实现了校际流动，也不会尽力去实现流动的目标要求，会严重损害教师流动的效果，进而也就失去了教师流动的意义。因此，教师流动应充分保障教师的参与性，使教师在流动过程中有发言的权利。

（二）教师流动的合理性

教师流动的合理性是指教师流动要符合教育的现状，充分考虑薄弱学校和优质学校的差距，从实际出发进行教师流动。由于长期以来的城乡二元经济体制，我国城市与农村经济发展水平不均衡，导致了不同学校在基本条件、工资待遇水平和发展前景上存在着巨大差距。倘若单纯地依靠市场调节和教师自己的自由选择，薄弱学校和广大偏远的农村落后地区学校与优质学校、城市学校的差距就会一直存在，这是很不公平、很不合理的。因此，合理性应是教师流动所必须具备的一个重要特征。

（三）教师流动的有序性

有序性是指教师流动要遵循一定的规程、规则和要求。也就是说，教师流动并不是盲目的、混乱的、不受任何约束完全放任自流式的流动。教师流动必须做到有章可循、有规可依，必须有一个完善的可供遵循的制度或规章流程。事实上，合理的教师流动应该是一个制度有序的、各方面完备的教育活动。教师流动的有序性是保证教师健康合理流动的关键。

（四）教师流动的发展性

教师流动的发展性特征主要体现在促进教育事业发展以及实现教师个人发展两方面。促进教育事业发展则体现在教师流动的双向性上。双向指的就是城市教师与乡村教师之间要双向互动，不能简单地变成城市向农村索取优秀教师资源，同时也不能变成简单的城市教师去乡村支教等单一行为，而是要充分考虑城乡教育协调发展，做到区域教师资源的均衡配置，进而进行教师流动。促进教师个人发展，则立足于教育主管部门在整个城乡教师流动过程中如何帮助教师成长上。教师的区域流动不仅要达到促进区域教育资源平衡、实现城乡教育一体化，还要兼顾教师个人价值的实现。教师在整个流动过程中的活动不仅是一种付出和完成任务，同时也是不断学习和交流的过程，对于所有教师来说都是一种能力的拓展和提高。

第二节　教师流动的类型

关于教师流动，依据不同的标准，可以划分为不同的类型。依据参与流动的教师的人事关系变动与否来分，可以划分为刚性流动与柔性流动；依据流动的方向，可以分为单向流动与双向流动；依据参与流动的教师的工作承担，可以分为全职流动与兼职流动；依据流动的对象，可以分为择优流动与全体流动；依据流动的地域范围，可以分为区域内流动和跨区域流动；根据流动的不同地位等级，分为水平流动和垂直流动。

一、当前中小学教师流动的类型与特点

（一）刚性流动与柔性流动

依据参与流动的教师的人事关系变动与否，可以将教师流动分为刚性流动与柔性流动两种类型。

刚性流动，亦称带人事关系的流动或称"人走关系走"的流动，是指在流动期间参与流动的教师的聘任合同关系发生变动，从派出学校随迁到接收学校。在形式上，参与流动的教师与原来派出学校解除聘任合同关系，再与接收学校重新签署聘任合同；在法律身份上，参与流动的教师已经成为接收学校正式聘任的教职工，而与原来派出学校再无任何法律关系。例如，北京市怀柔区、密云县、延庆县分别出台了教师带人事关系流动的政策，流动对象主要以没有山区任教经历的教师为主，交流时间为2~3学年，范围分为从城镇到农村的单向交流（怀柔区）和城镇与农村互派的双向交流（密云和延庆县）两种。交流期间，教师福利待遇由接收学校发放，区县教委给予评优优先的鼓励措施。❶

柔性流动，或称不带人事关系的流动，是指参与流动的教师其聘任合同关系不动，仍保留在原来的派出学校，在法律关系上其身份仍然是原来派出学校的职工，流动期间全职任教于接收学校。例如，北京市原东城区、门头沟区、大兴区先后出台了教师不带人事关系流动政策。教师流动的对象根据本区情况分别定位为中层以上干部、区级以上骨干教师、退休教师或学校超编人员，流动时间为1学期到1学年不等，范围均为区域内优质资源校到薄弱校，或城镇校到农村校。交流期间，区县教委给予流动补贴或优先评优评职等福利待遇。另外，北京市曾选派了大批城镇优秀教师赴远郊区县支教，支教也是教师流动的一种形式，属于柔性流动。

（二）单向流动与双向流动

依据教师流动的方向，可以分为单向流动与双向流动。单向流动是指优质学

---

❶ 北京市中小学教师流动现状调研报告 [R].北京：北京教育科学研究院教师研究中心，2010.

校或城镇学校的骨干教师流动到普通学校或农村学校，而没有反向流动。双向流动则是指优质学校或城镇学校的骨干教师流动到普通学校或农村学校的同时，普通学校和农村学校的教师也流动到相应的优质学校或城镇学校。双向流动，其实质是教师的"校—校轮岗""顶岗交换"。

（三）全职流动与兼职流动

全职流动是指参与流动的教师不再承担派出学校的任何工作，而作为接收学校的一员，承担接收学校的满额工作量。兼职流动是指参与流动的教师既承担接收学校的教育教学工作，还承担一部分原来派出学校的工作，即在两个学校同时任职。

（四）择优流动与全体流动

依据参与流动的对象，可分为择优流动与全体流动。前者是指择优选派一定层次以上的骨干教师进行流动。后者则是指全体教师都进行流动，每年按照一定的比例，如15%等分批次进行流动，如江苏省教师流动属于全体流动。《关于江苏省义务教育优质均衡改革发展示范区建设意见的通知》（苏政办发〔2010〕65号）规定，校长和教师依法实行定期交流制度，校长在同一学校连任不得超过两届，教师按照每年不低于专任教师总数15%、骨干教师按照每年不低于骨干教师总数15%的比例进行交流。实践表明，择优流动更加符合教师流动政策的价值取向。

（五）区域内流动和跨区域流动

依据教师流动的地域范围，教师流动可以划分为区域内流动和跨区域流动。区域内流动是指教师在同一个区域或区（县）内不同学校之间进行的流动。跨区域流动则是指教师流动的范围超越了区域或区（县）而在不同区域之间进行流动。区域内流动是当前我国各个地方教师流动的主导形式，跨区域流动主要体现在"援疆""援边"等教育举措中，如北京对口支援新疆和田地区，市教委每年选派一批优秀教师赴和田支教。

（六）水平流动和垂直流动

所谓水平流动，是指教师在学校同一地位等级的职业系列中，从一种职位流动到另一种职位，如一个主抓教学的副校长换岗后主抓德育工作，级别不变。垂直流动，即上下流动，教师在不同地位等级的职位系列中，从一种职位流动（晋升或降职）到另一种职位，如一个普通教师提升到学科教研组组长。

二、不同类型教师流动的利弊分析

在政策实践中，由于政策设计差异所导致的不同类型的教师流动，其利与弊、遇到的困难和问题以及原因都有共同之处，也存在一定差异。

（一）教师刚性流动遇到的问题主要是现行教师管理体制方面的障碍

1. 强行推进教师流动，单方面更换教师聘任合同主体，涉嫌违反《中华人民共和国教师法》

《中华人民共和国教师法》第十七条规定："学校和其他教育机构应当逐步实行教师聘任制。教师的聘任应当遵循双方地位平等的原则，由学校和教师签订聘任合同，明确规定双方的权利、义务和责任。"这说明，教师和学校签订的是聘任合同，是一种劳动合同关系，双方法律地位平等。而若强行推进教师流动，擅自改变教师的人事关系，则势必造成学校单方面违约情况，教师完全有权利拿起法律的武器维护自身的权益。同时，在聘任合同关系中，教师和学校才是合同的双方主体，作为各级教育行政部门无权染指这一聘任合同关系。

2. 现行中小学教师编制制度和标准制约着教师流动

根据我国现行的教育编制制度，编制权限主要是由各级编办控制，依据财政"大盘子"而非教育事业发展的实际需要来核定教师编制总量。各级教育行政部门只能在编办核定的编制总量的前提下，在各个中小学之间进行调配，没有根据教育发展实情及时增减编制的权力。在现行中小学教师制度和编制标准下，绝大多数中小学教师编制偏紧，"一个萝卜一个坑"，教师工作量满额，甚至出现一人多岗、超负荷工作的情况。在这种情况下，学校难以抽出教师参与流动。若派出教师参与流动，其工作岗位由谁来顶替，这对校长来说也是不小的难题。编制紧张，是制约各类教师流动的一个共性的管理体制障碍。

3. 学校岗位设置比例结构给合理安排流动教师的岗位带来难题

现行的教师管理是按岗位设置来管理的。学校教师的各级各类岗位比例结构相对固定，与学校教师的职称、绩效工资密切相关。若接收流动过来的教师，而学校却不能提供与其职称相应的岗位，则会造成高职低聘、缺少岗位等现象，这会影响流动教师在接收学校的地位和工资收入，挫伤他们的工作积极性。

教师刚性流动在实际的学校管理中也有一定的益处。教师的人事关系随迁到接收学校，完全成为新学校的一名正式教师，有利于接收学校对其的日常管理，如工作安排、管理考核、职称评定等。同时，这样也能促使流动教师在新的学校安心踏实工作，做出成绩。

（二）在柔性流动中，教师的日常管理存在困难

1. 柔性流动给教师的职称评审带来风险

参与柔性流动的教师，其人事关系仍保留在原学校，因此其职称评审也应该在原派出学校评审，使用原派出学校的指标。但事实上，参与流动的教师并未在原学校工作，对其工作的质与量、工作绩效难以考核，也存在着考核的客观、公正问题，难以以此作为职称评审的依据。若职称评审占用接收学校的指标，一方面与教师管理体制不相符，毕竟其人事关系不在接收学校；另一方面，会造成接收学校教师的不满。因此，在柔性流动中，参与流动的教师其职称评审必然面临着一定风险。

2. 参与柔性流动的教师的绩效工资难以衡量

一方面，由于派出学校对参与柔性流动的教师的工作难以考核，其绩效工资也就难以衡量；另一方面，在一些偏远山区，在编教师都享有一定的山区工作岗位补贴，依据山区的偏远程度，其岗位补贴有所差异。参与流动的教师，其人事关系没迁到山区学校，还在原来城镇学校，则不能享受山区岗位补贴。同工不同酬，这对他们来说是不公平的，会影响工作积极性。

3. 参与流动的教师的日常管理与评价存在两难

对流动教师的日常管理与考核是不可或缺的，是流动政策取得实效的重要保障，但对参与柔性流动教师的日常管理与考核却存在两难。若由接收学校考核，校方很可能会碍于情面，把流动教师当作"客人"，使考核流于形式，毕竟教师的人事关系不在接收学校，不是学校的正式教师。若由原派出学校考核，又不太现实，毕竟教师在另外一所学校工作，原学校对其实际工作状态不了解，考核很有难度，也有失客观与公正。

（三）单向流动与双向流动的利弊分析

双向流动，指优质学校既派出骨干教师流动到普通学校，同时又接收普通学

校的教师流动进来。当流出与流入教师的任教学科一致时，就可以解决学校因派出教师而造成的岗位空缺情况，由流入的教师顶岗工作，从而缓解学校管理困难。同时，普通学校的教师到优质学校任教上课，参与各种教育科研活动，可以更好、更快地体验优质学校的文化氛围，学习先进的理念和教育教学经验，提升自己的专业水平，这对于普通学校来说，起到了"双管齐下"的帮扶效果。相对于单向流动，双向流动能够更好地积累教师流动政策的效果，实现政策目标。

（四）全职流动与兼职流动的利弊分析

参与全职流动的教师，可以全身心地投入到流入学校的教育教学工作，能够更快地熟悉、适应新的工作和生活环境，更快地做出工作成绩。弊端则是完全脱离了原学校，其先进理念的更新、经验的积累等有可能暂时放缓或中断。

参与兼职流动的教师，则面临着"两头忙"的现实。穿梭于原来的派出学校和流入学校之间，工作量增加，辛苦忙碌程度增大，很可能两所学校的工作质量都受到一定影响。有利的方面则是，由于没有脱离原学校的工作，能够及时地将先进的理念等传递给流入学校的教师。

（五）择优流动与全体流动的利弊分析

选择骨干教师进行流动，更契合了教师流动政策的价值取向。骨干教师，尤其是优质学校的骨干教师，作为教师队伍中的佼佼者，其理念先进，爱岗敬业，教育教学经验、"带徒弟"指导青年教师的经验、学科建设经验等，都较非骨干教师丰富许多。他们到了普通学校、农村学校之后，能够更加有成效地指导青年教师成长，提升普通学校的教育教学水平。

全体流动的政策对象是全体教师，即全体教师都需要进行流动，包括骨干教师和非骨干教师，每年选派一定比例进行流动。非骨干教师流动到普通学校，由于其经验、资历都尚浅，在普通学校发挥的引领示范作用必将远逊于骨干教师，影响了教师流动政策的政策效果。

（六）区域内流动和跨区域流动的利弊分析

教师在区域内流动，具有以下几个方面的益处：一是在同一区域内，学校之间、教师之间平时多有往来，相互较为熟悉，易于沟通，便于开展工作；二是同一区域内距离相对较近，教师在交通、生活上面临的困难较小；三是同一区域内文化氛围、生活习俗习惯等差异不大，教师的"水土不服"问题较小；四是同一区域内教师的绩效工资差距相对较小，客观上有利于教师在校际流动。

而在不同的区域之间，由于距离较远、生活习俗习惯差异较大、区域间的绩效工资相差比较大等，教师面临的困难和问题则较为突出，这给跨区域流动教师的生活质量和工作实效带来了不利影响，消解了教师流动政策的实效性。

教师流动是一项复杂的工作，不同的政策安排、不同的政策内容侧重点，其面临的困难和问题也各有不同。但这些困难和问题都不是孤立的，而是相互联系、纠缠在一起的。不同的问题，其根源可能归结为同一个体制性症结。

（七）水平流动和垂直流动的利弊分析

教师在不同岗位之间的水平流动，使教师能够在不改变岗位等级、待遇的情况下从事新的工作，这有利于克服教师长期在一个岗位上造成的职业倦怠、创造力缺乏、工作积极性不足等问题，同时还能在新的工作岗位得到历练，提升多方面的工作能力。其弊端在于，需要改变原有的工作内容、工作节奏和思维定式，短时间内难以适应新岗位的工作。

教师在不同岗位等级之间流动，若岗位等级晋升了，则会进一步激发教师的工作热情，激励他们承担起更大的责任。而若岗位等级降级了，则会大大打击教师工作积极性。毕竟岗位序列和工资一样，都是刚性的。至于在不同学段之间的垂直流动，则有利于从整体上把握同学科教材内容，能够以整体的视角把握本学段的教育教学目标。不利之处在于，教育对象不同，必须重新认识不同教育对象的特点，从而采取不同教育教学方法和手段，这具有一定的挑战性。

第三节　教师流动的必要性和可能性

一、教师流动的必要性分析

（一）教师流动是促进教育公平和均衡发展的需要

"教育公平是社会公平中的一个重要方面，教育公平指人们不受政治、经济、社会地位和民族、种族、信仰及性别差异的限制，在法律上都享有同等受教育的权利。"[1]《中华人民共和国义务教育法》亦明确规定，凡具有中华人民共和国国籍的适龄儿童、少年，不分性别、民族、种族、家庭财产状况、宗教信仰等，依法

---

❶　顾明远.教育大辞典[M].上海：上海教育出版社，1992：18.

享有平等接受义务教育的权利。教师作为学校教育资源中最核心的构成部分，其在各个学校间的配置状况如何，是影响教育公平的重要因素。而当前我国的教育，尤其是义务教育阶段的师资水平在城乡、地域和学校之间还存在较大差距，教师资源分配不均，教育公平就无从谈起。因此，实现教师合理流动，改善城乡、地域和校际师资配置不均的现状，是实现教育公平的必然要求。

教育发展不均衡是我国教育发展面临的一个严峻现实，这是我国长期以来实行"以城市为中心""重点校""精英主义"的教育发展所造成的。而《中华人民共和国义务教育法》则明确规定：国务院和县级以上地方人民政府应当合理配置教育资源，促进义务教育均衡发展，改善薄弱学校的办学条件，并采取措施，保障农村地区、民族地区实施义务教育，保障家庭经济困难及残疾适龄儿童、少年接受义务教育。而教育的不均衡发展主要是教育资源的不均衡分配所导致，教师资源作为所有教育资源中最重要的资源，其分配的不均衡对教育均衡发展有着直接的影响。因此，师资配置均衡化是实现教育均衡发展的必然要求，教师流动作为实现师资均衡的重要手段和方式，对教育均衡的发展有着重要意义。

（二）教师流动是体现义务教育公共性的必然要求

义务教育作为一种"公共产品"，具有三个典型特点：第一是效用的公共性，义务教育是面向全体社会成员的，具有公共收益和集体享有的特点，其效用为整个社会成员所共享，任何人都不得单独享有；第二是共享的独立性，每一个公民在接受义务教育时都不得影响或阻碍其他公民的正常享用，同时不得影响其他公民享有的质量；第三是无条件收益性，也就是说，任何人都没有权力将无条件付费的个人排除在义务教育受益范围之外。就我国而言，城乡之间和学校之间，由于种种原因教育发展程度极不平衡，城市和优质学校的教育资源比较优越，聚拢了大量的优秀教师，这就造成了教育资源配给的严重不均，偏远农村和薄弱学校的教师资源不足，甚至严重匮乏。结果，作为公用产品的义务教育供给在不同学校间存在着严重差异，这严重地违背了义务教育的公共性特征，背离了义务教育作为"公共产品"的根本属性。教师流动能够有效弥补和补偿学校、地区间教师资源的配给不均，能够有效改变优秀教师资源向优质学校倾斜的弊端，促使我国的义务教育保持其公共性，使义务教育真正成为一项"公共产品"，为全民所共享，从而保证每一个适龄儿童都获得相同质量的义务教育服务。

（三）教师流动是优化师资结构的手段

学校师资队伍只有维持适度流动，才能保持新鲜的活力，合理有序的师资流动恰恰为学校师资队伍结构的优化提供了契机。教师在合理的流动中，能够拓宽自己的知识面，扩大与其他教师的交流，发挥人力优势，挣脱教学思维中一些陈旧、静态、僵化的教学理念的束缚。教师流动还可以促进中青年优秀教师的快速成长，给薄弱学校教师提供进入更高平台的机会，激发他们教学创新的动力，加速教师队伍的新陈代谢，提高教师队伍的生机与活力。在我国，教师的任免与选拔一直都受到行政部门的严格控制，学校没有充分的选择权，往往一些不符合学校师资结构的教师被分配进来，学校无权拒绝。出现消极怠工或完全不符合需要的教师，学校也无权进行调动。其结果是学校急需的教师进不来，不需要的教师又退不掉，学校师资结构出现严重问题。这种僵死的教师人事制度，使学校师资队伍缺乏活力和创造性，教师之间难以形成竞争，不利于学校师资结构优化，这种静态、固化的师资队伍，容易形成小团体等形形色色的关系网，影响学校的管理效率。一个结构合理的教师队伍对于一个学校的发展是至关重要的，只有在不断的流动中，调整师资结构，实现吐故纳新，才能不断提高学校的活力，保证学校的办学质量。

（四）教师流动是增强学校活力的保证

学校是一个需要不断与外界交流的开放系统，学校如何能永葆生机和活力，是学校发展必须面对的一个重要问题。学校作为一个由众多相互作用、相互依赖要素构成的，具有特定功能的有机整体，必须保持对外界的开放，才能不断与周围环境进行物质、能量和信息的交换，使学校系统内部组织更有活力。否则，学校一旦封闭起来，停止了与外界的交流，学校系统就会陷入停滞或危机。而在学校系统中，教师无疑是其中具有举足轻重作用的构成要素，学校组织与外界发生交流和交换，教师无疑是必不可少的主要构成部分。只有学校的教师保持流动，不断地与外界进行交流，互通有无，作为系统的学校才能够持久地充满活力。

（五）教师流动是实现教师个人价值的需要

每个人都有实现自我价值的美好愿望，教师在流动中可以不断提高自我的能力和素质，开发个人的潜能。教师在流动中还可以不断地发现自己、锻炼自己，在流动中找到更适合自己发挥最大才能的位置，激发出最大的潜能，创造出最大的教育效能。教师在流动中，能够增强适应各种环境的能力，并与其他持不同观点和思想的个人或学派产生交流，认识到自己的不足，吸取到别人的长处，不断地更新自己的知识。由于种种原因，当教师正在从事的工作岗位并不一定适合，不能发挥最大的潜能，实现自我价值时，就需要通过流动帮助教师找到真正适合自己的工作岗位，从而充分发挥教师的优势和潜力。日本学者中松一郎的"目标一致"理论认为，个人作为群体中的一分子，要想在群体中生存与发展，就必须保证个人目标要与群体目标相一致，否则个人就会受到抑制，很难在集体中发展。此时，个体就应该考虑寻求流动，匹配一个更加适合自己发展的集体。教师流动也是如此，从"目标一致"理论上来说，倘若教师在一个学校中受到抑制，就需要通过流动来找寻更适合实现个人价值的集体。

（六）教师流动是城乡教育一体化发展的必然要求

党的十七届三中全会通过的《中共中央关于推进农村改革发展若干重大问题的决定》，第一次从国家层面提出了城乡一体化的战略目标，提出到2020年，基本建立城乡经济社会发展一体化制度。城乡教育一体化作为城乡一体化的重要部分，体现着城乡教育的协调、均衡、可持续发展。优秀教育资源的共享，是城乡教育一体化进程的客观要求。城乡教师间实现规范化、制度化、程序化的有序、合理流动，是真正实现教育领域内城乡和谐发展、城乡优质教育资源共享的关键，关系到我国城乡教育一体化的实施，最终影响我国城乡一体化战略目标的实现。城乡教育一体化要求必须打破固定、静止的教师人事模式，打破城乡教师无法正常流动的制度，使广大乡村地区得到优秀的教育资源，城市地区的教师队伍也可以获得新鲜的血液。因此，教师流动正是城乡教育一体化的需要，唯有如此，才能真正改变我国城乡教育差距过大的局面，最终实现城乡教育公平均衡地发展。

二、教师流动的可能性分析

教师流动基于促进教育均衡发展、维护教育公平而提出。教师流动有利于缓解目前我国教育资源分配不均，农村偏远地区优质教师资源不足的状况。改革开放以来，我国经济得到了突飞猛进的发展，为实现教师流动提供了坚实的物质基础。我国各项教育政策法规的不断提出，为教师流动提供了强大的法律政策基础。教育管理体制的适时有效改革，为教师流动提供了重要的体制保障。在实践领域，许多地区都根据自己的实际情况，积极开展了教师流动的实践探索，为教师流动提供了坚实的实践基础，这些都为教师流动的进行提供了可靠的基石。

（一）经济的发展为教师流动提供了强大的物质基础

教师流动离不开经济支撑，一系列教师流动政策的实施，需要投入大批物力财力支持才能够顺利进行。随着我国经济实力的不断增强，国家对教育事业的发展越来越重视，每年都有大批财政支出用于我国教育事业的发展。正是基于我国强大的经济实力保障，国家才有能力逐步解决我国教育发展过程中遇到的各种重大问题。对我国当前教育资源配置存在明显的区域、学校之间的不均等问题，通过促进教师流动来协调教育均衡发展，实现社会公平，已成为一项重要的政策选择。而我国经济的迅猛发展，为教师流动的顺利开展提供了重要的资金保障。

（二）相关政策法律的制定为教师流动提供了坚实的政策法律基础

教师流动需要相应的政策法律进行引导、规范和保障，而我国对教师流动相关法律政策的制定一向非常重视。早在1993年的《中国教育改革和发展纲要》中就提出了教师流动问题，1999年颁布实行的《中共中央国务院关于深化教育改革，全面推进素质教育的决定》中，就对骨干教师和城市教师流动到薄弱学校和农村学校做出了明确规定。2002年，《中小学教师队伍建设"十五"计划》中，明确提出了城乡中小学教师交流所应遵循的重要原则，并要求从制度入手，建立教师转任交流制度。2003年，《国务院关于进一步加强农村教育工作的决定》重点强调了农村教师短缺问题，指出各地（市）、县教育行政部门要建立区域内城乡"校对校"教师定期交流制度。2006年，新修订的《中华人民共和国义务教育法》强调指出，要组织校长、教师的培训和流动，加强对薄弱学校的建设。2010年，《国家中长期教育改革和发展规划纲要（2010—2020）》中指出，要实行县（区）域内教师、校长交流制度。可以看出，国家针对教师流动问题颁布了一系列政策法规，旨在为我国的教师流动提供最强有力的法律和政策支持，以保证教师流动实施的顺利和有序。

（三）教育管理体制的改革为教师流动提供重要的体制保障

教育管理体制是影响教师流动的重要因素。2000年之前，我国传统的教育管理体制采取县办高中、乡办初中、村办小学的形式，直接导致了地区及城乡间基础教育资源分配的不均，最终导致基础教育的发展严重失衡。2001年，全国基础教育工作会议明确指出，要对农村义务教育阶段教育管理体制实行"地方政府负责，分级管理，以县为主的体制"，这标志着我国长期以来实行的县、乡、村三级办学体制的结束。变革后的教育管理体制，从"农村教育农民办"逐渐向"农村教育政府办"过渡，强化了县级政府的职责，有利于教育资源在县域内的优化配置以及学校布局做县域内的调整，为城乡义务教育阶段教师交流提供了保障，对实现县域内义务教育的均等化发展具有重大意义。这种"以县为主"的义务教育管理体制，为城乡义务教育阶段教师资源流动与共享的实施，提供了重要的体制保障。

（四）教师流动的实践探索为教师流动提供了实践基础

目前，国内许多地区根据本地的教育发展现实状况，不同程度地推行了教师流动的具体对策，摸索出了适合当地教师流动的模式。早在 2003 年，沈阳市就开始在全市中小学试行教师流动制，推行十余年来效果显著，并总结出一套独特的经验。相较于沈阳，安徽省铜陵市经济基础相对薄弱，教育发展水平相对较低，教育失衡问题特别突出。针对这种现状，铜陵市立足于系统推进，重点突破，采取行政调配与利益优惠结合的方式来推行教师流动，加强优质学校对薄弱学校的支持。除沈阳、铜陵之外，我国很多地区都根据自己本地的实际情况开展了教师流动的实践探索，如吉林省长春市的"建立校长及教师流动机制"，四川省巴中市的"加强教师交流促进教育均衡发展"，山东省枣庄市的"城乡教师大交流"，以及福建省漳州市等地开展的一系列旨在促进城乡教师交流的教育举措。各地的这种独自探索和积极开展教师流动实践，提供了很好的实践范例，为教师流动积累了大量丰富的实践经验，为教师流动的全面开展打下了坚实的实践基础。

第四节　教师流动的现实需要

一、促进教师流动是教育发展的现实需要

促进教育公平、推进教育均衡发展是建立教师流动制度的价值诉求和出发点。经济社会发展客观上要求为每一个孩子提供优质、公平的受教育机会，享受公平的教育资源。其中，师资是教育资源中的核心资源。

（一）教师流动是促进教育公平的必然要求

教育公平是社会公平的重要基础，教育公平的关键是机会公平，其基本要求是保障公民依法享有受教育的权利，就是让每一位适龄的青少年都公平地享有接受教育的权利，在受教育的过程中享受到同等的优质教育资源。缩小城乡、区域、学校之间的教育差距是当前我国推进教育公平的重要举措。当前，我国教育发展差异较大，与均衡发展还有较大距离。师资水平在城乡、区域、学校之间还存在显著差异，严重影响了教育公平的实现，应统筹基础教育阶段教师资源，而促进区域内教师合理流动则是现阶段实现这一目标的应有之举、可行之举。

（二）教师流动是促进义务教育均衡发展的必然要求

促进义务教育均衡发展已经写进了 2006 年新修订的《中华人民共和国义务教育法》和《国家中长期教育改革和发展规划纲要（2010—2020 年）》中，并成为指导我国义务教育改革与发展的一项重要的政策目标和法律规定。基础教育均衡发展的根本宗旨在于增加优质教育资源的总量、提高基础教育的整体发展水平，从而为所有就学儿童、少年提供平等而高质量的教育条件。当前，我国城乡义务教育发展的不均衡性表现得尤为突出，教师资源作为学校发展的第一人力资源日益受到广泛关注，所以促进城乡教师合理流动是促进义务教育均衡发展的必然要求。

（三）教师流动是体现义务教育公共性的必然要求

义务教育属于公益性质的事业，具有公共性，是纯公共产品，应该人人享有，是人的生存与发展的基本权利。由于公共物品供给政策向城市倾斜，城镇居民优先获得了公共物品的享用权。很显然，在社会公共资源有限的情况下，它是以牺牲农民的享用权为代价的。面对公共物品供给的不平等，优先获得公共物品享用权的城市人群，其生存条件明显优越，发展机会也较多，而牺牲了这种享用权的农民，生存条件和发展条件明显不如城市居民。

长期以来，由于我国奉行的城乡"二元结构"体制，导致教育资源尤其是优质教育资源向城市倾斜，刺激着农村优秀教师拼命地向城市单向流动，进一步拉大了城乡教师队伍质量之间的差异。所以，如果不考虑农村教育的实际状况，简单地按照市场流动机制自发地调节教师流动问题，实际上就会产生继续或进一步向城市倾斜的结果，这就违背了义务教育的公共性特征。

二、建立中小学教师流动制度具有良好的实践基础

早在 2000 年，我国一些地级城市、区（县）等就开始了促进教师流动、均衡配置师资、支援农村教育的探索，在推进教师流动、促进教育均衡发展方面走在了全国的前列。2000 年，黑龙江省哈尔滨市在全国率先建立并推行学校对口支援、师范毕业生、城镇在职教师到农村任教定期轮换制度。辽宁省沈阳市从 2005 年秋季开始，在全市中小学试行学校干部、教师流动机制。山西省潞城市从 2004 年起，即尝试建立城乡教师流动机制。湖北省武汉市 2005 年开始实行城区教师到乡村支教制度。浙江省绍兴市越城区、温州乐清市，山东济南市等也纷纷进行了有益探索。近几年来，一些省市出台了省级层面的教师流动政策，如福建省、北京

市、上海市、贵州省、重庆市、江苏省、湖南省、浙江省、陕西省等，将教师流动政策的效力范围扩展到全省（市），成为全省（市）各地推动教师流动的指导性文件。

这些地方政府及其教育行政部门出台了一系列促进教师流动的举措，取得了一定成效，为全国其他地方积累了宝贵的实践经验，也为国家教育部出台国家层面的教师流动的相关文件奠定了实践基础。

三、"将教师转为公务员身份"将从根本上规避教师聘任制的法律问题

日本的《国家公务员法》和《教育公务员特例法》规定，日本的公立中小学教师是国家公务员，称为教育公务员。这就从法律上规定了教师具有国家公务人员的身份，政府有权力要求教师进行流动，教师必须无条件服从，从根本上保证了日本教师"定期流动制"的有序、规范、有效。而我国的中小学教师和学校之间是一种平等的聘任合同关系，与教育行政部门、政府更无直接的法律隶属关系，若强制推行流动政策，势必涉嫌违反《中华人民共和国教师法》中关于教师聘任制的规定。因此，教师成为公务员将从根本上解决教师流动政策的合法性问题和其他体制性障碍，使教师流动政策畅行无阻。建立义务教育教师公务员制度，将从根本上解决义务教育教师的身份和地位问题。将义务教育阶段的教师纳入国家公务员制度是发达国家和地区的先进做法，是提高义务教育阶段教师的政治地位和经济待遇、稳定教师队伍等的治本之策。

第六章 义务教育区域教师流动中面对的冲突与困难

第一节 义务教育区域教师流动与当前制度的冲突

义务教育区域教师流动与当前很多制度存在着或多或少的冲突。本节将在结合现实的基础上进行详细分析。

一、教师流动与社会宏观制度的冲突

作为社会大系统的子系统之一，教育系统内的各种改革与发展必然受到其他子系统的影响与制约。相应地，教育系统内的制度创新，必然或多或少地与教育系统之外的其他社会制度相互影响。教师流动制度受到以下一些社会制度的影响和制约。

（一）城乡二元户籍管理制度制约着教师在城乡之间的流动

1958 年 1 月颁布的《中华人民共和国户口登记条例》（简称《条例》），是中华人民共和国当代户籍制度形成的标志。《条例》以法律形式规范了全国的户口登记制度，规定了控制人口迁徙的两项基本制度——户口迁移的事先审批制度和凭证落户制度，目的是"既不能让城市劳动力盲目增加，也不能让农村劳动力盲目外流"，从而彻底改变了中华人民共和国成立以来人口自由迁移的政策法规，标志着当代中国城乡二元户籍管理制度的正式建立。人为地将我国公民分为"农村"和"城市"两个部分，事实上是以户籍制度为基础形成了两个在政治、经济和社会权利上有重大差别的社会等级。城乡二元户籍管理制度对中国城乡居民的生产生活影响全面、深远，与户籍制度捆绑在一起的是城乡居民在就业、医疗、教育、生活等方面享受到的不同福利和权利，城乡俨如两个社会。进入新世纪，尽管各

地户籍改革有所起步，不断放宽户口迁移、管理限制，但仍未从根本上改变城乡二元格局，且城乡之间在各方面的差距有日益扩大之势。这种户籍制度阻碍了中小学教师的合理流动，是教师合理流动的巨大屏障，对缩小城乡教育发展水平构成了不可忽视的制度约束。

（二）社会保障制度城乡二元分割制约着教师在城乡之间的流动

社会保障制度是国家通过立法而制定的社会保险、救助、补贴等一系列制度的总称，是现代国家最重要的社会经济制度之一。其作用在于保障全社会成员基本生存与生活需求，特别是保障公民在年老、疾病、伤残、失业、生育、死亡、遭遇灾害、面临生活困难时的特殊需要。社会保障制度对于促进社会公平、保持社会稳定、满足基本需要、推动公民职业迁移具有重要意义。

当前，我国社会保障制度建设发展较快，制度建设取得突破性进展，覆盖城乡居民的社会保障体系框架基本形成，保障水平较大幅度提高，社会保障管理服务体系初步建立。但城乡间、不同群体间社会保障待遇差距仍然较大，不同群体内部、群体之间相互攀比，成为影响社会稳定的因素。在很大程度上，个人的工资收入、福利待遇、社会保障等仍取决于所任职的行业和单位，"身份"仍显得非常重要。在教育领域，不同地域、不同学校的教师，其在工资收入、福利待遇、社会声望和地位、社会保障等方面差别明显。这种差距成为阻碍教师流动的主要因素之一，尤其是城镇教师向农村流动、优质学校教师向薄弱学校流动。

二、教师流动与教师人事管理体制的冲突

教师在学校之间的交流轮岗与现行教师人事管理体制之间存在的主要矛盾表现在以下几个方面。

（一）教师流动制度与教师聘任合同制之间的冲突

教师聘任制下，教师人事聘用合同的双方主体是教师和用人学校，二者是一种平等的劳动合同关系，聘任合同规定了双方的权利、义务、聘任期、纠纷解决方式等内容。若尚在聘任期内，强行将教师流动到其他学校，势必造成学校违约、违法，教师会拿起法律的武器维护自身的权益，造成诸多劳动纠纷。因此，教师流动政策势必导致学校违反教师聘任合同制的相关规定，造成法律纠纷。教师即使在教育系统内部流动，如果变动和原来学校的人事关系，也是违反教师聘任合同的。

（二）教师流动与教师编制管理及编制标准之间的冲突

当前，我国基础教育教职工编制标准是依据《国务院办公厅转发中央编办、教育部、财政部关于制定中小学教职工编制标准意见的通知》（国办发〔2001〕74号）核定的，各地区依据国家标准分别制定了自己的编制标准。目前，该编制标准已经不适应基础教育改革和发展的需要，成为制约教育改革与发展的一个重要因素，编制标准急需调整。在现行中小学教师编制标准下，多数中小学教师数量偏紧，教师工作量满额，甚至出现一人多岗、超负荷工作的情况。在调研过程中，几乎所有的校长和教师都用"一个萝卜一个坑"来形容学校缺编的状况。在一些农村学校，虚超编和结构性缺编并存——在师资总量上是超编的，但缺乏一些学科的专任教师。

在编制紧张的情况下，无论是优质学校、普通学校，还是薄弱学校，在教师流动上都面临着编制的瓶颈。对优质学校来说，没有富余教师能够派出交流，薄弱学校也没有富余教师可以派到优质学校学习交流。即使经过协调派出了教师，其工作岗位由谁来顶替，对校长来说都是不小的难题。

（三）教师流动与学校岗位结构比例固定的冲突

2007 年以后，我国各级、各类学校依据国家和各地方的岗位设置管理办法，逐步完成了岗位设置管理工作。在现行岗位设置管理体制下，各级、各类学校的岗位总量，管理岗、专业技术岗、工勤技能岗之间的结构比例，各类岗位中高级岗位、中级岗位、初级岗位及其内部等级的结构比例等，主管的教育行政部门都进行了相应的核定。也就是说，一个学校的岗位总量、结构比例等都是相对固定的。学校依据对教职工的评定，将其聘任到相应类别、相应等级的岗位上。随着学校的发展，教职工越来越多，各类、各级岗位逐渐达到饱和。这种情况下，若参加流动的教师进入新的学校，人事关系也带了过来，而新学校却不能将该教师聘任到对应等级或者高一级的岗位上，只能聘用到低一级岗位上，就会形成"高职低聘"现象，既影响教师的工资收入，也会影响他们的工作积极性。若推行教师流动政策，岗位设置中的问题会给学校的管理和教师个人的发展带来诸多难题。

（四）教师流动与绩效工资制度之间的冲突

在现行教师薪资管理体制下，教师的工资、津贴等的发放是与岗位紧密联系在一起的，由国家财政依据教师职称、岗位直接下发到教师的工资卡里。当前，很多地方对山区教师、农村教师有一定的补贴，称为山区补贴、农教补贴等，依据山区的边远程度，其岗位补贴会有所差异。不带人事关系流动到山区或农村学校的教师，因人事关系还在原来城区学校，则不能享受山区补贴和农教补贴。这对参加交流的教师来说，一方面不公平，另一方面也必将大大挫伤他们参与流动工作的积极性。

（五）教师流动与对流动教师的绩效考评、日常管理之间的冲突

对流动教师的日常管理与考核是不可或缺的，是流动政策取得实效的重要保障，但是流动教师的日常管理与考核存在两难现象。对于流入的教师，因其人事关系、工资关系等不在本校，很多学校领导不知道如何管理和约束这些教师。参与流动的教师，其流动年限内的年度考核工作由哪个学校负责？原来的学校，还是接收的学校？在人事关系不动的情况下，若由原来学校考核，不太现实，毕竟教师在另外一所学校工作，原学校对他的实际工作状态不了解，考核很有难度，也有失客观与公正。若由接收学校考核，校方很可能会碍于情面，使考核流于形式，毕竟教师的人事关系不在接收学校。在日常管理上也存在类似问题。

三、社会诚信危机阻碍着教师流动

近些年来，社会诚信的缺失越来越为社会公众所诟病。在市场经济条件下，诚信是立人立业立国之本。社会诚信包括政府诚信、组织诚信和个人诚信。政府诚信是整个社会诚信体系的核心和基础，政府诚信是最大的诚信。贪污腐败、空头支票、虚报浮夸、谎报政绩、地方保护主义、设租寻租等一系列政府的不当行为导致政府诚信度降低，越来越受到公众的诟病，各级各类组织、社会个人的诚信也越发受到人们的质疑。在这种诚信缺失的氛围中，教师可能会担心流动政策中规定的流动期限，流动结束之后的身份归属，政府为确保教师流动而采取的一系列保障、激励措施等无法兑现。这种对于政府公信力的质疑必然会在一定程度上影响教师对于教师流动制度的认同与参与。❶因此，这一社会心理现象作为非正式制度的一种形式，阻碍了教师参加流动的积极性。

四、教师流动与师资"静态"管理的冲突

我国中小学全面实施教师聘任制以来，广大中小学教师与所在中小学校形成了平等的合同法律关系，双方在自由平等的基础上双向选择，由此打破了计划经济体制下的教师任命制、终身制和"铁饭碗"。这为教师流动、拒签、重新选择

---

❶ 娄鹏.政府诚信：社会诚信体系的核心 [J].中共贵州省委党校学报，2006（1）：41-42.

学校等奠定了良好基础，也为学校能够建立能上能下、能进能退、充满生机与活力的师资队伍奠定了人事制度基础。尽管如此，师资动态管理的文化和状态并未真正形成，社会各界和中小学教师仍然认为教师职业"稳定""有保障"，教师并未真正流动起来，"铁饭碗"未被真正打破。教师流动与这一社会认知具有一定的冲突，而冲突必然对教师流动带来阻力。

五、社会习俗和偏见等影响着教师流动

社会公众和广大中小学教师对教师流动存在一些偏见和错误认识，这在一定程度上制约着城乡教师的合理流动。受"人往高处走，水往低处流"观念的影响，公众，包括中小学教师，普遍认为教师从农村学校流向城镇学校、从薄弱学校流向优质学校、从贫困地区流向发达地区等是"越混越好"，是能力强的表现，是社会地位和经济待遇逐步提高的表现。反过来，则是越混越差的表现。有人认为，教师流动制度就是把教师送回到改革开放前政府统包的时代，干涉教师的个人自由和人权。在一些学生家长看来，教师流动是一种"不安分"的职业表现，打破了过去对教师职业"稳定""受社会尊敬"的认识，而且迫使学生不断重新适应新任教师的教学方式、方法，这会影响学生成绩的提高。

六、部分教师安于现状，事业心淡薄的思想消解着教师流动政策的实效

受各种不良社会观念的影响，部分中小学教师在师德上缺乏高尚的追求目标，认为师德是老调重弹。在事业上缺乏积极的进取精神，发展目标模糊，在日常工作中得过且过。一些教师往往只是一味地追求个人利益，而忽视应该具有的道德义务和奉献精神。一旦这样的教师参加流动，到新的学校任教，很可能在新学校、新岗位上消极怠工，熬日子、磨时间，承担不起支援农村教育、薄弱学校教育的教师流动政策目标，导致教师流动政策流于形式。

七、一些教师缺乏教育公平的价值关怀和奉献精神

相当一部分公众和中小学教师缺乏教育公平的价值关怀，只关心自己的个人利益。还有一些公众和教师认为，社会乃至教育和学校就应该有三六九等之分，农村学校、薄弱学校就应该"垫底"。他们在工作中不思奉献，只追逐个体利益。尤其是城镇学校、优质学校的部分教师，排斥流动，反对将自己流动到偏远地区学校、农村学校和薄弱学校。在这种状况下，教师的制度化流动很难获得教师特别是城市教师的认同和支持。

八、教师的生活习惯、习俗也在一定程度上制约着城乡教师流动制度的建设

中国是一个伦理传统深厚的国度，家的概念深入到人们生活的每一个角落，支配着人们的行为。教师的流动往往以"家"为轴心，子女的教育、父母的赡养、夫妻异地工作等问题经常左右着教师的流动选择与行为。❶

第二节 义务教育区域教师流动面对的现实困难

教师、学校、学生、家长和教育行政部门在面对义务教育区域教师流动时，都会有不同的看法，导致义务教育区域教师流动在实施的过程中会面临一定的困难。下面将从这五个方面详细分析。

一、教师层面遇到的现实困难

作为教师流动制度调节对象的中小学教师，其受到的影响是首当其冲的，遇到的现实困难也最为突出和明显。

调研发现，除了有晋升需求的老师，很少有骨干教师会主动申请参加流动。在名校、示范学校、城区学校，教师的社会地位高、工作条件好、待遇高、生源质量高，教学容易出成绩，在进修、在职读研、出国考察等方面有更好的发展机会，子女入学也有优惠条件等。而这些条件是薄弱学校、农村学校教师所不具备的，再加上路途遥远、条件艰苦、家庭情况等因素，好学校的教师不愿意到工作条件差的学校去任教。即使将流动与评优评职挂钩，也有部分教师宁愿不评高一级职称，也不愿意流动到薄弱校、农村校和山区校去。

（一）流动教师的交通与住宿问题

交通是参与流动的教师遇到的首要问题，尤其是从城镇学校流动到农村学校、山区学校的教师。我国地域辽阔，人口众多，学校布局分散。在有些县，尤其是新疆维吾尔自治区、内蒙古自治区、西藏自治区等省区，一些农村学校距离县城动辄上百公里，甚至数百公里，路途遥远、交通不便，给教师流动带来了很大困

❶ 贾建国. 新制度主义的视角：城乡教师合理流动的制度制约因素 [J]. 现代教育管理，2009（11）：74-77.

难。若没有提供住宿等条件，参加流动的教师就必须天天往返于农村学校和县城之间，耗费大量的时间、精力以及交通费用，这必然影响教师的工作热情和积极性，进而影响其在农村学校的教育教学质量。

在流动教师的住宿问题上，若接收学校没有条件解决住宿，参加流动的教师就只能天天疲于奔波。即使能够解决住宿，给流动教师提供宿舍，但一般来说条件较差，尤其是一些偏远农村学校和山区学校，宿舍条件非常简陋，房间内没有暖气、没有卫生间，洗漱极为不便，这对于来自城市学校的教师来说，几乎是无法忍受的。农村学校的教师宿舍是平房，教师冬天夜里上厕所可能得走出 30 米、50 米，甚至更远，天气非常寒冷，极易感冒。如何解决支教老师的住宿看似是小问题，实际是大问题。一位深山区学校的校长说："即使派出优秀教师也有一个适应的过程，像我们这样的深山区，老师一周才能回家一次。我们好多年轻老师很想家，因为家都在山外，回家要花费很长时间，尤其是有孩子的年轻教师。"这是一个很突出的问题。

（二）家庭困难问题

参与流动的教师一般为骨干教师，都面临着"上有老，下有小"的家庭状况。一旦被派到较远的学校工作，路途遥远，只能每周末回家一次，难以照顾家中老人的生活和孩子的学业。而这种"周末夫妻"式的生活也很有可能影响夫妻双方的感情，影响家庭稳定。

（三）教师在新环境下的工作适应性问题

城乡之间、学校之间存在差异，学校间的校园文化、教研文化、生源质量、社会资本、家长文化等也都存在较大差异。新到一所学校，流动的教师在短期内难以适应学校的一切，至少需要半年的磨合时间才能适应新的环境，逐步融入学校的文化之中。教师和新领导之间、新同事之间，尤其是和新学生之间，都需要较长时间的磨合和相互适应。若流动时间为 1 年的话，适应过程可能就需要半年，那么真正发挥作用的只有半年时间。在调研中，很多校长和参加交流的老师都一致认为，1 年的流动时间过于短暂，并不能起到实质作用，并建议流动时间延长至 2~3 年。某山区学校校长说，城区的老师，即使是非重点学校的老师，平时教的学生也都是成绩达到 530 分以上的，到这里来之后，面对当地的学生，两个月都适应不了，他不适应学生，学生不适应他，短时间内教不了，这个跨度太大。

（四）教师专业可持续发展受影响

参与流动的教师的可持续发展也同样可能受阻。参与流动的教师在薄弱学校或者农村校工作，由于生源质量、学校文化、资源和各种进修学习机会等各种因素，其专业发展可能停滞，甚至倒退；流动结束回到原学校时，很可能已经难以胜任原学校的教育教学工作，或者难以再评上高一级职称。年长一些的骨干教师因其自身素质过硬，适应性强，受到的影响较小，而年轻教师受到的不良影响最大。还存在流动的教师在薄弱学校支教学科与原来所教学科不对口情况，更会导致这些教师的专业可持续发展受到影响。某示范中学曾和远郊区县的一所薄弱学校手拉手，派出了一位英语骨干教师去支教，为期两年。两年之后，当这位骨干教师回到原来中学，发现自己已经落伍了，难以适应原学校的工作节奏，难以满足学生的学习要求。几经调整，仍然无法解决，只得转去行政管理岗。

另一位城区学校的教师反映，他是从城区来郊区支教的教师，多年来一直是市骨干教师，但是今年他不能再评骨干教师了，因为他忙于支教，无法回原来学校参加继续教育学分培训。而市里规定，三年之内骨干教师必须参加半年继续教育学分培训班，但相关部门坚决不给他颁发继续教育证书——没有证书，就无法评骨干教师，这是支教工作给他带来的无法弥补的损失。

二、学校层面遇到的现实困难

在教师流动制度中，广大中小学校及其校长居于教育行政部门和教师之间，既是教师流动政策的执行者和管理者，也是教师流动政策的对象。学校和校长对教师流动制度的认识、态度和行为，直接影响着教师流动制度、政策的实施效果。在教师流动制度执行的过程中，学校和校长遇到一系列的管理困难，在行为上呈现出一定的特点。

（一）优质学校参与流动的动力不足

在调研中，部分城区学校、示范学校的校长和副校长对教师流动制度持保留意见，具有一定的消极看法，落实教师流动制度和政策的态度不够积极。优质学校参与教师流动的积极性不足，原因主要表现为以下几点：

首先，在认识上，很多优质学校的校长存在本位主义，没有树立大教育观。教师流动政策的出台，直接目的是促进教育均衡发展，而根本宗旨是保障全社会的公平正义。有些名校凡事仅从自己学校发展的角度考虑，有利于自己学校的事情就支持，反之就反对。其次，在教师流动中，优质学校是优质师资的输出者，除了存在上述所言编制紧张等问题外，短期内名校优秀教师的外流会稀释学校优质师资，会在一定程度上影响优质学校的教育教学工作，所以名校对教师流动政策的认可度较低。优质学校的校长还有一个担心，就是较大比例的流动可能会影响学校文化建设，给学校的长远发展带来负面影响。

城区某优质学校校长认为，派出自己学校的骨干教师参加流动，有几个方面的担心：一是若派出特级教师、学科教学带头人、教研组长等骨干教师，会影响自己学校的工作，加大其他教师的工作量；二是派这些骨干教师到薄弱学校工作，薄弱学校的消极文化不利于他们的持续成长；三是学校编制紧张，派不出老师。因此，推进教师流动一定要慎重。另一位优质学校的校长说，他们学校骨干教师名额非常少，且这些老师也都是在超负荷的工作，再让老师交流，从学校这里，首先从校长这里，肯定是不会特别赞同的。对于一般学校来讲，这个问题也会有很大阻力。

（二）普通学校、薄弱学校对教师流动存有一定的疑虑

在双向交流中，薄弱学校一方面非常欢迎名校的骨干教师到本校上课、带教师成长，另一方面却不大情愿自己的骨干教师到名校学习。这是因为，这些教师在学校中是中流砥柱，不能轻易离岗，同时也担心自己的骨干教师被名校挖走，造成本校的骨干教师流失。

优秀教师流动到薄弱学校或农村学校，其工作角色的定位和工作内容的安排至关重要。基于流动政策的目的，优秀教师流动到薄弱学校，应该发挥指导、引领师资发展的作用，应该把主要精力放在辅导薄弱学校、农村学校的师资业务水平的提高上，带教研组、指导青年教师。而现实中，很多农村学校却让流动来的骨干教师顶岗上课，课时较满，不能充分发挥骨干教师的引领、辐射作用。薄弱学校或农村学校担心由于学校自身条件的限制会在骨干教师的使用上造成优质教师资源的浪费，担心流动过来的老师各方面待遇都远高于本校教师，这会对长期扎根农村薄弱学校的教师造成负面影响，在心理上产生不平衡。同时，农村学校、薄弱学校的教师交流到优质学校，感受到优质学校的优越条件，也会产生心理不平衡，从而影响教师的稳定。

（三）流动比例过大给学校管理带来问题

教师队伍较大比例地流进流出，不仅给学校的日常管理带来较大难度，而且使学校的师资队伍建设缺乏长远规划，校长培养师资队伍的积极性大大降低。从长远来看，会影响学校的校园文化建设，缺乏积淀，难以形成办学特色。

一位校长认为，一个学校的交流教师比例不易过高。以他们学校为例，目前

为止，学校交流出去的教师 36 人，交流进来的教师 32 人，约占学校教学一线教师的 45%。对新来教师的管理，学校感到很困难。某县教育局领导认为，交流对象应该是市区级骨干教师和有潜力的教师，流动一开始的时候，比例不要太大，建议开始在 5% 以内，逐渐地增加，这有利于学校教师队伍的培养。要不然，学校校长就没有培养骨干教师的积极性了。如果骨干教师变成大家的，谁还愿意花费大量的人财物进行培养。

（四）教师频繁流动给学校文化的传承带来影响

教师频繁流动，可能会给学校的文化带来不良冲击。学校文化的形成，需要较长时间的积淀。教师既是学校文化的创造者，也是学校文化的承载者、延续者。若教师大比例、频繁地流动，势必造成这些新旧"文化细胞"在短时间内流出流入，冲击学校文化的整体性、稳定性。长此下去，学校文化很可能消失殆尽，成为没有文化、没有生气与活力的"流水线工厂"。某示范校校长认为，教师流动不利于形成办学特色，办学特色的形成需要一定历史时期的积淀。

三、学生对新教师的适应问题

除了教师适应学生之外，还存在学生适应新教师的问题。若学段中途更换教师，学生在心理上对新教师的接纳程度、接纳时间的长短，对新教师管理风格、教法的适应以及自己学习方法的调整等都是必须考虑的问题。若教师和学生双方磨合不当或者磨合时间过长，都将影响教育教学效果，影响师生关系，影响学生的成长和学习成绩。一位小学老师说，老师教得好，学生喜欢，如果突然流动到别的学校去了，学生肯定很舍不得，也适应不了新来的老师；如果新来的老师教得不好，班级就会比较乱，这样对学生也不好。

四、家长层面的忧虑

在双向流动情况下，薄弱学校或者农村学校的教师流动到优质学校时，一是难以适应面对优质生源的教育教学工作，难以走向讲台；二是学生家长也难以接受他们走上讲台，尤其是优质学校的家长难以接纳薄弱学校的教师为自己的孩子上课。同时，优质学校的骨干教师流出时，学生家长也不同意。

北京市 A 中学是一所优质校，与作为薄弱学校的 B 中学是"手拉手"关系，双方双向交流师资，拟共同提高。但当 B 中学的教师走向 A 中学的讲台时，学生们不接受，家长们也不同意，老师甚至被家长们赶下了讲台。北京市某知名中学的某学生家长说，薄弱学校教师来教自己的孩子，他不同意，这绝对影响教学质量；他们应该单独培训，或者跟着听课，但是绝对不能教孩子；流动不能削峰填谷，拿孩子当试验品。四川省成都市某城区优质学校的一位家长说，他们费了很大劲儿让孩子进入优质学校，就是看中了该学校的教师好，教学质量高，如果把好教师都流动走了，孩子怎么办？

任何教育制度的变革，不论是宏观的还是微观的，最终都要落实到或作用于学生身上。作为学生监护人的家长，始终是学生利益的直接代言人。所以，在教育制度的改革过程中，学生及其家长作为利益相关者，必然会为他们的利益而"斗争"。教师特别是优质师资是保证学校教育教学质量最为关键的因素，每个学生及其家长都希望能够获得或享有优质的教师资源。教师流动制度的创建与实施意味着教师资源尤其是优质教师资源不再为某些学校的学生所"独自享有"，而是为县域内（甚至更大范围内）所有学校的每个学生所"共享"。当前，我国教师流动制度的一个主要目标就是要实现城镇学校和优质学校的教师资源，特别是优质教师资源"向下流动"，与农村学校和弱势学校形成共享。在这种状况下，城镇学校和优质学校的学生将不能够再（像教师流动制度实施之前一样）独自享有优质师资，而必须与农村学校和薄弱学校的学生分享，其结果必然会使城镇学生及其家长产生"相对剥夺感"——他们多年已经形成的优越感会被大大削减，而且还会担心自己（或孩子）的前途受到影响。总之，教师流动制度的创建会在一定程度上遭到城镇学校和优质学校的学生及其家长的抵制，从而产生利益冲突并形成对制度改革的阻力。

五、教育行政部门层面遇到的困难

教师流动制度是由中央政府强制推行的，各级地方政府（主要是县级政府）根据本地实际情况来制定具体的规则并负责推行和实施。首先，中央政府推行教师流动制度的初衷是希望推进教育的均衡发展，但是在"应试教育"没有发生根本性改变的情况下，考核地方教育部门工作政绩的主要指标实际上仍然是升学率，而升学率的重要支撑往往来自城镇学校和优质学校。在这种背景下，如果城镇学校和优质学校教师"向下流动"影响到他们所在学校的升学率，地方教育部门就可能会反对或并不真正支持教师流动制度的创建，以保证其政绩不受到影响。其次，作为推行教师流动制度的政府公务员同样也有着自己的私人利益，最直接的一点就是他们作为父母，同样会考虑到教师流动制度对自己子女受教育状况的影响（一般来讲，官员的子女都在城镇学校或优质学校上学）。一旦教师流动制度影响到他们的既得利益，他们就可能会采取一定的方式进行抵制或消极应对，从而导致"公共利益"和"私人利益"之间的冲突，进而会影响到教师流动制度的有效实施。

第七章 义务教育区域教师流动的制度策略

第一节 义务教育区域教师流动制度的基本要素设置

在明确政策价值取向和政策目标的前提下，合理界定政策的基本要素是实现政策目标的必要条件。具体到教师流动制度而言，其基本要素应该包括实施对象、流动比例、流动范围、流动时限、流动性质等。

一、流动的对象为符合一定条件的全体在编中小学教师

符合一定条件的在编中小学教师都应该是流动的对象，如在同一学校连续任教满 6 年，同时年龄男教师在 55 岁以下、女教师在 50 岁以下。该条件的具体规定，县级教育行政部门可以根据本县义务教育师资队伍的现状，适度灵活。同时，要给予人文关怀，明确规定哪些教师不适合参加流动或者延期参加流动，如身体健康状况不好的、处于孕产期的女教师、妻子处于孕产期的男教师、入职 3 年以内的新任教师等。

尽管流动的对象是符合一定条件的全体在编中小学教师，但应该适当注重"择优"原则，将各级各类骨干教师作为流动的主要对象。骨干教师一般都爱岗敬业，教育教学经验丰富，具有指导青年教师的经历和经验，适应能力强。他们流动到基础薄弱学校和农村学校，能更快地适应新环境，在短期内指导和引领新学校的教师成长，提升教学质量和学科建设水平。若普通教师参加流动，则没有这方面的优势。

骨干教师参加流动的比例非常重要。合理确定比例，既关系到政策目标的实现，也影响着派出学校的管理工作。比例过高，必将给派出学校的教学工作带来困难，影响日常管理和学校发展；比例过低，则流动政策的效果难以显现。

二、流动的比例在 10% 左右

企业人力资源管理研究表明，若一个企业的人力资源流动率达到 8%，将会影响企业的稳定，不利于企业发展。而学校是不同于企业的组织，其对师资队伍稳定性的要求更高。

学校的发展规律和教师专业成长的规律要求教师队伍必须具有一定的稳定性。学校文化的形成、优良师资队伍的打造，都需要相对较长的时间，一支相对稳定的师资队伍，是学校可持续发展的关键。教师专业发展也有其内在规律，若教师定期流动比例、频率过高，则直接威胁着学校的可持续发展和教师的专业成长。从学校的角度看，频繁、高比例的流动将会冲击学校现有的校园文化，不利于办学特色的形成，长远上也不利于学校的可持续发展。合理确定流动的年限和参与流动的比例，非常重要。确定干部教师流动的数量和比例，必须兼顾切实发挥实效和尽量避免对派出学校教育教学质量带来不良冲击，在这两个方面寻找一个平衡点。可以认为，应该参加流动的教师占总人数的 10% 较为合适，最高不能超过 15%。

三、流动的范围应该以县域内流动为主

按照初步实现县域内义务教育均衡发展的战略目标，应该首先促进教师在县域内流动，均衡配置师资。不同范围的流动，参与流动的教师面临的工作和生活困难是不同的，这些困难和问题直接影响着流动教师在接收学校的工作质量。在县域范围内推动教师流动，可以采取先近后远、先易后难的原则，可以先在学区、学片、教育链、联盟、教育集群内部学校之间流动，然后逐渐跨学区流动，最终实现在整个县域范围内流动。有必要强调的是，必须要注重城镇学校、优质学校的教师向农村学校、薄弱学校的流动，加大扶持力度。同时，实行双向流动，农村学校、薄弱学校的教师流动到城镇学校、优质学校进行交流学习。

四、流动的时限应该以 2~3 年为宜

流动时间的长短，影响到流动教师的工作积极性和政策目标的达成程度。应该根据学段年限、学科教学要求、流入学校的工作要求和骨干教师的任务安排，合理确定骨干教师的流动时间。合理确定流动时间，关系到教师流动政策的实效性。教师流动到新的学校，置身于新环境、新同事、新学生当中，需要一定时间的适应过程，这个过程短则几个月，长则可能半年到一年。若流动时间过短，如半年或者一年，流动教师可能刚适应新环境就要离开了；若时间过长，如 3 年以上，则会影响教师流动的积极性以及身份认同。基于上述考虑，并结合小学和中

学的学段要求，流动时间以 2~3 年为宜。小学 6 年，分为高中低 3 个年级段，每个年级段刚好 2 年。初中和高中都是 3 年，3 年刚好一个教学循环。

五、综合采取多种流动形式

已经建立了"县管校用"管理体制的地区，不存在教师人事关系变动的问题，可以由县级教育行政部门在全县范围内统筹各学科师资，然后进行直接调配。尚未建立"县管校用"制度的地区，建议以柔性流动为主，刚性流动为辅，参与流动的教师可以自主选择。灵活采取多种方式，分步骤推进教师流动，如先在学区（或者联盟、教育链、教育集团、教育集群等）内流动，再跨学区流动，最后在县域范围内流动。

第二节　义务教育区域教师流动制度的优化路径

一、完善教师流动制度理念和理念传达

制度理念是在制度制定过程中生成、在制度运行过程中得以传播的，代表了一种制度在制定和运行过程中的理想化期待和价值导向，也代表了人们希望这种制度能够达成什么样的目的，并将这种目的固结于具体的制度之中。因此，要摆脱流动主体意愿与需求不相匹配的困境，走出教师流动制度惯性观念的桎梏，就要在制定过程中形成合理的理念，并将之以恰当的方式传达给教师流动行为主体。

理念在一定程度上决定制度的基本内容，在制度的制定过程中，形成开放、自由、民主、科学的理念，有助于打破传统理念惯性的桎梏，探求建立合理有效教师流动制度的出路。开放、自由、民主、科学的制度理念，有助于对教师流动行为进行客观认识和理性评价。教师流动制度的完善是当前教师流动面临的一个重要问题，它是教育发展的必然，是教师有序流动的需要，更是在当前教育转型期所必须面对的一个问题。教师流动制度的主流价值观应该建立在实践的基础上，通过具体的社会历史实践行为，将感性认识上升到理性认识，形成对教师流动行为的客观认识和理性评价。认识在形成之后，一方面会发展上升为理论文化，另一方面会反过来指导实践，在实践中获得检验，以佐证主流价值观的形成，因而这一认识对于形成正确的主流价值观至关重要。

教师流动制度的转型需要是教育转型的必然结果。教师自由流动是教师个人能力发展和教育水平提升的重要前提，对其进行有效规制和调节，是我国教育发

展中必须面临的一个重要问题。随着近年来市场经济下社会的转型和全社会人才流动的迅猛发展，教师群体的流动也出现了必然超越其旧制度的变化。与此同时，学校人事管理体制也在探求变革之路，作为与学校人事管理制度有紧密交叉的教师流动制度，也必须随之做出相应的调整。教师流动制度的建立对于学校发展更是利大于弊。从短期来看，教师流动制度对于学校的影响具有双重性，既有积极的一面，也有相对消极的一面，这是一定历史时期教师流动制度尚不完善导致的必然结果。但是，从长远的角度来看，教师流动制度对于学校的发展来说必定是利大于弊的。一方面，教师流动制度促进了教师在校际、区际的合理有序流动，推进教育教学交流，有利于各个学校的教育教学进步；另一方面，教师流动制度能够使教师在交流过程中体验到不同的校园文化和教学氛围，有助于教师个人水平的提升，进而有助于学校整体教育质量的提升。

理念的传达与制度的实施应当齐头并进。理念融合于制度本身之中，通过制度的运行，理念能够为流动主体所感知和接受认可。然而，这种感知毕竟有着效率低下、容易误解的缺陷，这就要求对教师流动制度理念进行主动传播。要使开放、自由、民主、科学的教师流动制度理念被认可和接受，一是要有效宣传教师流动制度崭新的理念。教师流动制度主流价值导向是开放、自由、民主和科学，但这种价值理念的作用发挥，需要进行大量的宣传，使作为流动主体的教师对其有所了解，并且对其正向功能有合理预期，进而愿意参与到教师流动中去。二是增强教师流动制度管理的民主性和科学性。在以往的教师流动制度管理工作中，存在着很多刚性因素，表现为强权的决策话语、绝对的领导权威、鲜明的等级管理等，这些因素在一定程度上抹杀了教师参与教师流动管理的热情。教师流动制度与教师个人密切相关，教师个人必须要有强烈的参与欲望才能使教师流动真正发挥效益，并真正使教师从流动中获益。因此，要求学校要在组织文化建设方面，深入宣传教师流动制度的价值理念，鼓励教师了解教师流动的相关参与途径，提升教师参与流动的热情。

二、健全教师流动制度合理有效的运行体系

教师流动制度各个子制度的完善，需要探索多元化教师人才流动管理渠道，健全教师人事管理体系，建立合理公平的教师薪资报酬制度，配套实施教师流动的保障制度，实现对教师流动的人性化评价制度。

（一）教师人才流动管理制度多元化

要实现教师人才在区际、校际之间自由流动，必须有强有力的宏观调控制度

作为保障，立足整体进行规划，分步实施，有序推进。打破僵化的教师人才流动观，探索多元化的教师人才流动管理出路，并建立有效的监管制度，保障其合理运行。

教师流动制度的制定应将促进区域教育均衡发展和缩小城乡教育差距作为出发点和最终目标。要达成这一目标，第一要坚持由政府统一领导，宏观协调；第二要求相关部门通力合作，共同促进；第三教育系统全体人员应当积极参与，共同奋斗，形成有组织、有序列的整体工作格局，打破常规思维模式，以大魄力促进教育改革有效进行。必须从宏观上协调教育改革，打破区域内和单位内的短视行为，提高整体意识和作为其中一员的积极参与意识，使近期目标服务于长远目标、部分利益服从于整体利益，从根本上改变"人员能进不能出""城乡教师无序单向流动"等现状。打破对偏远地区、薄弱学校的歧视，打破人才固化、僵化的格局，采用多元手段、多元渠道，促进教师人才的合理有序自由流动。应结合本区域社会经济发展的现状，坚持统筹规划、分步实施、有序推进，通过试点引路、全面推广的方式进行，完善区域城乡中小学教师定期流动制度。

监督制度是执行教师流动制度的重要保障，是教师流动制度重要的辅助性制度组成部分。整体责任的实现需要宏观的视界，不能单靠对个人道德的要求和对个人修养的正性期待，这就是教师流动监督制度产生的理论依据。另一方面，教育行政机构亦是由人组成，动机良好的制度在运行过程中，也可能因为人的执行因素而产生不利的影响，这就要求建立能够起到保障作用的监督制度。教师流动监督制度包括政府监督制度和社会监督制度。政府监督制度具有较大的强制性，约束力强，作用直接而显著，在一定意义上可谓最为核心的监督。政府监督制度需要政府能够真正做到以法治代替人治，完善制度建设，并对那些拒绝或扭曲执行教师流动制度的人员给予严厉惩处。同时，通过制度化建设，实现区域内义务教育学校标准化，有效禁止诸如政绩性重点学校和窗口学校建设行为，以合理、合法、高效、严格的制度，保障教育资源标准化的公平分配，杜绝倾斜和歧视，以此与教师流动制度的顺利推行互为依托。

对于制度内的学校与教师来说，主要应从两方面对不利于制度有效实施的行为进行监督。一是本位主义行为，即出于私利拒不执行或扭曲执行教师流动制度，如学校拒绝优质师资流向他校；二是机会主义行为，即以投机取巧的方式，为自己谋求更大利益的行为，如有的教师借支教"镀金"，以求谋得职位晋升，事实上并未对流入的学校做出应有的贡献。这些行为对教师流动制度的有效运行具有毁灭性影响，并有可能引发相关教师的不满情绪，进而导致教师流动的低效甚至无效。这就要求必须以合理有效的监督制度，对教师流动的高效实施进行监督。

（二）完善教师人事管理制度

要从根本上解决教师流动制度行不畅的问题，必须探索建立有利于促进城乡中小学教师流动的教师人事管理制度，把教师从"单位人"变为"系统人"。形成社会整体性的教师人事管理制度体系，使教师能脱离单位制约；落实聘任制，使教师能自由选择最有益于自身发展的流动方向，使学校能自由选择有益于其整体发展的教师。

要加快教师人事管理体制改革，必须探索建立将教师从学校制约中解放出来的制度。就当前具体状况而言，可以探索依据现有法律和相关政策，从当前现实出发，把中小学教师从"单位人"（学校人）转变成"系统人"或"部门人"，实行"无校籍管理"的方式。也就是说，将中小学教师的管理权限收回到地方教育行政部门，由地方教育行政部门统一聘任、统一管理人事、统一配置师资。《中华人民共和国义务教育法》规定：县级人民政府教育行政部门应为均衡配置本行政区域内学校师资力量，组织校长、教师的培训和流动，加强对薄弱学校的建设。各地可依据自身具体情况，依据《中华人民共和国义务教育法》，专门对城乡中小学教师定期流动做出具体的规定，明确规定区域内所有教师均为某级教育行政部门的"系统人"或"部门人"，区域内所有中小学教师实行"同工同酬"，由教育行政部门统一管理、统一调配、统一待遇、统一权利和责任，规定城乡教师流动的义务、对象、时间、保障措施和相关责任等。

以此为基础，全面落实教师聘任制。目前，在各级、各类学校中，教师聘任制还未能得到真正意义上的科学实施。要按照"按需设岗、合同管理、严格考核、择优聘用"的原则推进教师聘任制度，各级学校要从有利于自身整体发展、保障教师全面发展、促进教师整体有序流动的角度出发，实行教师聘任制，优化从教环境。同时，取消"教师选考制度"，将农村教师向城市学校流动切实纳入教师流动制度之中。当有农村教师流向城市学校时，城市接受学校应该给予农村学校一定的经济补偿，用于农村学校培训其他在职教师。

（三）教师薪资报酬制度合理化

区域间、城乡间、学校间薪资水平的差异，是造成教师流动制度运行不畅的重要原因。在城乡教师薪资公平层面，不仅应当保障表面数额的平等，还应该考虑到艰苦地区各项资源不足、福利保障落后等状况，进行特殊补贴。因此，需要建立城乡学校教师"同工同酬"和农村地区教师的特殊补贴制度。

不同地区、学校的教师实际收入差距的长期存在，是造成教师流动制度运行不畅的最大障碍，这一问题得不到解决，就难以真正有效地实施教师流动制度。因此，各区（县）的教育行政部门，必须在其他相关部门的配合下采取各项措施，统一配置区域内教育资源，全面综合考虑实际情况，逐步统一各校福利待遇标准，并通过建立一定的收入平衡机制，最终实现重点学校与普通学校、城市学校与乡村学校同级别教师实际上的"同工同酬"，为实现教师流动创造经济基础。依据教师个人贡献量即业绩，工作所在地区、学校的普遍水准，分配酬劳，力争做到不管在哪一所学校工作的教师，在同等劳动贡献下，收入水平、福利待遇等大致相当。

从实践意义上讲，要协调教师流动制度运行过程中的利益矛盾和冲突，平衡各地区、学校之间的实际收入差，一个基本的选择就是对各利益主体正当利益的损失和不均进行一定程度的补偿。利益补偿机制是在制度的科学性和约束力之上的润滑剂，以激励和引导的方式体现制度的人文关怀。实际上，只有进行有效的补偿，才能保证教师流动制度长久有效地运行。也有地区试行通过高薪引导教师前往偏远地区工作的政策，当然津贴需要达到能使农村偏远地区教师实际收入与城市教师持平。因此，在教师流动补偿制度建立、运行的过程中，决策者应充分考虑制度性流动可能带给教师的诸多不便，并采取不局限于物质的补偿手段，如对那些做出突出贡献的教师，在评定职称等方面进行倾斜的精神补偿。

（四）教师流动保障制度配套化

要保障教师流动的合理有序进行，需要建立起完善的保障体系。我国社会保障体系明显滞后于人才流动的需要，而在教育领域，学校作为相对稳定的事业单位，表现出更大的制度惯性和难以打破的固性。目前，在我国农村地区学校，大多没有实行社会化的事业单位养老保险、失业保险制度和医疗保险制度，中小学教师的工资收入一般只占总收入的 50%~60%，造成教师对工作单位的较强依附性，受制于单位整体政策和人事安排，自流动的可能性处于相对较低的水平。要改变这一现状，必须加快社会保障制度的改革，使医疗保险脱离单位限制，实现社会化，变退休制度为退休养老保险制度。实现安置就业与社会福利、社会保障的分离，尽快建立起覆盖全社会的多层次的社会保障体系，实现社会化的统一协调管理，打破单位对教师的限制，降低教师流动的风险和后顾之忧，以促进城乡教师之间的定期流动。在此基础上，还应制定区域中小学教师全员流动实施办法及相关配套制度。通过制定相关政策，明确实行教师定期流动制度的指导思想、基本原则、流动对象、实施步骤、实施办法、配套措施、工作要求等。制定有关教师流动的系统的保障性政策法规，明确教师流动保障的具体操作办法及实施规划。

（五）教师流动评价制度人性化

教师流动最终是教师作为主体的人的流动。在制定教师流动的评价制度时，必须注意人性化的价值取向，以人为中心，建立起有利于发挥教师主动性和创造性的教师流动评价体系，切实考虑到教师个人的实际状况，满足发展性、全面性、多元性和可行性等原则。

人性化的教师流动评价制度要求满足教师的发展需要，将教师的参与、变化和发展过程作为评价的重要组成部分，使评价过程成为全体教师主动参与、终身发展提高的过程。人性化的教师流动制度要求全面性，既重视教师业务水平的发展，也重视教师职业道德修养和个人素质的提高；既要评估教师的工作业绩，又要重视教师的工作过程；既要体现教师的群体协作，共性发展，又要尊重教师的工作环境和个体差异。人性化的教师流动制度要求多元性，评价主体要多元化，突出教师的主体地位，建立以教师自评为主，学校领导、同事、家长、学生共同参与，多向沟通的教师评价机制；评价方法、途径多样化，建立以校为本，以教研为基础的教师岗位工作评价方式，使形成性评价与终结性评价相结合，定性评价与定量评价相结合。人性化的教师流动制度建设必须考虑到其可行性，既体现评价目标的共性要求，又考虑到地域环境和学校条件的差异，探索有利于教师自评和他评的评价方法。

三、强化教师在制度制定中的主体地位

从教师流动制度制定的根本理念上来讲，教师流动制度"不是一个选择的问题""不能靠预先的设计来建立"，它"不是做成的，而是长成的"。教师流动制度制定应该是在教师流动的具体实践中，由作为流动主体的教师根据其实践经验逐步建立的，而非由单一的权威机构在预估的基础上设立。在哈耶克（F. A. Hayek）看来，制度作为一种"自发社会秩序"，遵循的规则系统是"进化"。所谓"进化"的过程，即是一种"竞备"和"试错"的过程。任何社会中盛行的传统和规则系统，都是这一"进化"过程的结果，任何只依据预估的整体设计，最终都会破坏这一制度最终形成秩序的"创造性"，教师流动制度的制定也遵循这一规则。教师流动制度的制定者应当是教师流动行为的直接参与者，通过其流动行为直接影响教师流动制度的制定进程，最终生成与实践相关、符合自身需要和要求的，能在运行过程中不断进行调整的生长性的制度。

除此之外，关于制度制定有两种认识倾向，一种是基于自然主义的解释，持这种观点的人认为，制度的产生是在社会互动过程中，以人类活动被习惯化和相

互理解的无意识方式为基础的；一种观点则认为，制度是能动者以自身利益最大化为原则进行的利益选择的过程。无论哪一种理解倾向，都阐述同一个事实，即制度是由行为主体建构生成的。这就要求在教师流动制度的制定过程中，决不能将教师流动的行为主体教师排除在外，一定要寻求各种方式使教师能够积极主动地参与进来，使教师流动制度的建立更加科学，更能反映和满足教师的需要。

第三节　义务教育区域教师流动的相关制度保障

教师聘任制和农村代课教师退出机制都是义务教育区域教师流动的相关制度，对我国义务教育区域教师流动起着重要作用。本节将对这两项制度进行详细分析。

一、教师聘任制

（一）教师聘任制的发展历程

教师聘任制的施行已经走过很长的一段路程，纵观全程，大致可以将这一改革分为四个阶段。

1978 年到 1992 年为第一阶段，其特点是把经济体制改革中的某些竞争机制引入到了学校内部管理，使长期以来被国家统得过死的管理体制被打破，但是改革只限于计划体制内对局部利益关系的调整，改革启动了内部办学活力，但是比较有限。

从 1992 年开始到 2001 年国务院《关于基础教育改革与发展的决定》的出台，标志着进入第二阶段，其特点是各地以《中国教育改革和发展纲要》为指导，加快了改革步伐，开始试图打破传统的计划体制，在学校内部和外部重新调整各方面的利益关系，探索建立适应社会主义市场经济体制和符合教育规律的教师人事管理新体制。2001 年，全国范围内开始实行农村税费改革，在农村义务教育管理体制方面进行重大改革，明确提出要逐步建立"实行国务院领导，由地方政府负责、分级管理、以县为主的体制"的管理体制，把实行农村税费改革与促进义务教育发展结合起来。2001 年 11 月，国务院办公厅转发了中央编办、教育部、财政部《关于制定中小学教职工编制标准的意见》，这是中华人民共和国成立以来颁布的第一个权威性的中小学编制标准。除北京、上海情况比较特殊，全国各省市根据编制标准文件和教育部的实施意见，制定出台了本省（区、市）编制标准的具体实施意见或办法，并据此开展了核定编制的工作。教师编制一经确定，其工资待遇等经费来源纳入财政预算，从根本上建立了按时足额发放教师工资的机制，也为实施人事制度改革奠定了坚实基础。

2003 年 9 月，国家人事部和教育部下发了《关于深化中小学人事制度改革的实施意见》，标志着第三阶段的开始。2004 年，在全国范围内实施教师聘任制。2005 年 12 月 24 日，国务院发出了《国务院关于深化农村义务教育经费保障机制改革的通知》，其主要内容是"明确政府责任、中央地方共担、加大财政投入、提高保障水平、分担组织实施"的基本原则，逐步将农村义务教育全面纳入公共财政保障范围，建立中央和地方分项目、按比例分担的农村义务教育经费保障机制。

第四阶段开始于 2006 年 9 月 1 日新颁布实施的《中华人民共和国义务教育法》。同年，在西部地区 12 个省（区、市）首先全面推行农村义务教育经费保障机制改革，以国家法律的形式规定了教师工资福利和社会保险待遇，以及改善教师工作和生活条件，特别强调完善农村教师工资经费保障机制。

（二）教师聘任制的政策分析

1994 年 1 月 1 日起施行的《中华人民共和国教师法》中第三章第十七条规定："学校和其他教育机构应逐步实行教师聘任制，教师的聘任应当遵循双方地位平等的原则，由学校和教师签订聘任合同，明确规定双方的权利、义务和责任。实施教师聘任制的步骤、办法由国务院教育行政部门规定。"据此，全国各中小学开始了学校内部管理体制的改革，开始在国家教师任命制的基础上，由校长实施的教师岗位职务聘任制。这种聘任制经过一个时期以来的实践显现了重要作用：①打破了事实上存在的岗位职务终身制，优化了教师队伍，少数不适合教学工作人员受到了触动，多数在岗教师也提高了对自己的要求。②扩大了校长办学自主权，使校长有了一定的人事调配权，对学校内部事务的决策权受到了尊重。③初步建立了竞争机制，打破了"大锅饭""平均主义"，改革了人浮于事的局面，激发了教师的工作积极性，提高了教育质量。④为中小学教师聘任制进一步深化改革积累了大量的宝贵经验。

但是，随着市场经济的建立，教师聘任制暴露出其预期目的与现实的反差，表现在如下四个方面。

第一，希望通过聘任制的实行，有利于选贤任能，弱化人与人之间过重的人身依附关系。但现实中，聘任制的实行从某种程度上加大了单位领导人的权力系数，强化了人与人之间的人身依附关系，进一步促进了"关系网"合法的发展。其后果是：一方面，造成人才管理上的各种"漏洞"，使不正之风在人才管理领域再度出现；另一方面，从涉及范围到强度，聘任制都给予单位领导更大的权力，任人唯"亲""以权谋私"的现象越来越严重，精通"关系学者"，将会得其所需，而有才不善走关系者将"被权迫动",况且聘任制的用人标准在实际运作过程中，往往并无客观的明确标准。

第二，希望通过聘任制的实行，打破人才的"单位所有制"。事实上，产生人才"单位所有制"的根源在于我国人事管理体制结构的静态性。一是受档案管理所制约，在许多单位劳动者谋生与其档案是不可分的。当劳动者提出调离时，原单位有不提供档案的权力，而愿意接收单位如果不能得到档案，也无法聘用拟换职业的劳动者。如果原单位不愿解除用人关系，而劳动者非弃职不可时，原单位会在劳动者的档案中填写不利于劳动者重新就业的内容，从而妨碍其弃此职而择他业。二是户籍管理体制也极大地限制着劳动者职业选择的权力。人才流动取决于户口能否迁移，有许多规章制度阻碍劳动者在地区之间的流动，劳动者自主选择的权力很少，也成为劳动者择业空间方面的障碍。因此，现行的聘任制没有改革人事管理计划体制结构的静态性，"单位所有制"问题没有解决，反而加强了人事管理体制结构的静态程度。

第三，希望通过聘任制的实行，推动人才合理流动，以达到优化组合的目的。由于计划体制下形成的人事管理体制的静态结构所制约，当前学校面临一个比较普遍的问题是，想进的人进不来，想流动的人流不动，即使"动"了也是通过非正常手段的"调动"。想退出教育行业的教师一旦遇到行政或其他方面的障碍，在教育岗位上尽力减少教学过程中实际劳动的消耗；若遇到退出障碍时，或许会寻找第二职业，谋取薪金以外的收入，使本来有限的教学精力付之第二职业。特别对富余人员的安置，仍是一大难题，主要表现在学校消化渠道过窄，甚至不具备自我消化的能力，有的学校因为部分剥离人员上访告状，不得不把这些"优化"出去的人再"组合"进来。

第四，教师聘任制与社会改革不同步。人才市场和社会保障机制尚不配套，待聘岗位人员的交流政策和管理网络还不完善，富余人员再就业渠道不宽畅。我国现行的社会保障制度是适应计划经济体制要求建立起来的，带有供给制的色彩，覆盖面过窄，社会化程度低，保障功能差。就学校而言，目前仍未摆脱行政"附属"的关系，基本上与行政单位一样，由人事部门履行养老保险职能，由卫生部门履行医疗保险职能，所有这些保险制度实际上是通过有关人员所在单位来实现的，造成了事实上的单位保险，在这种传统的社会保障制度下，一个人一旦离开了所在"单位"，就会失去相应的社会保险待遇。因此，严重制约了劳动人事制度从封闭管理向开放型管理转变，阻碍了教师人事管理体制改革的全面深化。

实行聘任制取得成功的国家的经验表明，实行聘任制要具备以下基本条件：①有足够的教师后备资源；②有自由的劳动力市场，人员流通渠道畅通；③教师工资福利相对较高，教师职业具有一定吸引力。因此，要使我国中小学教师人事管理制度适应社会主义市场经济的发展，深化教师人事管理体制改革，真正落实聘任制，需要积极大胆的探索和谋求良策。

（三）教师聘任制的学校内部运行机制

从学校内部管理运行机制看，深化以人事分配制度为重点的学校内部管理体制改革，其核心在于运用正确的政策导向、思想教育和物质激励手段，打破平均主义，实行多劳多得、优质优酬、优胜劣汰的市场原则，调动广大教师积极性，提高教师队伍素质，转换学校内部运行机制，提高办学水平和效益。因此，完善教师聘任制的学校内部运行机制须做好五个方面的工作。

1. 完善学校内部人事管理体制，必须以校长的领导素质为前提

校长作为党和国家教育方针政策的执行者和学校工作的组织领导者，不应是图解政策的"传话筒"或一定体制下的"维持会长"，而应根据党和国家所确定的教育方针政策和当代教育发展规律，结合本校确定新思路，构建出实施管理新格局的理性大师。这种管理新格局体现校长的管理思想，展示校长的开创能力，主要表现在三个方面：一是改革，要求调动全校师生员工的积极性，发挥其主动性，改革掉那些过时、陈旧的教学思想、方法和管理观念，树立现代教育管理的本质观、价值观、实践观、质量观。二是开放，要对社会发展具有敏锐的洞察力，能站在当代社会政治、经济、文化发展的大背景下审视教育，驾驭学校管理活动。三是搞活，要善于吸纳现代教育信息，聚集各种力量，办好自己的学校，进而强化校园文化意识，创设一种宽松和谐的教育、教学、教研氛围，使之成为一种具有强大凝聚力的文化"场"，使学校需要的教师"进得来、稳得住"。

2. 学校要建立公平的竞争机制

每个教职工在竞争面前人人平等，只以能力高低为用人的唯一标准，如实行职称双轨制，既有国家核准的，也有校内因事设职、因职定人、按职给薪，只有这样才能做到人事相宜，破除论资排辈，以利于优秀青年教师脱颖而出。给一些骨干教师以相应的报酬和待遇，以优厚稳定的待遇来吸引人才，为学校发展提供充足的教师资源存量。

3. 学校要建立一个有效的内部调节机制

一个学校因分工不同，年级有高低之分，学生的学力情况不等，学科分类有

别，必然有多种不同的工作岗位。这些岗位中，又必然有优劣之分，每个人都想从事较好的职业岗位，而事实上不可能所有人都从事同一种职业岗位，所以哪怕是公平竞争，也会对那些不能如愿的教职工的积极性产生一定的影响。因此，学校应建立一种有效的内部调节机制，如通过工资等因素来进行调节，如同市场中价格的调节作用。

4. 为教师的成长提供发展机会

1961 年，美国教育协会在发表的《谁是优良教师》一文中指出："教师被评定的成绩，在其任职的最初阶段是随着实践经验的增加呈迅速上升趋势的，以后 5 年或更长时期进步速度逐步呈下降趋势，再以后 15~20 年无多大变更，最终则趋于衰退。"因此，在职教师的进步并不是绝对随着教学时间和教学经验的增加而直线向前的，而是会有曲折乃至倒退。这就要求学校内部为其所使用的教师在业务培训与提高、升迁等方面提供发展的机会，并给其与职位职称相对应的各种合法权利。

5. 要大力提倡爱岗、敬业和奉献精神

因为实行教师聘任制涉及每个教师的切身利益，所以要做好教职工的思想政治工作，尤其是落聘人员的工作。尊重教师、理解教师，化一切消极因素为积极因素，调动教师献身教育事业的积极性。

（四）教师聘任制的学校外部运行机制

从学校外部管理运行机制来看，学校作为社会大系统里的一个子系统，教师聘任制应在社会主义市场经济体制的大背景下实行合理的人才流动。但是，中小学教师聘任制运行的外部条件主要取决于我国教师人事管理体制的改革，即计划经济的静态体制结构向市场经济的动态体制结构转轨。因此，可从以下几方面进行完善。

（1）从某种意义上说，中小学教师聘任制的动态性功能要求必须有与之相匹配的动态性体制结构。在市场经济体制较完善的发达地区，要逐步排除教师合理流动的地域屏障，关键是解决好现行的教师户籍管理制度。纵观世界发达国家，人口管理制度无不为此开绿灯，吸收外来优秀人才。我国可以借鉴国外相关经验，结合本国实际，充分利用和完善现行的居民身份证制度、教师资格证等制度，再建立健全一些居住方面的法律法规，逐步改革现行的户籍管理制度。废除教师的所有制身份制度，废除用人单位之间实行的档案必须随职工调转同往的制度，新

的用人单位可以通过其他途径对求职者进行全面公正的考核，但档案不是考虑求职者是否可被录用的依据。户籍管理体制应顺应破除"三铁"和劳动力市场发育的需要，取消一些人口迁移方面的限制，特别是应取消各地区自行规定的种种迁移收费，给劳动者更大的选择居住地点的权力。

（2）进一步深化教师工资分配制度的改革。教师工资的改革要考虑到：第一，教师劳动在一般情况下是素质较高的劳动力，需要较多的培养成本。同时，教师的劳动也是复杂程度较高的劳动，能创造较多的价值。因此，教师工资应能够较准确地反映教师劳动力培养成本和教师劳动贡献。第二，在市场经济条件下，充分利用价格信号这个基本手段，建立教师工资动态化增长机制。教师工资的定期增长制对市场的反应灵敏度较低，也欠缺全面性。因此，教师工资增长系数应充分考虑市场的随机性，可以参照物价指数、国民经济增长指数、全国平均工资水平等做出相应的调整，使教师的工资处于动态的较高水平，从而吸引社会其他行业更多符合条件的人选择教师职业，开发教师队伍的后备资源。

（3）我国将长期处于社会主义初级阶段，地域辽阔，人口众多，底子薄，地区之间发展不平衡，经济发达地区与欠发达地区并存的二元经济结构将长期存在。这些基本国情告诉我们，我国中小学实行聘任制的整体改革，不宜整齐划一，而应考虑到发达地区与欠发达地区的差异，实行分类指导，区域推进。例如，在一些老、少、边、穷地区，在传统的计划调节的基础上，引进市场的调节机制，促进教师队伍结构与办学规模结构的协调，同时缓解教师供给与相对落后的地区办学需求的矛盾，合理有效地配置教育资源，为当地教育发展与改革服务。可以在一定区域内实行学校与学校之间、区域之间合理流动，让教师在计划与市场结合中得到合理流动和使用，最终达到区域性人才结构布局的动态平衡。

（4）在进一步深化教师人事管理体制改革的过程中，应采取一种新的改革思路，即根据我国干部人事制度的实际情况，在承认和保留现有教师身份及相应待遇的基础上，先将用于社会保险的经费单列出来，并设立相应的社会保障机构负责集中管理，与原来其他经费脱钩，逐步剥离学校的社会保障功能，逐步实现社会保障体系的社会化，既可以有效地减轻"学校办社会"的沉重负担，又可以改变社会保障单位化、部门化的严重弊端。

（5）建立并完善相关的政策法规体系。为了实现教师合理分流，政策可以采取劳动人事政策法律等方式，来引导和规范各类人才和劳动市场，调节和规范各类组织机构的用人行为，以实现国家的某些特定的政策目标。中小学实行教师聘任制是一种法定的行政行为，不能随意另立章法，应注意政策的连续性，在现有政策法规的范围内，严格按照规定程序实行聘任，完善中小学教师资格制度，以便对中小学教师的任用条件、任用程序和教师来源等做出严格规定。

综上所述，在社会主义市场经济体制下，如何将中小学教师聘任制推向纵深方向发展，国情与旧体制的静态结构特点决定了我国中小学教师人事管理体制改革只能采取由内部向外部渐进渗透的方式，以期通过完善学校内部管理机制，逐步建立学校外部调节机制，在国家政策宏观调控下，实行分类指导、区域性推进的改革战略，建立起与市场经济相适应的新型劳动人事制度。随着人才市场的建立和社会保障体系的日趋完善，中小学劳动人事制度改革必须加快从学校内部封闭型管理向社会开放型管理转轨，建立起与市场经济发展相适应的"进得来，出得去，稳得住"的动态平衡机制，最终达到教师队伍在流动中优化结构、在流动中提高质量、在流动中增强活力的目的。

二、农村代课教师退出机制

（一）农村代课教师的生存困境状态

随着社会的高速发展，农村代课教师的生存困境状态也处于不断变化中，而要认识农村代课教师的生存困境状态，对其展开内涵与外延的阐释不可或缺。因而，在对农村代课教师的生存困境状态做进一步阐述时，有必要结合历史与现实对其生存困境状态进行梳理。

1.农村代课教师生存困境状态内涵解析

"生存"与"死亡"相对，《现代汉语词典》（全新版）将其释义为"保存生命"，"生存困境状态"主要指"人或事物维系生命时表现出来的形态、现状及其中的缘由和历程"，而教师的生存困境状态主要指在特定的历史文化背景下教师所处的物质、精神环境困境。对农村代课教师而言，其生存困境状态不应仅局限于物质和精神环境两方面，应多角度地思考农村代课教师作为独立的"人"的生存诉求，应更多关注他们在生活中的诉求。总体而言，农村代课教师的生存困境状态主要包含三个方面的内容。

第一，物质生存困境状态是农村代课教师生存困境状态的基本内容之一。物质生存状态不仅影响着农村代课教师的精神和专业生存状态，更严重阻碍了他们获取良好的生存状态。物质生存状态主要包含经济收入和工作生活环境方面。农村代课教师的经济收入主要包括工资和福利待遇、社会声望等，工作生活环境则主要包括教学条件、居住条件、社会保障、就业保障等。在物质生存状态方面，农村代课教师均处于困境之中，这直接影响着农村代课教师工作的积极性。第二，精神生存困境状态也是农村代课教师生存困境状态中的主要内容。在中国传统语境下，"精神"包含了理性、情感及道德的各个要素，精神生存状态主要是指个体对自我、工作对象、工作实践本身的感知、反思及行动上的调整，农村代课教师的"教师"身份决定了这一主体在精神生存状态中需要的职业认同感、教师使命感、组织认同，而当前的农村代课教师正处于这一精神困境状态之中，且直接影响着这一群体的职业信念的获取。第三，专业发展困境状态也包含在农村代课教师的生存困境状态之中，这主要是针对农村代课教师所面临的专业发展环境，包括农村代课教师的教师流动、教师结构、专业成长等方面。在教师流动方面，主要是指农村代课教师的显性流动和隐性流动；在教师结构方面，主要是指农村代课教师的编制问题、年龄结构、性别结构、学历结构；在专业成长方面，指农村代课教师专业成长中的专业知识、专业能力。

2. 农村代课教师生存困境状态的主要集中表现

现今，农村代课教师的生存状态是一种被动异化的生存，被迫地失去"教师"本真存在的生存状态，这种逐步恶化的生存状态使农村代课教师陷入种种困境之中，直接影响着农村代课教师的教学工作和身心健康，由此引发的一系列问题也将威胁我国农村教师队伍的稳定发展，这主要集中表现在以下三个方面。

（1）不平等福利待遇下的生活困境。与农村公办教师相比，农村代课教师没有编制，工资待遇偏低，他们获得的报酬是农村公办教师的 1/10 到 1/3，且不能按时领取工资、工资被拖欠的现象时有发生。据 2017 年 2 月厦门新闻报道，目前农村代课教师的薪酬每月到手仅 1000 余元，低薪酬使厦门各中小学出现"教师荒"，教师缺口大，还有部分中小学仍在二次、三次发布编外教师招聘启事。不仅如此，据 2016 年腾讯新闻报道，山西省陵川县积善村的代课女教师坚守讲台40 余年，薪资水平最多却只有 100 多元。除此以外，农村代课教师的福利更是缺乏保障，他们没有任何奖金和评优机会。据 2017 年 6 月新闻报道，广西壮族自治区玉林市博白县双凤镇的 6 名年过五十的代课教师因临近退休才知晓没有养老保险，即使自己购买养老保险，这些农村代课教师所购买的保险也与编制内教师不同，属于灵活人员险种，缺乏有效的法律保障，这对于月薪仅 1000 余元的他们而言，更是雪上加霜。目前，在该县仍有 39 名代课教师没有养老保险，社保和医疗保险法律上也无明确的保障，这些不公平的福利待遇使农村代课教师的基本生活举步维艰，物质生存陷入困境。

（2）结构性失衡问题下的发展困境。我国农村代课教师存在严重的结构性失衡问题，在区域构成方面，代课教师主要分布在农村学校和教学点，特别是在山区、牧区和少数民族聚集地区的农村学校和教学点。据 2016 年 9 月光明网的调查测算，目前全国仍有代课教师 20 多万人，主要集中在各个农村的中小学，尤其是农村贫困地区的偏远教学点，有的代课教师甚至在极分散的"单人校""一人一校"上执教，条件十分艰苦，这与城市公办教师形成鲜明的对比。据 2014 年《中国妇女报》报道，在性别构成和年龄构成方面，贵州省某乡的女代课教师所占比例是男代课教师的近两倍，这一现象在小学表现得更为明显，女代课教师与男代课教师数量比可达 3∶1，且 97% 的女代课教师在 30 岁以下，超过 65% 的年轻女代课教师未婚，由此引发的吃住、安全、婚恋问题日益突出。该调研发现，类似问题在贵州、云南和河北 3 省突出，而这些突出的结构性失衡表象之后隐藏的诸多问题令人担忧。

（3）教师专业身份矛盾下的精神困境。与其他公办教师相比，农村代课教师的政治地位偏低，"教师"的专业身份也得不到国家、社会、家长甚至是学生的认可。据 2014 年的调研结果显示，教师的尊崇度与教师所处学校的行政层级成正相关，学校层级与教师声望依然呈现出正相关的关系。在对省重点、省一般、市重点、县重点、县一般、中心校和乡村校小学教师的职业声望展开的实证研究中也发现，乡村校小学教师职业尊崇度最低，其中包括农村代课教师。其中，由于撤点并校、村落人口外流、生源质量差等因素，农村代课教师逐渐丧失对教育的内在认同，缺失职业成就感的他们在农村艰苦的环境中更易产生职业倦怠，可能逐渐逃离教师队伍。在学生眼中，他们俨然已经沦为收入低、地位低、没前途的一族。在文化地位上，农村代课教师作为知识传递者的身份越加模糊，知识的专业性被不同程度地削弱，逐渐沦为文化的边缘者，这种矛盾身份带来的巨大生理和心理压力给农村代课教师群体带来严重的生存危机。

可见，农村代课教师的物质生活、职业发展及"教师"的专业身份均已陷入不同程度的困境之中，并呈逐渐恶化的趋势，导致农村代课教师陷入"引不来""流动快""无发展"的怪圈，由此导致的问题也更加复杂。要有针对性地处理好这些问题，必须深层次地剖析其背后的原因。

（二）造成农村代课教师生存困境的原因

当前，我国农村代课教师面临生存困境的原因错综复杂。总的来说，导致农村代课教师面临生存困境的主要原因在于现行政策的失范、地方政府的管理偏颇及农村代课教师自身身份认同的偏差。

1. 政策失范

"失范"主要是指"一种社会规范缺乏、含混或者社会规范变化多端，以致不能为社会成员提供指导的社会情境"，政策失范指制度设计缺乏规范，有失合理性。正是因为关于农村代课教师的政策失范，才最终导致农村代课教师陷入不平等福利待遇下的生活困境及结构性失衡下的发展困境，这里的政策失范主要集中表现在以下三方面。

第一，政策的不稳定性和矛盾性是导致农村代课教师聘用不规范、合法权益无法得到保障的根本因素。对中华人民共和国成立后农村代课教师的相关政策进行梳理后发现，农村代课教师其间经历萌芽、不断膨胀、发展壮大、逐渐收缩到现今逐渐辞退的不同历史发展阶段，除最初萌芽阶段（1949—1976年）国家承认农村代课教师以外，其他阶段相关部门均未针对农村代课教师这一群体出台独立的政策文件及法律法规，这些历史遗留问题为农村代课教师后续问题的产生埋下了隐患。除此以外，政策的矛盾性间接造成管理上的不规范，农村代课教师的聘用与《中华人民共和国教师法》《教师资格条例》《教师资格条例实施办法》相矛盾，如《中华人民共和国教师法》第三十四条规定"国家实行教师资格、职务、聘任制度"，《教师资格条例》第十一条规定各级、各类学校教师资格应当具备的相应学历。然而，现实情况却是农村代课教师直接由学校随意聘任，无任何聘用合同或手续，学历也达不到要求，因而农村代课教师教学权利的取得、教师地位及权益均与相关规定不符，造成农村代课教师的聘用多样化、合法权益无从保证、同工不同酬等现象屡见不鲜。

第二，相关政策的内容和体系的不完善也是政策失范的表现。以清退政策为例，国家为了保证农村教师队伍的良性循环，规定"在很短的时间内把中小学代课教师全部清退"，但却没有出台有关清退农村代课教师之后的转岗、就业、社会保障等政策，这不仅使地方政府在执行清退政策时缺乏明确的方向，后续保障工作不到位，而且后续补充机制的缺乏更造成农村教师的缺口不断扩大，引发后续的劳动争议和法律纠纷等问题，甚至使农村代课教师的清退政策不能达到预期效果，且收效甚微、适得其反。

第三，政策的制定和执行缺乏弹性，坚持效率优先与城市偏向的政策造成农村代课教师群体陷入结构性失衡的发展困境中。以教师的编制政策为例，我国的教师编制政策不断调整，教师编制的依据由最初的"班师比"转变为"生师比"。虽然近年来随着农村教师数量的变化，部分省（如山东省）出台了新政策，开始实行城乡统一的编制标准，但是相关政策一味追求效率且未考虑到广大农村地区的实际情况，如广西壮族自治区北海市现以生师比21：1的编制标准核定教师编制，这对人口密集、生源稳定的城镇学校较为合理，而对地广人稀、生源少且分布分散的农村地区尤其是教学点而言则存在明显缺陷。此外，地方政府"撤点并校"布局调整带来的"农村学校空壳化""城镇学校大班额"等新问题的出现，造成了农村学校编制政策落实不到位及农村代课教师考取编制难度加大的问题，使农村代课教师编制配置失衡，加剧了城乡教师编制倒挂的现象，使没有编制的农村代课教师享受不到国家的福利待遇，导致这一群体出现结构化失衡等问题。

2. 地方政府管理的偏颇

首先，地方政府管理的行政化色彩浓厚，导致在政策执行过程中出现与原政策相背离的情况，引发农村代课教师后续问题的产生。管理的行政化色彩浓厚是"官本位""城市优先"思维的产物，僵化的管理意识、习惯于发号施令的工作方式使农村代课教师无法适应教育行政化管理。对东中西部十余个省份编制标准、实施办法的分析及相关调研报告显示，因地方政府管理的过度行政化，部分工作人员在执行国家政策时并未按照政策规定的办事流程进行操作，甚至设置一些没有必要的审核门槛等，部分学校甚至以合同制为幌子在辞掉原代课教师的同时，不断招收新代课教师，从而引发后续问题，这与地方政府管理上的行政化因素密切相关。

其次，地方政府的刚性管理阻断了农村代课教师权益表达的通道，间接造成农村代课教师的大量流失。面对农村代课教师，部分政府不但没有针对农村代课教师的具体情况执行相关政策，反而以政府财政实力不足等为借口，拒不执行或选择性执行国家的政策。此外，农村代课教师在劳动合同程序、聘用期限、薪资待遇等问题上与学校发生法律纠纷时，因政府刚性管理迫使农村代课教师只能以集体上诉这种极端方式引起相关部门的关注。

最后，地方政府统筹管理的欠缺加大了各部门对农村代课教师管理的难度，造成农村代课教师出现许多新问题。农村代课教师的相关问题涉及教育部门、编制办及社会保障等多个部门，各部门的参与需要政府的统筹管理及安排。然而，政府统筹管理欠缺，如地方政府不参与到农村代课教师的政策执行中，与编制办、社会保障等部门缺乏协同合作，也没有组织农村学校参与交流，结果各自为政，最终导致处于多重管理中的农村代课教师存在缺乏编制、缺乏社会保障、职称评定中的不公平等诸多问题。

3. 身份认同的偏差

农村代课教师的身份认同是这一群体生存困境的内在因素，这一群体的文化身份被消融、教师主体被限制、主观体验被剥夺。正是因为他们的文化身份、专业身份、社会身份及个体身份得不到普遍认可，才导致农村代课教师出现身份矛盾和身份尴尬问题，使农村代课教师陷入专业身份矛盾下的精神困境之中。

首先，作为知识分子，农村代课教师的文化身份被标准化，内在精神的存在却灰飞烟灭。文化蕴含着"天性"和"本性"，哈贝马斯（J. Habermas）曾把文化定义为"个人关于他们自己和他们周围世界所抱有的一整套主观意义"。作为知识分子，农村代课教师的文化身份代表着自身的思维方式和价值观念。然而，当前农村代课教师文化身份正不断被消融，人们习惯将农村代课教师当作临时"雇员"看待，多样化、多标准地要求他们无偿扎根于农村，要求他们牺牲自身的价值来弥补外在条件的不足，却忽视了这一群体内在的精神文化和自身的文化自觉及思维。在这种境况下，农村代课教师知识分子的"导师"身份已经自行消融，甚至逐渐被沦为文化群体中的低层和边缘群体。

其次，作为专业引导者，农村代课教师的教师专业身份被限制。教师的专业身份认同是在与他人的交往中形成和重塑的，除了以拥有的专业知识和扮演的角色来判断以外，还应该将专业自我纳入其中，这样才能达到一种动态平衡。反观当前的农村代课教师，其专业身份不仅得不到国家的认可，而且得不到学校、同事甚至是家长的认可。除此之外，农村代课教师被隔绝在乡土地缘中，很难实现教师专业身份的自由转换。由此，农村代课教师群体成为"农村社会中最忠诚的'安贫乐道'的守护者，成为弱势身份的固化者"。

最后，作为世俗的个体代表者，农村代课教师情感体验的差异性被压迫，消极的职业认同和缺失的情感归属处于支配地位。农村代课教师作为独立的个体，有自己的生命体验、价值追求与情绪，这也是教师专业身份的一部分，更是教师身份差异性的体现。然而，当前农村代课教师普遍存在矛盾、失落的情绪，特别是在国家清退政策的实施、明显的教师分层及微薄的薪资待遇这些外在因素的"压迫"下，农村代课教师的情感体验更加单一化，甚至对自身的专业身份产生怀疑。不稳定的职业环境、频繁的职业流动、游离式的职业生活更加深了农村代课教师对自身职业的消极认同，使他们找不到自己的情感归属，得不到作为教师应该收获的满足感与成就感，取而代之的却是自身身份归属的失败，继而成为教育者中的"流浪者"，这些因素都是导致农村代课教师陷入精神困境的内在因素。

（三）全面清退机制可能导致的后果

如果硬性实施全面"清退"代课教师的政策，可能会导致以下后果。

1. 空缺无人填补，大量老少边穷地区的孩子将失学

代课教师大多分布在边远偏僻的农村小学或教学点，有的1人就是1校。一

旦他们离开,地方财政解决不了重新安排公办教师的工资问题,即使解决钱的问题,但在环境最艰苦的地方,公办教师很难去或根本就不会去,教学点就将关门,学生就会失学。如果让小学生到离家很远的地方上学,会出现安全问题,家长和学校都不放心;如果要寄宿,则又涉及学校的接纳和管理能力、小学生特别是初小学生的生活自理能力以及农村家庭经济负担不起的问题。在一些有公办教师的农村小学,代课教师被清退虽然不会导致学生失学,但势必增加在任教师的工作量,影响教学质量。如果让城市支教者或者师范实习生去填补代课教师的空缺,尤其是少量的、短期的和不稳定的,也只是补充农村教师的权宜之计。

2. 贡献难以得到补偿,有失社会公平和正义

代课教师在常年从事教学的同时,对教学工作建立了深厚的感情。他们常年工作在条件最艰苦的农村,待遇低微,是他们支撑着穷困山区的农村教育。他们中的许多人历尽千辛万苦通过自学考试、函授等形式取得了大中专学历,拿到了教师资格证,从心理上对教师职业产生了一定的依赖性。在物质上代课教师不仅没法与公办教师比,甚至在当地农村也是最穷的,还有随时被辞退的可能,但是他们对农村教育的奉献最多,没有他们,中国西部农村的基础教育将不可想象。在错失人生最佳择业期后,民转公或被政府录用便成了他们最大的人生期望。从道义上来说,代课教师在艰苦的地方对中国教育做出了巨大的贡献,到头来却面临被"清退"的命运,显然人们和代课教师群体都难以接受。代课教师人生的黄金时间都站在三尺讲台上,如果只是一纸"清退令"就剥夺了他们的工作,是极不公平的。

3. 容易引发社会问题,导致群体事件

而对"清退"政策,一些工作在第一线的地方教育行政管理部门也有苦衷。全部清退代课教师不能体现人文关怀,不符合尊重人才、珍惜人才的方针。一些地方教育行政部门和学校执行"清退令"表现出一定的灵活性,如给被辞退的代课教师一定的经济补偿,采取"退一补一"的办法辞退代课教师等,但苦于缺少政策支持和受财力的限制,不能从根本上解决问题。

(四)对代课教师的清退机制的改善建议

政策支持和受财力的限制,不能从根本上解决问题。代课教师是教育系统的"农民工",其待遇甚至还不如农民工,是地地道道的弱势群体。他们的权利被忽视和侵害,如他们的低工资有悖于现行的劳动工资政策。第一,违反了按劳取酬

这一劳动者法定的权利。教师工作是专业性强、要求高、承担教书育人责任的脑力劳动，本应得到更多的劳动报酬。第二，违反了国家工资保障制度。代课教师工资大多为几百元左右，有的才几十元，大大低于甚至几倍低于当地最低工资标准。第三，违反了同工同酬原则。在现行的体制安排中，他们往往"集体失语"，但这"沉默"很容易被打破，有可能留下类似处理民办教师时的后遗症。对于这种清退机制，在此要提出一些相关的改善建议。

1. 合格人员转为正式

学历合格、素质较高、取得教师资格的代课教师，可以根据需要，通过适当的形式参加招聘，取得正式教师的资格。代课教师群体中，一部分人在教学的同时，通过各种途径获得了相关学历证书。按照有关规定，取得了教师资格的这部分人可以从事教师职业，可以根据实际来参加招聘。但代课教师整体学历水平较低，高中及高中以下学历的多，大专以上学历的比较少，大多数在乡村小学代课。

2. 清退工作不设期限

代课教师的形成在各地比较复杂，给出一个时间表，在执行过程中就有可能出现不和谐或损伤有关方利益的现象。如果对方签订了协议合同，就遵照合同期限。清退工作并没有最后的时间表，这样也为解决遗留问题提供了空间和时间，各地可以按照实际逐步加以解决。

3. 清退代课教师要有补偿

根据规定，在清退代课教师的过程中要按政策合理地解决这一问题，要本着"尊重历史、面对现实、实事求是、逐步解决"的原则，对取得教师资格的代课教师予以录用，对未取得教师资格或不合格的代课教师清退时，要按照"谁聘用，谁清退；谁清退，谁补偿"的原则给予一定的经济补偿。

通过以上分析，理性地总结出农村地区的代课教师是在中国教育最需要也最艰难的历史时期，撑起了中国教育的一片天。他们在偏远的农村地区，在地方财政难以供养正式教师的地方，为那里的孩子传授知识，以他们的心血浇灌着祖国的未来，为我国农村的基础教育及农村经济社会的发展，做出了不可磨灭的贡献。这是应当被我们所承认的，因此对于清退代课教师这一关乎民生的政策，相关部门应谨慎理性实施，让代课教师稳妥地得到应有的安置，让农村基础教育稳定、积极地发展下去，为农村经济的繁荣铺垫出更坚实的基础。

第八章 国外教师流动制度的内容与启示

第一节 日本教师流动制度的基本内容

一、日本教师定期流动的法律环境和基础

（一）日本通过立法保障偏僻地区和弱势群体公平受教育权

日本针对偏僻地区和弱势人群，通过立法和相关教育政策，确保这些地区和人群公平受教育权利。1956年制定的《关于国家援助就学困难儿童和学生的就学奖励的法律》规定，由国家在预算范围内援助因经济缘故而就学困难的儿童和学生；1954年制定（1985年修订）《偏僻地方教育振兴法》，并制定了《偏僻地方教育振兴法施行令》和《偏僻地方教育振兴法施行规则》保障该法律的实施。与此相对应，日本还专门制定了《孤岛振兴法》和《大雪地带对策特别措施法》等，对国家给予落后地区财政支持做出了规定。

（二）日本中小学硬件设施均衡配备

日本平等教育就是指任何一个受教育者包括残疾儿童，在任何一所学校所接受的教育机会、权利是相同或相等的。为了使孩子接受质量较高的教育，日本政府通过提供充足的义务教育经费，使各个学校的教学条件和教学设施都达到了规范化，相互之间差别不大。只要是一所学校，无论其规模大小、在校学生人数多少，学校都必须具备办学的必备条件和设施。例如，东京都立晶川聋哑学校尽管只有46名学生和30名教职工，却建有一座可容纳上千人的室内体育馆以及游泳池和音乐、美术、劳动技术课等实践活动室，器材齐全。

相关法律的保障为教师流动提供良好的法律环境，硬件设施的均衡配备为教师流动奠定了物质基础。

二、日本的教师定期流动制度

日本教师"定期流动制"始于第二次世界大战后初期，主要在公立基础学校（小学、初中、高中及特殊学校）范围内实施。20 世纪 60 年代初，该制度趋于完善，并沿用至今。按日本法律规定，日本公立学校教师属于地方公务员，政府对他们的管理有一套比较完善、规范的制度和法律。日本中小学教师的定期流动（或者叫"转任"）属公务员"人事异动"的范畴，"人事异动"一般指人员的变动，如升迁、调离、流动换岗及自然减员、退休等。

（一）日本实行教师定期流动制度的主要目的

日本中小学实行教师定期流动制度主要有三个方面的目的：① 不断提高教师的工作热情和创新能力以及多样的经验积累；② 合理配置人才资源，保持学校之间的水平平衡；③ 打破封闭状态，保证学校办学始终充满活力。

（二）日本教师定期流动制度的具体内容

日本各都、道、府、县的政策在主要方面是一致的，如人事调动及审批权限、基本原则及年限的规定、流向偏僻地学校的有关津贴标准等。

1. 流动对象

日本中小学教师定期流动的对象既包括普通教师，也包括学校校长。以东京都为例，普通教师流动的对象分为几种情况：① 在同一所学校连续任教 10 年以上以及新任教师连续任教 6 年以上者，此为硬性条件；② 为解决定员超编而有必要流动者；③ 在区、市、街道、村范围内的学校及学校之间，如教师队伍在结构上（专业、年龄、资格、男女比例等）不尽合理，有必要调整而流动者。

另外，对不应流动者也做了相应的规定，如任教不满 3 年的教师、57 岁以上未满 60 岁的教师、妊娠或休产假期间的教师、长期缺勤的教师等。

日本中小学教师定期流动，学校校长也在其范围内。1996 年，日本文部省根据近年教师的平均流动率推算，全国公立基础教育学校教师平均每 6 年流动一次。日本重视校长的经历，一般到 50 岁左右，才有可能出任校长。校长每个任期 2 年，连任者需在学校之间轮换。多数中小学校长一般 3~5 年就要换一所学校，每一名校长从上任到退休，一般要流动两次以上。另外，从日本教师在同一学校任教年限，也可看出学校教师流动的频率。从小学、初中、高中、特殊教育教师流动的整体统计数据来看，每年都相差不大，没有大起大落的现象，说明流动比较规范。通常来说，教师在同一学校任教年限小于 6 年的占 76.30%，6~10 年的占 18.10%，10~15 年的占 4.10%，15 年以上的占 1.50%。

2. 流动的范围

日本中小学教师定期流动的范围以就近为主。依据流动地域范围的不同，大致有两种情况。

第一，在同一市、街区、村之间流动，即在同一行政区域内的学校之间进行流动。

第二，跨县（相当于我国省一级行政区域）流动，即教师跨县域流动，从一个县的学校流动到另一个县的学校任教。从日本文部省 1996 年年末的统计资料来看，小学、初中教师流动占比例最大；当年有 96033 名教师实行了流动换岗，流动率为 17.1%，其中有 52105 名教师是在同一市、街区、村之间流动，占流动总数的 54.3%（有的县高达 94.5%），教师流动地域以就近为主。各类学校跨县一级和"政令指定都市"一级行政区域间流动的有 797 人，占比最小，而且主要集中在较大城市间。偏僻地区学校同其他地区学校之间以及不同类型学校之间，教师交流的比例大致平衡。

从流动的学段来看，教师既可在相同学段之间流动，如从小学流向小学、从高中流向高中等，也可以跨学段流动，如中学教师流向小学。据日本文部省 1996 年年末的统计资料，有 21554 名高中教师实行了流动换岗，流动率 11.1%。从日本文部省 1995 年统计资料看，当年在不同种类学校之间流动的教师有 12 268 人。其中，小学教师中有 84.2% 转任到初级中学，初中教师中有 84.2% 转任到小学。

教师也可以在不同类型的学校之间流动，如中学教师流动到特殊教育学校任教。据日本文部省 1996 年年末的统计资料，高中教师 85% 转任到特殊教育学校，特殊教育学校教师流动到小、中、高的比率分别占 40.4%、27.5% 和 32.1%。

3. 相关配套措施

为了配合教师定期流动，日本在教师待遇特别是偏僻地区教师待遇方面制定了相应的配套措施。为了吸引教师流动到偏僻地区工作，日本采取一系列措施，提高这些地区教师的待遇。早在 1954 年的《偏僻地教育振兴法》（1974 年第四次修订）中就规定，市、町、村的任务之一"为协助在偏僻地区学校工作的教员及职员的住宅建造及其他生活福利，应采取必要的措施"。该法还规定都、道、府、县对在条例指定的偏僻地区学校或与其相当的学校工作的教职员，发给"偏僻地区津贴"，月津贴额占工资及扶养津贴额总数的 25% 以内。当教职员工因工作地点变动或随校搬迁到偏僻地区任教时，从变动或搬迁之日起 3 年内，发给其在本人月工资和扶养津贴总额 40% 以内的偏僻地区津贴之外的津贴。此外，还有其他形式的津贴，如寒冷地区津贴、单身赴任津贴等。

（三）日本教师定期流动的实施程序

每年 11 月上旬，由县（都、道、府）一级的教育委员会发布教师定期流动的实施要旨，内容包括地区的指定，有关原则、要求等。

全体教师填写一份调查表，其中包括流动的意向。

由校长决定人选（充分尊重本人意愿并与之商谈后）并报上一级主管部门审核。

由县（都、道、府）教育委员会教育长批准（校长由教育长直接任命换岗，本人也可以提出申请）。

教师在次年 4 月新学期开学前全部到位。

（四）日本教师"定期流动制"的实施效果

日本公立基础教育学校教师的定期流动制度始于第二次世界大战后的初期，当时教师的人事管理权限在市、街区、村一级的教育主管部门，其管辖范围很小，教师的交流难于推动，效果也不理想。20 世纪 50 年代中期以后，地方教育行政组织新的法律即《关于地方教育行政组织及营运的法律》出台，取代了旧的《教育委员会法》，教师的人事管理权限集中到了县一级教育主管部门，此项工作才得以逐步推行，到 20 世纪 60 年代初已趋于完善，并形成制度。日本教师"定期流动制"已实施了半个世纪，为日本实现基础教育的"公平性"、稳定教育质量、提高师资素质以及改善事实上存在的薄弱学校状况等方面起到了重要作用，对日本中小学师资队伍建设，尤其是在均衡校际师资差异方面起到了不可替代的作用。

第二节　韩国教师流动制度的基本内容

韩国的城乡教师轮岗制度在促进城乡教育均衡发展上发挥了重要作用。1962年，韩国《教育公务员任用令》第十三条第 3 项明确指出：为防止任用者或任用提请者所属教育公务员在同一职位或地域上长期出勤而引起倦怠，通过实施人事交流计划，可以有效率地履行教师的义务。韩国于 1963 年颁布的《国家教育公务员法》，在经历几次修订之后，确立了教育人事管理的基本准则，对教育行政机关的工作人员，学校行政领导和教职工的选拔、任用、调配、考核、流动、退休和退职等事项做出规划和决策，提供了政策指导并推进了组织实施。韩国教育公务员制度的实行，严格控制教师准入资格、统一管辖和调配教师，为城乡教师的合理流动提供了前提条件。

一、流动对象及其工作年限

1969 年，韩国制定人事管理政策，致力使各学校的教育得到同步发展，至少也要保持各学校的教师素质和学校领导水平均等。这项政策涵盖了学校管理的三个重要元素：校长的领导、教师的专业教学和包括经济资源在内的学校资源均衡配置。韩国城乡教师轮岗制度作为一项重要的人事管理制度，涵盖的流动对象主要有中小学校长、校监（相当于中国的教导主任）和中小学教师。

校长及其工作年限。轮岗制度规定了校长的工作年限。在韩国公立学校工作的校长，一般在同一所学校的工作预定周期是 4 年，期满之后校长将被安排轮换到另一所学校工作。此项制度只限于公立学校的校长，私立学校则可以自主管理本校校长的工作年限。

教师及其工作年限。韩国规定了中小学教师的工作年限。一般而言，韩国中小学教师在同一所公立学校的工作年限为 4~5 年。对于下辖偏远农村地区的道行政区，教师在城市工作的时间可以是 8 年或 10 年，之后他们将流动到农村学校工作 3~4 年。

韩国政府也规定了不流动的教师。对于有体育竞赛、科学教育、英才教育等办学特色的学校，教师具有特长并有工作实绩，校长要求留任的教师可以提出申请，经道（相当于我国的省、直辖市、自治区）教育厅教育长批准可暂不流动；夫妻双方都是教育公务员，其中一方已经在艰苦地区工作，其配偶可以不流动；父母、配偶、子女或自己身体有残疾的教师也可申请不流动。

二、教师流动的地域范围

根据各地区的城市化水平，韩国将所有学校的人事管理行政区划分为 5 级区域，分别为 I 区域、II 区域、III 区域、IV 区域和 V 区域。I 区域是城市化水平最高、教师最愿意竞争岗位的地区，V 区域是城市化水平最低、教师竞争岗位最不激烈的地区。

教师的流动将根据教师在相同的人事管理行政区和同一所学校工作的时间及工作表现来定。通常，教师在同一所公立学校的教学工作期限是 5 年。I 区域的教师教学工作年限不超过 8 年，Ⅱ区域的教师工作期限可以是 10 年，Ⅰ区域和Ⅱ区域的流动教师可以轮换到Ⅲ区域或更低区域。当教师从Ⅰ区域和Ⅱ区域轮换到Ⅳ区域和Ⅴ区域，他们再回到Ⅰ区域和Ⅱ区域的工作年限为 3 年；当他们轮换到Ⅲ区域，他们回到Ⅰ区域和Ⅱ区域的工作年限为 2 年。

从制度的流动地区划分可知，韩国教师的轮岗体系不仅限于城乡学校间教师的轮换，也包括相同城市的学校间、不同城市的学校间和相同农村地区的不同学校间的轮换。

三、教师轮岗的类型

韩国的《教育公务员法》《教育公务员任用令》《教育公务员人事管理规定》等相关教育法规中，规定了教育公务员的轮岗类型、轮岗原则、轮岗年限等内容。现行中等学校教师轮岗制度以定期轮岗为主，以 5 年为一个轮换周期，以 1~2 年的不定期轮岗为辅。

（一）定期轮岗和不定期轮岗

1. 定期轮岗

所谓定期轮岗是指以在同一所学校连续任教时间达到规定期限的教师为对象而实施的轮岗。教师的定期轮岗基准是在同一所学校连续任教的年限，规定的年限是 3~5 年，只要到了规定的任职年限的上限必须轮岗。韩国的教育公务员定期轮岗是按轮岗对象分两个时间点统一组织实施的，即每年 9 月 1 日实施教育专职人员和校长的定期轮岗，每年 3 月 1 日实施校监和普通教师的定期轮岗。

2. 不定期轮岗

不定期轮岗是指以在同一所学校的任职时间尚未到达规定轮岗年限者为对象而实行的轮换。不定期轮岗是一种特殊形式的轮换，其对象是在同一所学校任教 1~2 年的教师。在中等学校教师轮岗中，为了防止因频繁的工作地点变更带来的业务能力下降，保证教师工作的连续性，保障正常的教育教学秩序，除了机构改革、职务制度改革、当年晋升或降职以及其他法律规定的特殊理由之外，原则上从任职之日起 1 年之内不允许采取任何调换任职地的人事措施。

不定期轮岗是一种有条件的轮岗，只有符合相关规定的教师才有资格申请轮岗。各地方的中等学校教师不定期轮岗的条件有所不同，但大体相当，可归纳为如下几种。

（1）生活照顾类。通勤距离 18 千米以上的教师（只有首尔市有这一规定），在岛屿、偏远地区任职的体弱多病者及残疾人，因公殉职的教育公务员的配偶及其子女。

（2）教育需要类。根据学校教育教学需要而须轮换的教师，在现任职学校继续任教有困难者。

（3）岗位调整类。包括课程调整、精简人员、传统优势体育项目指导教师。

（4）奖惩类。受处分的教师，严重损害学校声誉、违背教师职业道德者。

（5）业务能力差，业绩极其不良者。

（6）职业态度不端正者。

（7）在供给一日三餐的学校任职 2 年以上的教师（营养教师）。

（8）外派到教育机构、教育行政机构任职 2 年以上者。

（9）有公认的研究业绩者。

不定期轮岗的程序是由校长提出申请，主管部门审批后实施。

（二）特聘轮岗和缓期轮岗

1. 特聘轮岗

特聘轮岗是定期轮岗的辅助类型，也是轮岗教师的特殊分配方式。通常在政策规定的范围内，校长根据学校发展需要，面向定期轮岗对象，特别聘请个别教师轮岗到指定的学校。在特聘轮岗中，校长拥有绝对权力。为了实现特聘轮岗的公平公正性，同时有效发挥这一轮岗的功效，各地均出台相关规则规范特聘轮岗。

首先，限定规模。首尔市规定的特聘轮岗规模是当年该校轮岗总规模的 10% 以内（新建学校扩大到 30%）；优先扶持发展的学校是当年该校轮岗流入教师总数的 30% 以内，特聘所有科目教师。

其次，限制对象。特聘轮岗对象限定于定期轮岗对象，同时限制特聘轮岗教师的学科范围。首尔市规定的特聘轮岗对象一般不包括国语、数学、英语教师，但该校属于上述科目的研究学校或示范学校时，根据实际需要特聘上述轮岗科目教师；国际学校、科学学校、体育及特色化高中、英才学校有权特聘轮岗所有科目教师。国际学校、科学高中、英才学校的专业课教师，传统优势体育项目的指导教师以及在特色化高中的特色化领域的专业课教师出现缺员时，校长有权特聘这类轮岗教师。

2.缓期轮岗

所谓缓期轮岗是指在同一所学校的任期已满须轮岗的教师中，经由校长申请（只限本人同意）暂缓轮换、限期留任的轮岗类型。中等学校教师缓期轮岗的规定如下。

第一，缓期轮岗程序。由校长推荐，经相关部门审批后方可缓期轮岗；初中教师是地方教育厅，高中教师是市、道教育厅人事委员会审议通过后才能缓期轮岗。

第二，延期时限一般为3年。

第三，缓期年限不计入轮岗年限之内。

在《京畿道教育公务员人事管理细则》第十一条第2项缓期轮岗条款中规定，以下人员可以缓期轮岗。

第一，在同一所学校任职期限已满者中，无人替换的课任教师；在研究学校尚未结题的课题负责人及参与者；校长希望继续留任的教师（须本人同意）。以上人员由本人申请，校长推荐后，在1~4年内暂缓轮换。

第二，在职业高中专业课岗位中没有轮岗申请者时，可以另行缓期使用原有教师；以上人员的工作业绩评价等次达到优以上。

第三，在同一所学校任职期已满的校长、校监中，两年之内退休的人员。

（三）不同级别的校级轮岗

在韩国，初中教师和高中教师持有的是中等学校教师资格证书，但教师轮岗在原则上是按学校级别分别进行的，在特殊情况下，实行不同级别学校之间的跨学校轮岗。以首尔市为例，以下类型的高中教师可以轮岗到初中任教：本人希望到初中任教的教师；因课程调整须轮岗到初中的教师；高中校长提出要轮岗到初中的教师。

初中教师轮岗到高中任职的跨学校级别的轮岗规定是，由本人提出申请，经所属教育厅教育长推荐后，统一制订《申请轮岗高中任教人员排名表》，按科目分别向高中推荐3倍的候选人，最后由高中择优任用。初、高中教师的跨学校级别的轮岗是在学年初举行的定期轮岗时期内实施，但特殊情况下在学期中间也可以实施跨校级的轮岗，如出现科目教师空缺等情况，需要以轮岗来填补空缺时，就会在学期中实施跨校级轮岗。

（四）初中教师的跨教育厅轮岗

在韩国，初中教师的轮岗是以地方教育厅为轮岗人事区，以教育厅辖区内的轮岗为主、跨教育厅轮岗为辅。所谓的中学教师跨教育厅轮岗是指教师调离所属教育厅，轮岗到其他教育厅的轮岗类型。中学教师跨教育厅轮岗的步骤是：第一步，确定跨教育厅轮岗对象；第二步，确定跨教育厅轮岗教师的流入地教育厅；第三步，流入地教育厅统一分配跨教育厅轮岗教师。

（五）跨市、道间的教师轮岗

在韩国，教师轮岗除了辖区内校际轮岗、跨教育厅轮岗之外，还有跨市、道的教师轮岗，也称市、道间的教师交流。市、道之间的教师轮岗采取对等交流原则，但根据本道的教育及教师供给需要，经双方市、道教育监协商后，也可以实施单向交流。

四、轮岗制度的实施程序

韩国轮岗制度的实施过程规范，公开透明度高，保证教师流动的公平。

首先，参加流动的中小学校长、校监和教师提出申请材料，内容包括个人的教育背景、工作成果、个人信息和流动意向等。每位教师可以向道教育厅提出4所自己希望流动过去的学校。

其次，道教育厅主要根据教师流动分配，同时考虑其居住地和个人意愿决定教师流动的学校。校长和校监流动到哪所学校不是根据流动分配，而是由道教育厅根据他们的教育经历、工作实绩、居住地、教育需要和个人意愿决定。

五、教师轮岗制度实施的激励保障措施

为了促进城乡教师轮岗制度的顺利实施，韩国政府还制定了有关流动教师的经济待遇、研修机会、职务晋升等方面的保障措施，特别是保障偏远贫困地区教师待遇的措施。1974年，韩国政府颁布《岛屿、偏僻地区教育振兴法》，给予岛屿、偏僻地区的教师优先研修的机会，并支付研修所需经费；给流动到岛屿、偏僻地区学校工作的教师支付岛屿、偏僻地区津贴。

为激励教师流动到农村地区执教，韩国还实行加分晋升制度，给流动到农村的教师晋升加分。根据贫困程度和偏远程度，农村学校教师将获得不同的晋升分值。此项制度在韩国教师激烈的升职竞争中，成为一个颇具吸引力的行为驱动器，激励更多的优秀教师申请到农村学校竞争上岗。作为一项经济利益鼓励措施，加分晋升制度很受韩国教师的欢迎和支持。在某种程度上，加分晋升制度的施行，缓解了农村优秀教师不足的情况。

六、实施效果

从农村学校的立场来看,韩国的城乡教师轮岗制度与相应的激励措施相互补充,共同促进教师的合理流动。城乡教师轮岗制度是一个人事管理系统,它强制要求每位教师工作一定时间后,必须在城市学校和农村学校之间进行轮岗;农村教师的晋升加分制度和特殊待遇措施则是通过鼓励的方式,激发教师自愿到农村任教,以吸纳更多的优秀教师。很显然,这些制度和措施的实施对于稳定农村教师、改善薄弱学校教育环境、均衡学校和区域间师资差异起到了重要作用,尤其在提高农村教师素质和农村教育质量上发挥了巨大作用,加快了韩国实现教育公平和教育均衡发展的步伐。在韩国,城乡教师轮岗制度和加分晋升制度被认为是未来农村学校发展必不可少的两项教育制度。

第三节 日韩两国教师流动制度对我国的启示

一、日本、韩国教师流动制度的特点

通过上述对日本和韩国教师流动制度的政策目标、流动对象和条件要求、流动地域范围、流动类型、工作程序、相关激励保障措施等的考察,可以看出两国教师流动制度和教师流动工作明显呈现出以下特点。

第一,制度化或法制化。日本和韩国的教师流动,都具有良好的制度或法律环境,将教师参加流动的责任、义务和要求以法律的形式固定下来,使教育行政部门在制定具体的教师流动政策、推动教师流动工作的过程中,有法可依,有据可循,如日本的《偏僻地方教育振兴法》、《偏僻地方教育振兴法施行令》和《偏僻地方教育振兴法施行规则》,明确要求作为公务员的教师有责任和义务到偏僻地方任教。韩国《教育公务员任用令》第十三条第3项明确指出:为防止任用者或任用提请者所属教育公务员在同一职位或地域上长期出勤而引起倦怠,通过实施人事交流计划,可以有效率地履行教师的义务。

第二,强制性。在日本和韩国,教师轮岗是一种法定行为,是教师应尽的法定义务。只要到了相关法律和法规规定的任职年限,就要强制性地实施校际和区域间的定期轮岗。

第三,全员参与。参加流动的对象是符合一定条件的全体人员。根据相关规定，凡在教育机构任职的教育公务员必须定期轮岗。也就是说，轮岗对象不仅是优秀教师，也不仅是部分科目教师，而是所有的公立学校教师、学校管理人员以及教育行政人员。

第四，常态化。韩国的教师轮岗实行学校任职年限制和区域任职年限制，一旦到了规定的任职年限必须在校际和区域间轮岗。以任职年限为轮岗标准的制度设计，实现了教师轮岗的常态化。

第五，激励性。在具有强制性的同时，两国还特别注重采取多种手段激励教师积极参加流动。这些激励措施包括经济的和精神的、正向的和负向的。韩国规定对在任职条件较差的学校和偏远地区任教的教师给予轮岗加分、晋升加分和定期轮岗时优先选择学校等优惠，以此激励教师到偏远地区任教。同时，限制业务能力差、任职态度不端正或严重违背教师职业道德的人员的轮岗。

二、日本、韩国教师流动制度给我国的启示

日本、韩国的教师流动制度与教师流动的实践，给我国带来了深刻的启示。

（一）良好的法律制度环境，是推动教师流动顺利进行的重要保障

关于教师流动，日本和韩国都具有良好的法律制度环境，以法律的形式规定了教师流动的责任和义务，甚至流动的年限、范围和形式。韩国的教师人事制度的统一管理以及学校任职年限制度、区域任职年限制度等一些具体的制度安排，都为教师流动制度及流动工作的顺利推进，提供了制度保障。

（二）教师作为公务员的身份，为政府强制推动教师流动提供了合法依据

教师作为公务员或者教育公务员，和其他政府公务员一样，政府及其教育行政部门有权在自己管辖的地域范围内进行师资调配，促进师资均衡配置。教师的身份不属于学校，这就扫除了教师在不同学校间流动的身份障碍。

（三）完善的激励保障措施是教师流动制度的重要组成部分

日本、韩国在制定教师流动制度、推动教师流动的同时，非常重视相关激励保障措施的配套。这些激励保障措施作为教师流动制度的润滑剂，能够有效地减少流动的阻力，克服不良情绪，激励广大中小学教师积极参加流动，尤其是流动到偏远贫困地区任教。

义务教育区域教师
均衡配置之教师能力提升篇

第九章　义务教育区域教师专业发展研究

第一节　教师专业能力的内涵与特征

教师专业能力的内涵与特征是了解义务教育区域教师专业发展的基本前提。本节将分析教师专业能力的内涵与特征。

一、教师能力的内涵

"教师能力问题的研究，既涉及教育理论和教育思维的突破，又涉及教育实践的规范和创新，是一个理论性和实践性都很强的教师教育问题。"❶开展教师能力建设，首先需要搞清楚教师能力的基本内涵。虽然对于教师能力的研究，一直是仁者见仁智者见智，但是教师能力的结构要素不可能突破"能力"范畴。因此，在对教师能力内涵的挖掘过程中，有必要对"能力"进行讨论。

（一）能　力

能力是指能胜任某项任务的主观条件。能力不是某种单一的特性，而是具有复杂结构的多种心理特征的总和，对于能力，人们可以从不同角度做出界定。从哲学角度看，能力是指人们在认识和实践活动中形成、发展并表现出来的能动力量，它和"人的本质力量""人本身的自然力"一样，是体力和智力的结合、物质和精神的统一。从心理学角度看，能力主要指顺利完成某种活动或某项任务所需要的心理特征，包括坚毅、豁达、忍耐、顽强等行为特质。从管理学角度看，能

---

❶　高岩.关于20世纪80年代以来我国教师能力问题的研究及启示[J].教育探索，2005（4）：104-106.

力是指个体所具有的促进任务目标实现的推动力量，包括权力影响力和非权力影响力。从教育学角度看，能力主要指依靠智力和知识、通过实践所形成和表现出来的身心力量，即个体顺利完成某种活动所必需的素质与特征，它由两大结构组成，一是个体本身必备的技能结构，二是把个体技能水平综合提升的心理结构。

国际 21 世纪教育委员会对能力概念做出最新权威解释：能力是个体所特有的一种混合物，通过技术和职业培训把个体所获得的资料信息、社会行为、协作意识、创新能力和冒险精神有机结合在一起。这种解释，标志着人们在能力研究上的最新进展。能力具有潜在性和现实性相依托、发展性和衰变性相统一、有限性与无限性相并存、多样性与复杂性相交融、普遍性与差异性相联系、自然性与社会性相融合等多重特点。同时，能力的形成又是一个渐变发展的过程，必须以一定条件为基础，并且不同能力的形成需要不同的条件，不同条件对能力形成发展变化会产生不同的影响。

可以认为，能力是指能胜任某项任务的主观条件和心理特征，即顺利完成某种活动所必须具有的素质和特质，是人们在学习、工作、生活和一切社会实践活动中表现出来的本领、技能、智能的总和。

（二）教师能力

教师能力是指教师在教育教学活动中表现出来的、直接或间接影响教育教学活动的质量和完成情况的个性心理特征。教师能力作为当代教师从事教书育人活动所需要的能动力量或实际本领，是一般能力和特殊能力的合理整合和特殊发展，是在实践中发展起来的、反映教师职业活动要求的能力体系。[1]关于教师能力结构构成要素的研究，是对教师能力研究最早、关注最多的方面。对教师能力结构的认识是一个动态的变化过程，从有关研究成果来看，主要集中在宏观与微观两个方面。

一是宏观层面的教师能力研究。1981 年，中国教育学会教育学研究会（今中国教育学会教育学分会）组织全国教育专家对教师问题进行了专题研讨。在这次研讨中，部分专家对教师能力问题进行了重点关注。比如，石益、陈彩柏认为，人民教师必须具有过硬的业务能力，特别是在教学方面应具备组织教学的能力、处理教材和运用资料的能力、课堂教学的能力。[2]之后，教育学者们对此问题一直

❶ 卢正芝，洪松舟.我国教师能力研究三十年历程之述评[J].教育发展研究，2007（2）：70-74.

❷ 中国教育学会教育学研究会.论人民教师[M].北京：人民教育出版社，1981.

津津乐道。王道俊、王汉澜认为，教师必须具有教育教学的实际能力，主要包括了解和研究学生的能力、钻研和处理教材的能力、选择和运用教育教学原则及方法的能力、组织管理能力和语言表达能力，同时还必须具备组织教学、提问、说服、表扬与批评，以及板书、板绘的技能和技巧。❶班华把教师能力分为教育预见能力（核心是教育思维）、教育传导能力（核心是语言能力）、教育过程控制能力（包括对学生的控制能力、自我控制能力）、对情景的控制能力。❷睢文龙、廖时人、朱新春认为，教师能力主要包括了解学生的能力、对所教知识进行加工处理的能力、向学生传授知识和施加影响的能力（言语表达能力、组织管理能力和教育机制）。❸潘涌提出跨世纪教师应具备的能力包括言语组合能力、课堂驾驭能力、新知汲取能力、教育科研能力、情感智慧能力、现代教育技术能力、熟练操作和改进信息系统的教学能力、指导多门学科学习的能力。❹袁振同认为，未来教师从事教育教学工作所应具备的基本技能包括了解学生情况、确定教学目标、制订教学计划与方案、设计教学进程、课堂教授与板书、演示与实验、课外活动组织，以及激发学生学习积极性、教会学生学习、评价教学效果等教学技能。❺靳莹、王爱玲把教师能力分为一级能力、二级能力、三级能力，其中一级能力包括基本认识能力、系统调控与交往能力、教育教学能力、自我拓展能力。❻全国 12 所重点师范大学联合编写的《教育学基础》把教师的专业能力分为设计教学的能力、表达能力、教育教学组织管理能力、教育教学交往能力、教育教学机智、反思能力、教育教学研究能力、创新能力。❼叶澜认为，从时代发展对教师职业的专业化要求出发，对新时期教师的专业素养进行研究，"教师专业能力应包括一般能力（即智力）和教师专业特殊能力两方面，教师在智力上应达到一定水平，它是维持教师正常教学思维流畅性的基本保障。在教师专业特殊能力方面，又可分为两个层次：第一个层次是与教师教学实践直接相联系的特殊能力，如语言表达能力、组织能力、学科教学能力等；第二个层次是有利于深化教师对教学实践认识的教育科研

❶　王道俊，王汉澜.教育学 [M].北京：人民教育出版社，1989.

❷　班华.中学教育学 [M].北京：人民教育出版社，1989.

❸　睢文龙.教育学 [M].北京：人民教育出版社，1994.

❹　潘涌.跨世纪教师素质结构论 [J].学术交流，1998（2）：132-136.

❺　袁振国.当代教育学 [M].北京：教育科学出版社，1999.

❻　靳莹，王爱玲.新世纪教师能力体系探析 [J].教育理论与实践，2000（4）：41-44.

❼　全国十二所重点师范大学.教育学基础 [M].北京：教育科学出版社，2003.

能力"。❶张波通过问卷调查，认为教师能力主要包括教师的教学能力、科研能力、管理能力和创造能力，这几种能力的有机结合与搭配，便可形成较为合理、优化的教师能力结构。❷

二是微观层面的教师能力研究。周建达、林崇德对教师的教学能力进行了系统的研究，认为教师的教学能力分为三个方面：教学认识能力、教学操作能力、教学监控能力。在整个教学能力结构中，教学认识能力是基础，教学操作能力是教学能力的集中体现，教学监控能力是关键。❸

可以看出，宏观层面的研究主要侧重于教师能力结构的探讨，微观方面主要侧重于课堂中教师能力的研究。相比较而言，教师能力的微观研究成果较少。在充分借鉴专家观点的基础上，从中小学教师职业特点出发，结合区域实际情况，可以从微观层面出发，认为教师至少应该具有讲课评课、命题评题、教研科研、沟通协调四种能力。对于教研员而言，由于其特殊地位，除了具备教师所具有的四种基本能力之外，还要具备参谋能力、指导能力和策划能力。

1.讲课评课能力

对教师而言，讲课评课能力是最基本的能力，也是最关键的能力之一。

（1）讲课能力。讲课能力是指教师顺利从事教学并有效达成课程与教学目标的能力，主要包括教学设计能力、教学实施能力和教学反思能力。

①教学设计能力包括教材的解读与处理能力、教学目标设计能力、教学环节与方法设计能力等。新课程改革之前，教师的备课基本上是"以本为本"，主要是从"如何教"的角度来进行。教师备课能力主要体现为教材内容诠释、教学过程安排、教学方法设计等方面。新课程改革强调知识与能力、过程与方法、情感态度与价值观三者的有效统一，这就对教师的备课能力提出了新的要求，备课在性质、功能、方法等方面发生了很大变化。在"新课改"背景下，教师的备课能力不仅体现在教师"如何教"上，还体现在学生"如何学"上。因此，教师在备课的时候既要涉及教材内容诠释、教学过程安排、教学方法设计等方面，也要考虑在课堂上如何安排学生的活动，要思考在活动中怎样指导学生，学生可能出现或遇到哪些问题，教师怎样进行调控等一系列问题。

②教学实施能力是指教师如何将教学构想在课堂上变成现实的能力。运用同

❶ 叶澜.教师角色与教师发展新探[M].北京：教育科学出版社，2001：208.

❷ 张波.论教师能力结构的建构[J].教育探索，2007（1）：78-80.

❸ 周建达，林崇德.教师素质的心理学研究[J].心理发展与教育，1994（1）：32-37.

一份教案，不同的教师之所以会有不同的教学效果，起决定作用的就是教师不同的教学实施能力。教学实施能力的外在形式就是教师的课堂表现，因此可以通过观课察觉出来。一般而言，教师的教学实施能力包括教学组织能力、语言交流能力（教学语言的艺术技巧）、媒介运用能力、反馈评价能力。

教学组织能力是指保证课堂教学能够顺利进行，达成教学目标的能力。首先，教学组织能力体现为教学内容的组织（教案、学案），即根据课程标准要求和学生身心发展特点，设计出恰当的教学活动。其次，教学组织能力体现为教学活动的组织，即教师根据事先设计好的教案或学案，在课堂中组织学生开展学习活动。最后，教学组织能力体现为课堂调控能力，即教师面对突如其来的事件，及时化解危机，成功处理异常情况。同时，教师在教学中恰当处理好"教师教"和"学生学"的关系。

语言组织能力是指教师运用口头语言将教学内容传递给学生的能力。在课堂教学中，教学内容的讲述、学习任务的布置、教学气氛的创设、问题行为的处理等通过语言的组织和表达来实现。

教学媒介运用能力就是教师要根据学生特点和教学内容选择适当的呈现手段的能力。随着信息技术的发展，很多教师对教学媒介的理解出现了偏差，往往将教学媒介等同于多媒体。教学媒介泛指任何用来传播知识的通信手段，包括教材、教学参考资料等印刷材料，还包括模型、图片、幻灯片、录音机、录像机、电影、电视等视听辅助设备。反馈评价能力是指教师根据学生的表现做出调控，对学生的学习做必要的补习、指导和矫正的能力。由于学生在年龄、知识、思维能力上存在着差异，因此教师的反馈评价也要具有层次性。

③教学反思能力主要表现在反思的深度与形式上。反思是主体对自身行为的一种自觉，是思想的反刍。教学反思，就是对存在的教学文本的思想自觉。具体地说，就是反思者站在个体认知的高度，自觉地对存在的教学事件进行省视、梳理，从而对教育元素进行甄别、筛选与重组，并使之进入认识主体的经验范畴。所谓教学文本，在这里就是指可以再次成为教育实践者认识对象的教学场景，它包含了课程的主要元素，如教师、学生、场地、教学内容、教学组织形式、教学手段以及价值取向等。任何一个教学文本，都是某一种教育思想显性或隐性的具体展现、充盈与扩张。由于它的原创性，教学事件包含了教育教学活动中最真实的成功与失败、喜悦与苦涩，隐含了最真实的教育教学问题，因而具有丰富的教育学意义与认识价值。

由于教学文本包含了课程的主要元素，因此对教学文本的反思就可以是多方面的，如从教育理念、教学组织形式、教学手段、教学效果以及情感倾向等方面进行反思，从中提炼出具有个人认知色彩的经验，并对情感价值取向做出新的判断。从大量的反思实践来看，中小学教学反思主要有两种倾向：一是教师个体自发的、零散的反思；二是有组织的群体性反思。教师个体的反思往往比较集中在具体的教学内容或教学技术方面，工具理性色彩比较浓厚；群体性反思往往又过于集中在观念的诠释上，有凌空现象，理想主义色彩较重。因此，如何把这两者有机地结合起来，就是实践者所需要思考的问题。

毫无疑问，对教育理念的反思是最重要的反思。任何一个教师的教育行为，都是在某种教育思想观念支配下进行的，都表达了某一种教育期待。如果教育价值取向指向知识本位，课堂教学就可能是"满堂灌"，从实践层面来看也是如此。教育教学活动是个体社会化与社会个体化的过程，作为生命个体的整体性特征，学习个体在认知、情感等方面是共时性的，但在教学场景中，往往会因为工具理性而消解人文关怀，也会因为技术主义倾向而异化学习主体，凡此种种，也都需要我们从理念上加以反思。因此，对教育理念的反思应该是教学反思的主要内容。

（2）评课能力。评课能力是指教师在正确教育理念指导下，对某节课的教学设计、教学组织、教学效果、自身素质等方面的优点和缺点进行评价的能力。评课能力是衡量一个教师教育理论素养、教学基本功、专业底蕴的重要指标。一般而言，教师的评课能力体现为以下四点。

①评课的导向性。评课的导向性是指评课要符合素质教育的基本要求，合乎新课程改革的基本精神，着眼于学生的发展。

②评课的针对性。评课的针对性是指评课人要根据学科特点，结合不同的课型做出适切的评判。同时，评课的针对性还体现为根据不同教师的年龄特点、发展层次进行评价。

③评课的伦理性。评课的伦理性是指评课要体现教师基本职业道德，要客观公正，既要看到优点，也要看到缺点，要以鼓励为主、引导为主。

④评课的发展性。评课的发展性是指以建设性评价为主，以有利于改进教学，有利于促进教师成长为出发点和落脚点。

需要指出的是，讲课能力和评课能力都是围绕"课"展开的，二者既有区别又有联系。讲课能力是对教师如何设计、实施教学提出的要求，着眼于"我如何做"；评课能力是教师对其他教师上课的优缺点进行评判的能力，着眼于"他做得如何"。虽然有所区别，但是二者又是紧密相连的。讲课能力是评课能力的前提，教师不具备讲课能力，也就很难对其他教师的课进行客观公正的评价。在对其他教师的课进行评价的同时，教师又能吸取经验教训，"以他人为鉴"，提升自己的讲课能力。

2. 命题评题能力

教学是一项有目的的活动，教学效果的好坏、教学目标的达成与否，需要教师选择恰当的题目进行检验。可以说，在教师的职业生涯中，几乎每天都要遇到试题的选择、命制、评讲问题。教师命题评题能力与讲课评课能力是一样重要的，是应同步培育的能力。

（1）命题能力。教师的命题能力是指教师依据课程标准和现行教材，按照各类考试的范围和要求，遵循一定的命题原则，编制出一套题量适中、题目新型、结构合理、内容科学正确、难度适中、有较高检测度和区分度的试题的能力。教师的命题能力，体现为命题的方向性、科学性、功能性和教育性。

命题的方向性是指所命试题体现出来的价值。可以认为，命题的方向性应该是"试而不应"，即考试不应以应试为主要目的，要将素质教育的要求、"新课改"的理念和人的发展的价值体现在所命试题当中。命题要有利于贯彻党的教育方针，遵循教育规律，推进中小学实施素质教育；有利于体现基础教育的性质，全面提高教育质量；有利于推动中小学实施课程改革，培养学生的创新精神和实践能力，减轻学生过重的课业负担，促进学生能够生动活泼主动地学习。

命题的科学性是指所命试题在内容选择、题型设置和权重分配上合理，既要符合学科的课程标准基本要求，体现学科的知识结构，又要突出学科的重难点。一方面，命题要注意抽样的代表性与覆盖面，要遵循课程标准，考察主干知识；根据测试目标选取考点；注意能力要求的合理分布；注意覆盖率等。另一方面，命题还要注意内容和表述的科学与严谨，试题及答案的文字表述要科学严谨，不出现错误或有争议的表述，不出模棱两可的问题，语言准确，结构严谨。

命题的功能性是指所命试题的功用价值。一般而言，命题的功能性有三种：一是诊断测试，即针对学生知识掌握、能力养成等方面进行查缺补漏；二是水平测试，即检验毕业生是否合格的统一考试，命题限于学科的基础知识部分；三是选拔性测试，即为高一级学校选拔人才，提供分数参考。对于广大的中小学教师而言，命题的功能性主要体现在诊断性上，对教学和学习情况进行反馈，为进一步改进教与学提供参考。

命题的教育性是指所命试题要有正确的政治方向，不得违背大的政治方针、法律法规和道德规范，不能在测试卷中涉及引发民族、宗教等问题的内容。在命题时所引用资料图片要具有正面的教育意义。

可以认为，教师命题的过程是教师对教学目标凝练的过程，也是对教材内容深度解读的过程，是教师能力提高的过程。教师只有认真研究教材，认真分析命题方式、命题要求和命题技巧，才能编制出一套高质量的试卷。一个教师如果没有一定的命题能力，就拿不出一份高质量的试卷，也无法正确分析判断一份试卷或一道试题质量的高低优劣，无法对他人编制的试题进行科学筛选和重组，从而也就无法进行有效的检测和反馈。

（2）评题能力。一般而言，评题包含两层意思。一是指对试卷的方向性、科学性、功能性、教育性等方面进行评判，它是对试卷质量的整体判断，二是指试卷讲评，即教师在学生考试结束之后对试卷进行剖析和点评。对中小学教师而言，评题更主要的是侧重试卷讲评。因此，评题能力主要是指教师对学生的作答情况进行剖析、讲评的能力。与其他能力一样，教师的评题能力也是具有差异性的。一般而言，教师的评题能力从低到高具有三个层次。

①把握典型的能力从命题的角度来讲，一份试卷是由难、中、易三种类型的题目构成。在试卷讲评的时候，教师是从头到尾面面俱到，还是根据学生的情况有所取舍，取决于教师的评题能力。处于这一能力层次的教师一般都能够运用双项细目表来分析全班的各得分项，找出存在的共性问题，在试卷讲评的时候就这些典型问题进行重点讲解，做到"有所为有所不为"。

②寻找规律的能力。一般而言，教材上的知识点是相对固定的，在设计试卷的时候，命题者会将知识点与社会生活进行适当链接，这无疑增加了讲评的难度。因此，在试卷讲评的时候，教师不能仅停留在核对答案的层次，而是要透过现象看本质，指导学生进行考点分析，让学生明确主要考点和次要考点，寻找解题关键和突破口，在此基础上总结出答题的步骤和方法。

③寻求变式的能力。从心理学上来讲，每个人都具有思维定式。在环境不变的条件下，思维定式使人能够应用已掌握的方法迅速解决问题，但是当情境发生变化时，它则会妨碍人采用新的方法。在经历多次考试之后，学生往往会形成思维定式，在这种情况下，如何破解学生的思维定式涉及教师的评题能力。具有较高评题能力的教师，一方面能引导学生寻找解题规律，另一方面还善于变换情境，寻求变式，与学生一起进行解题小结和反思，从多个侧面、多个角度对知识点进行合理的发散延伸，引发设题解题的积极性，拓展学生思维的空间。

命题能力和评题能力都是围绕"题"展开的，二者的区别在于着力点不同，命题能力是考察教师如何编制试卷，如何将课程标准对学生的知识与技能、过程与方法、情感态度价值观的要求以题目的形式呈现出来；评题能力则是针对学生的答题情况进行反馈，查缺补漏。

3. 教研科研能力

（1）教研能力。目前学术界对于"教研"的理解各不相同，归纳起来主要有三种，教研即教育研究，教研即教育科研，教研即教学研究。可以认为，对中小学教师而言，教研即教学研究。基于此，教研能力是指教师在课程标准的指导下，围绕教材内容，结合学生的实际情况，就"教什么，教师怎样教，学生如何学"而进行研究的能力。具体而言，教研能力主要包含课程资源开发能力、教法改进能力、学法指导能力。

①课程资源开发能力是指教师发掘可能进入教学过程的各种资源，并使其发挥教学价值，最终促使师生转变教与学方式的心理认知的能力。教师的课程资源开发能力既体现为国家课程的二次开发，也体现为开发新的课程资源。一般而言，教师的课程资源开发能力体现为两个方面。一是选择与鉴别的能力。教师需要根据课程标准的基本要求，结合教材内容，在充分考虑学生特点和区域实际情况的基础上选择和鉴别材料，将那些适合的材料纳入课堂教学中。二是组合与变通的能力。生活中的材料往往是零散的、随意的，教师需要将这些材料按照一定结构进行组合，使之具有系统性、针对性，同时还需要对现有课程资源进行加工转化，使其具有可再生性。

②教法改进能力。由于"应试教育"的长期影响，"教师讲，学生听；教师写，学生抄；教师考，学生背；重知识，轻能力；重分数，轻素质"的现象依旧存在，在这种情况下，教师的教法基本上是讲授式。新课程改革提倡发挥学生的主动性，这就对教师的教法提出了新的要求。在"新课改"背景下，教师必须具备教法改进的能力。教法改进并不是"推倒重来"，讲授式依然可以作为教学的主要方法之一。在继承传统的同时，教师还需要尝试在课堂教学中引入对话教学、反思教学、理解教学等方式，丰富教法。

③学法指导能力。传统的教育主要强调教师的"教"相对忽视了学生的"学"。新课程改革提出发挥学生的主动性，还课堂于学生。在这种背景下，教师的教研能力不仅体现在课程资源开发和教学方法改进上，还体现在学生学法指导上。通过教师的学法指导，让学生学会自主学习、合作学习、探究学习，成为学习的主人。

（2）科研能力。科研能力，是指教师在教育教学过程中从事与教育教学有关的各种课题的实验、研究和发明创造的能力，是教师由"经验型教师"向"专家型教师"转型的重要途径。它主要包括以下几个方面。

①学习能力。学习能力是指教师不断在学习实践中增长知识和才干，拓宽知

识面，开阔新视野的能力。学习能力是教师更新自身素质，提升教育教学能力，不断追求卓越的重要支撑。

②选题能力。选题能力指教师将教育教学中存在的问题进行总结归纳，形成研究题目的能力。教师的选题可以从工作的困难与不足中去提炼，可以从教育改革与教育建设遇到的新情况中去发掘，可以从教育实践活动的观察中去发现，也可以从成功的教育教学经验总结中去寻找。

③收集资料能力。收集资料能力是指教师通过查阅文献、发放问卷、课堂观察等手段获取一手或者二手资料的能力。

④动手实践能力。中小学教师的科研基本上都是实践性的，具有很强的操作性，这就要求教师必须具备动手实践能力。

⑤成果表述能力。成果表述能力是指教师将课题的研究成果以一定的形式表达出来的能力。对中小学教师而言，科研成果可以是教学随笔、论文、著作，也可以是教学设计、教学实录、教学案例、教学反思等。

教研能力和科研能力，着眼点都是"问题"。教研主要研究教学中的现象，缺乏教研能力，教学工作就会始终在低水平徘徊；科研的研究对象不仅局限于教学中的问题，还包括教育中的问题以及区域发展问题，缺乏科研能力，教育教学的深度将会无从保障，教育的可持续发展也将无从谈起。

4.沟通协调能力

（1）沟通能力。沟通是实现教育目标的基本条件。教学过程是师生以知识、技能、情感为媒介的互动过程，在这一过程中，师生之间相互影响，共同形成教学生态。沟通能力就是教师善于与不同背景、不同层次的群体，通过多种渠道传递信息、建立互信、化解矛盾、解决问题的能力。一般而言，沟通能力包括知识沟通能力、思想沟通能力和情感沟通能力。

知识沟通是指教师将蕴含于课程资源中的知识提取出来，通过媒介有效地传递给学生，并接收信息的反馈；思想沟通是指教师在教育教学过程中对学生进行思想引领，帮助学生建立正确的世界观、人生观和价值观；情感沟通是指教师在课堂教学中运用语言调动学生的情绪，保持学习的积极性和主动性，同时还要对出现的情绪问题及时进行疏导。只有具有较强的沟通能力，教师才会更加有效地组织教学。

（2）协调能力。协调能力是指教师为了顺利开展教育教学活动，根据情境变化，对与教育教学相关的群体活动进行控制、激励和协调群体活动的能力。协调能力包括常规协调能力和突发事件协调能力。

常规协调能力主要是指为了保证教育教学活动的开展，教师需要协调好教师与教师、教师与学生、教师与家长、学生与学生四者之间的关系；突发事件协调能力主要是教师根据课堂教学中的情景变化及时调整策略，恰当处理好课堂教学中的突发事件，保证教学的顺利进行。

教研员是中小学教师队伍中比较特殊的一员。教研员也是教师，所以也应具备上述四种能力，但教研员与一线教师还是有所区别的。作为连接理论与实践的桥梁，教研员还需要具备参谋能力、指导能力和策划能力。

5.参谋能力

教研员的参谋能力是指教研员要为区域教育献言献策，为区域教育的发展提供智力支持。具体而言，教研员的参谋能力主要有以下四种。

（1）经验总结和推广应用能力。广大的一线教师具有无穷的创造智慧，在长期的教育教学中，很多教师都形成了自己的特色，特别是一些成功经验，具有很强的推广价值。教研员要能够深入学校，把广大教师的有效实践进行总结提炼，形成经验性的东西，在区域甚至更广的范围内推广应用。

（2）问题发现和解决建议能力。教育教学过程是一个新问题不断涌现、解决的过程。在教育实践中，教师往往面临各种各样的困惑。作为连接理论与实践的桥梁，教研员要能够敏锐地发现教育教学中存在的问题，并结合教育理论给出具体的解决建议方案，推动区域教育的发展。

（3）区域教育中宏观发展趋势研究能力。随着经济社会的发展，教育的内部环境与外部环境都发生了深刻的变化。教研员要勇担重任，运用自己的智慧，围绕区域性教育改革与发展的重大问题以及决策方案进行系统而科学的分析、调研和论证，为区域教育发展和教育改革提供政策选择。

（4）教育热点、难点把握能力。在每个阶段，教育发展都面临着机遇与挑战，这些机遇和挑战，往往会成为这一时期教育的热点问题。同时，教育在长期发展过程中积淀下来的一些难点问题亟待解决，教研员要具备把握教育热点难点问题的能力，为区域教育发展提供理论依据和实践建议。

6.指导能力

教研员的指导能力主要是指教研员在业务上对广大教师进行引领、指点的能力。一般而言，教研员的指导能力包括以下四个方面。

（1）先进理念引领能力。理念是行为的先导，有新的理念，才会有新的行为。新课程改革对教师的教学行为提出了新的要求，要达到这些要求，必须用新的理念进行引领。

（2）学科教学指导能力。学科教学指导能力主要体现在两个方面：一是指在区域教研活动中，教研员带着方向性要求组织学科教师进行研讨，并在教研活动中做点评和指导；二是指教研员到学校中进行上课，通过上课，为教师提供亲身示范。

（3）教学质量监控能力。教学工作是学校的中心工作，教学质量是教学工作永恒的主题。教研员的指导能力也体现在教学质量监控上，教研员要通过听课、教学检查、评教评学、测评、考核分析总结等多种途径，加强对教学的检查及质量监控。

（4）教师专业发展促进能力。通常，我们将教研员视为"教师的教师"。在"新课改"背景下，教研员不能仅停留在知识和技能的传授层面上，还要通过自己的专业影响力促进教师的专业发展。教师资质的差异影响着教师发展方向的差异，也预设着不同的发展潜力。这些发展的方向和潜力是需要教研员在和教师的接触中，在教师的课堂教学中挖掘出来的。教研员要"读懂""看透"每一位教师，帮助他们在教学中准确定位，有序发展。从这个角度来讲，教研员引领教师专业发展能力必不可少。

7. 策划能力

活动是教研员工作的重要载体，不管是培训、教研还是科研，基本上都是通过活动展开。因此，策划能力对教研员而言至关重要，教研员的策划能力大致分为以下几个方面。

（1）方案设计能力。开展教研、科研和培训，需要教研员事先设计好方案。有价值的方案一定是基于问题的，这就要求教研员根据本地教育改革发展需求，结合教师需求，在充分调研基础上制定切实可行的活动方案。

（2）组织管理能力。教研员的工作对象是教师，教师是需要发展的，教研员要把教师的需求作为教研工作的出发点和落脚点，不断满足广大教师的专业需求，促进教师专业的全面发展。在开展活动的过程中，教研员需要具备一定的组织管理能力。一是要营造好的活动氛围，激发教师参与活动的热情；二是善于倾听他人的意见，在倾听的过程中捕捉到有价值的信息，在包容的同时去理解别人，提升自己，使活动更具人文色彩，更有亲和力；三是参与合作，在参与中形成自己的指导和提升教研层次的能力，在合作中实现自己的人生价值。

（3）反思改进能力。智者千虑，必有一失。不管方案设计得如何完美，组织得如何得力，在每次活动之后，都会有这样那样的问题凸显出来。因此，教研员需要在每次活动之后反思自己的工作，找到存在的问题，力求在下次活动中避免出现同样的问题。

二、教师能力的特征

（一）教师能力的公共性

社会公共产品具有三个基本特征。一是非排他性，指一个人对公共产品的消费不需要阻止，或者不能阻止，或者需要付出很大的成本才能阻止他人对该公共产品的消费，简单地说，它是指人们平等地享有对公共产品的消费权；二是非竞争性，指对消费者来说，一个人对公共产品的消费并不会造成另外的人失去或减少对该公共产品的消费。对生产者来说，不会由于公共产品消费人数的增加而增加额外的成本。三是一种公共选择，带有一定的强制性。公共产品在供给和消费上具有一定的整体性，很难根据需求者的个性需要而做出不同选择。公共产品一旦确定，就具有一定的强制性，公众必须接受。

从教育的性质来看，教育是一项社会公益事业，是为国家培养人才的一种活动，对社会成员来讲，不存在拒绝、排斥的现象，尤其在义务教育阶段，还存在着法律的强制性。教师要完成这项伟大的使命，其能力就必须遵从社会的要求不断发展、提升，从而被赋予其公共性特征。从教育的对象来看，教师能力也具有公共性。因为中小学教育服务的对象是中小学学生，而中小学学生处于个体生命的重要发展时期，学校教育就是要为这些受教育者未来的成长提供最基本的知识和能力。这些能力是每一个个体生存发展所必需的，不具有排他性和竞争性。从这一点上看，教师的能力也具有公共性特征。

（二）教师能力的实践性

教师能力是教师从事教育活动的专业要求之一，只有通过专业的能力教育和实践训练才能逐步形成。教师能力的实践性体现在以下两个方面。

一是从教学活动的性质看，教学活动具有实践性。教学目标的制定、教学内容的编排、教学方法的选择、课程资源的开发与利用，这些都是教育实践活动。教学活动的实践性要求教师不仅要有一定的理论素养、实践性知识。更要具备实践性能力。从这个角度来讲，教学活动的实践性决定了教师能力的实践性。

二是从教师能力的形成和发展看，职前教育阶段，教师所接触的多是学科知识和教育学的相关知识，主要停留在知识层面。入职之后，教师在从事教育教学活动中逐步掌握了相应的教学方法和手段、交往能力、教学组织和管理能力等，从这个角度来讲，教师能力具有很强的实践性，是在职业社会化和自我学习的过程中逐步形成的。教师能力形成之后，就会在教学实践中有所体现，对教学活动具有指导作用。教师能力不是一成不变的，随着社会的不断发展，社会对教育的新要求不断出现，这就要求教师能力紧跟时代要求做出相应变化。

（三）教师能力的层次性

教师能力是多层次的，这种层次性既体现在教师个体专业发展上，也体现在教师群体专业化过程中。

从教师个体发展来看，教师能力具有层次性。根据富勒（F. Folkr）和鲍恩（O. Bown）的教师专业发展阶段理论，教师在专业发展过程中一般要经历四个阶段：任教前关注阶段、早期求生阶段、关注教学情境阶段、关注学生阶段。在教师专业发展的不同阶段，对教师的能力要求各有不同。

从教师群体发展来看，教师能力也具有层次性。一般而言，可以根据教师的发展程度不同而将其划分为职初教师、成熟教师、骨干教师和专家型教师。对于不同发展程度的教师，相应的能力要求也不同。比如，职初教师需要发展教学基本功，成熟教师需要发展综合能力，而骨干教师和专家型教师则应该在创新能力的层面上深度发展。

第二节　传统的教师专业发展模型分析

一、标准改善型

标准改善型即在师范院校教育中，设计了一套教师专业发展的目标系统，然后开设一些与目标相关的教育课程，只要准备从教的人员完成这些课程并达到相应标准，就可以成为一名合格的教师。在我国教育部师范司编写的《教师专业化的理论与实践》一书中，教师专业标准被归纳为以下四个方面：① 专业理想：教师对成为一个成熟的教育教学专业工作者的向往与追求；② 专业情操：教师对教育教学工作带有理智性的价值评价的情感体验，是构成成熟教师个性的重要因素；③ 专业倾向：教师成功从事教学工作所应具有的人格特征，是适合教学工作的个性倾向；④ 专业自我：教师倾向于以积极的方式看待自己，能够准确地领悟自己和所处的世界，具有自我满足感和价值感。2012 年 2 月教育部下发《中学教师专业标准（试行）》，也对教师专业发展提出了明确要求，即"师德为先；学生为本；

能力为重；终身学习"。教育教学作为一个专业，其标准就必须基于坚实的知识基础、良好的道德修养、系统的教育教学方法、终身学习的习惯与人格等，这是保证教育教学质量的依据与条件。

标准改善型的功绩在于：第一，它将教师专业发展标准落实在教师个人掌握的知识、技术、态度和实践准则等方面，它为准备从教的人如何提升自己的专业水平，提供了行动方向与活动依据；第二，标准改善型的教师专业发展思想，对建立教师教育机构的认证系统和教师资格认证系统提供了理论依据与实践基础；第三，为教师教育的培养目标、课程体系、学习方法及评估提供了指导依据。

该模型的局限也是明显的：第一，按照该理论的理性逻辑，一个人一旦达到教师标准，将一劳永逸，这种固定化的思维形式与变动不居的社会要求难以适应；第二，标准改善型忽视了教师发展中的实践与环境因素，容易使教师脱离中小学实际和多元化的学校生活现实；第三，统一的标准对于教师专业发展来说，在促进和改善学生学习过程方面，以及对教育现场的关注还不够，其教学往往是低效率的。

二、中小学校教育改善型

随着反思教育学和建构主义教育学等思潮的兴起，越来越多的人相信，最重要、最有价值的教师专业发展，应该在真正的儿童世界——中小学校里进行，所以，中小学校教育改善型成为教师教育关注的重点。

尽管中小学校教育改善型在我国教师专业发展中的作用不明显，但其理论贡献不容忽视：第一，中小学校教育改善型是建构主义价值取向。强调教师发展更多地依赖于教师的自我反思与建构，追求以教学为核心的学校教育的质的提高；第二，中小学校教育改善型为教师发展提供了丰富的学习内容与方式。它不是将教师教育看作一种单向的传达行为，而是看作教师之间、教师和学生之间共同作业的过程；第三，中小学校教育改善型可以改变学校教师管理方式，使中小学教师管理由事务性管理转变为教育学术性管理，有利于培养研究型教师。

该模型的局限性在于：第一，有些教师生存于地域偏僻、信息闭塞、工作量超常的环境，这就容易导致其生活质量、经济待遇与专业发展的现代化水平等低水平循环；第二，由于中小学的多样性，决定了教师教育的多样性，这种多样性与现代教师专业化的普遍性要求之间必然存在矛盾。这一矛盾的结果，必然掩盖乡村教师对于现代科学知识技术资源不足与农村环境知识被忽视的事实，最终导致教师专业发展更多地受制于教育行政指令与统一标准的力量作用，消弭了教师专业发展模式的多样性。

三、一体化改善型

20世纪90年代，以反思教育学为理论基础的"反省教育"的主张，使人们开始反思师范院校在教师专业发展中的价值及其必要性问题，教师教育一体化理论与教师职业生涯理论开始受到重视。谢安邦从宏观的角度提出了教师教育一体化的思想，主张从教师教育领导体制一体化、教师教育机构一体化、教师教育师资队伍一体化和教师教育课程一体化等四个方面促进教师专业发展。这样，教师专业发展从职前教育延伸到职后，并且越来越受到重视。

一体化改善型的意义是重大的，它具有强烈的整体观念与系统意识：第一，一体化改善型源于终身教育思想和詹姆斯的教师教育阶段论思想，它使教师专业发展过程从职前延伸到职后，从大学延伸到中小学，从教育理论探讨延伸到教育实践领域，是对前面两种模型的超越；第二，从实践意义来说，一体化改善型由一系列连续的、有利于教师专业发展的措施组成，它为教师提供了从职前的师范院校教育，到职后的贯穿教师职业生涯的各种发展机会；第三，它预示着教师专业发展由一次性学校教育制度向终身教育制度的转变，进而向终身学习制度转变的必然趋势。

一体化改善型也并非十全十美，其局限在于：第一，尽管教师教育已经从大学拓展到中小学，但它对于教师专业发展如何从教师主体外部向主体内部转变缺乏深入的思考，对教师的个性与创造缺乏足够的关注与尊重；第二，教师的专业发展没有融入教师主体深处其中的自然、历史、文化等复杂的真实环境，乡土人文与自然资源一直排除在教师专业发展的资源之外；第三，由于不同地域教育资源的不对称性，边远学校用于教师专业发展的现代化资源短缺，教师除了按部就班地执行教育行政命令，或复制城市教师的教学模式以外，他们没有机会获取更多的现代化资源，也很难有创造性的思考与行为。

第三节　农村教师队伍的建设研究

农村教师具有其独特特征，对于他们的发展，要有针对性的措施来提升农村教师职业能力。只有这样，才能建设出一支优秀的农村教师队伍。

一、农村教师的特征

农村教师是一个特殊的群体，在许多方面表现出边缘特征，这些特征在某种程度上说也是农村教师与城市教师的区别。

（一）教师大多是土生土长的本地人

农村教师主要出生于本县（区）和乡，他们除少数人在外地念中师或大学以外，大多在本市（地）接受中师和大学教育。农村小学与初中教师几乎 95% 以上出生在本县范围内，边远地区小学教师几乎 95% 以上来源于本乡，50% 以上来源于本村，他们一般由以下三个部分组成。

一是 20 世纪 80 年代以来被录用转正的 1984 年年底以前聘任的民办教师。他们出生于本村或本乡，十分了解本土经济、社会和文化发展状况，有长期的本土农村的工作经验和生活习惯；他们是农村特别是边远地区农村和山村教师的主体，为我国基础教育事业做出了巨大贡献。但他们大多第一学历为高中或初中毕业，虽然他们后来通过进修学习等途径获得了中师文凭或通过自学、函授、"三沟通"等形式获得了合格学历（主要是在本县进修学校学习），但一般知识老化，观念陈旧，缺乏新的理念与现代信息技术。

二是代课教师。全国将近 13% 的代课教师，主要分布在落后农村地区。他们一般出生在本村，年纪较轻（除个别地区因为一些特殊原因，还有一批民办老教师没有转为正式教师），素质参差不齐，一般是高中以上学历，最近几年大中专毕业生也有进入这一群体的。越是落后的地区，代课教师学历越低，年龄也越偏大。在笔者的调查中，这类教师主要分布在边远落后地区，如在甘肃天水，就有许多边远山村学校包括校长全是代课教师。他们的报酬一般由乡镇或县来发放，但标准相当低。他们之所以长期地坚守这份工作，按照他们自己的话说，主要是热爱学生和教育这份工作，同时也期盼着有一天能够成为正式教师。

三是师范大中专毕业生。这部分教师分布不均衡，发达农村地区和县镇附近农村学校可能超过半数，但边远地区屈指可数。随着大中专毕业生的日渐增多，他们也渐渐地进入农村地区，这类教师接受过比较系统的教师教育和专业培训，懂得先进的教育理念和先进的教育技术，是教育教学的骨干和主体。他们在兢兢业业工作的同时，又在刻苦地攻读更高的学位课程以获取更高一级文凭，等待着时机往城区或高一级学校调动。

（二）工作方式为半教半农

半教半农是针对农村教师的工作状况而言的。由于农村特别是落后地区农村，许多学校 80% 以上是"民转公"教师，他们原来的身份是农民，家中原来都有土地，后来民转公后土地没有收回，所以他们在教学的同时，大多还经营着土地。

平时在学校上课，双休日和寒暑假是家里的主要劳动力，每年春耕秋收季节，学校还要放农忙假，师生都要回家收割庄稼。农村教师一般都是本地人，平时教书育人，双休日和寒暑假都是家里的重要劳动力。

（三）婚姻家庭"两半户"

"两半户"或称"半边户"，是针对农村教师的婚姻与家庭状况而言的，即夫妻一方是教师，一方是农民。农村公办教师以男性教师占大多数，一般都娶当地人为妻，农活主要由妻子承担。农村教师的这种家庭结构也是他们的无奈选择，年龄比较大的，都是民办教师转正而来，他们原本就是农民，在转正之前就已经在农村有了家庭。如今分配到村小学的男教师，大多也沿袭"两半户"的婚姻状况。

对于"两半户"，人们有不同的看法，有人认为这种家庭结构严重影响了农村的教育发展和教学质量。但也有人认为，农村教师的这种两半户结构为农村教育的发展曾做出了巨大的贡献。特别是在 20 世纪 90 年代中后期，农村教师工资拖欠十分严重，个别地区累计达两年之久，局部地区的许多教师连续两年每月只发给基本生活费 200 元，这种"两半户"的家庭结构，为教师提供了基本的生活保障。

这种家庭结构越到边远农村越普遍，一般城市或县镇附近的农村学校就比较少一些。

（四）生活方式的乡土化

由于农村教师土生土长，其衣食住行与当地农民生活习惯与本土文化融为一体，生活习惯农民化，同时他们与农民又有区别，在城市人看来，他们是农民，但在农村人看来，他们是城市人。他们在学校一般每人有一间房、一套桌椅、一张床、北方一般配有一个取暖炉子，这是学校配置的全部设施，其他设施自行购置，总体上比农村富裕人家还要简陋一些，但教师们一般都将居室布置得干净整洁。家在本村的教师一般回家食宿，家在外村的一般周末回家。吃的大多是从家里带来的食品半成品，如大米、面条、土豆、酸辣菜、腊肉、熏鱼和食用油等，住校的教师一般都自己生火做饭。

农村教师是本乡本土的文化人，由于个人素质的关系，教师就成为家庭和家族群体甚至村落民众群体的主心骨，在协调邻里关系、处理家庭事务和社会关系问题上有一定凝聚力和成为发言权，对贯彻上级有关农村政策的导向性较强。特别是农村男教师，他们在教学的同时也经常思考许多社会问题，他们对本乡本土的社会环境、文化习俗、经济发展、政府的有关政策和行为等细心观察，有着自己积极的、独到的见解。

（五）教师教育资源的非对称性

享受教师教育资源，农村教师与城市教师相比，具有以下三个方面的非对称性。

第一，地理位置偏僻及经济发展的不均衡，城郊学校教师和边远学校教师在享受教师教育资源方面具有非对称性。从农村教师与教师教育机构（大学、师范学院、教师进修学校）之间的相互作用来看，农村教师与城市教师相比，他们的工资待遇差，进修机会少，由于交通地理等因素使他们的进修学习成本较高。因此，他们在进修的问题上顾虑较多。

第二，没有资金和时间保障。农村教师和城市教师相比，他们的工作比城市教师更紧张，可谓一头在学校、一头在田间，繁重的教学加上农活，常年辛苦劳累，精力严重不足。学校无法安排时间派教师出去学习进修，农村教师即使想要提高学历，也只能以自学考试形式为主，函授为辅。因为，农村教师的培训经费很少，学校很难有资金让教师出去参加培训。

第三，科技信息滞后。城市教师接受的知识面广，眼界开阔，知识和价值的多元化让他们思维活跃、百花齐放，当面对知识爆炸、资讯泛滥及眼花缭乱的后现代学术思潮时，他们思考的是如何应对并在现实中与学生一起找到真善美；而广大的农村教师则是寻着传统的路线，固守粉笔加黑板的教学方式。一些农村教师多年没有到过县城，有的教师一生没见过高速公路和火车，绝大多数教师看不到《人民教育》和《中国教育报》等报刊。大批农村教师观念陈旧，教学方法落后，进行教育教学改革和推进新课程改革难度很大。

（六）教育对象的"回乡性"

前面已经分析，由于种种原因，农村的许多学生能完成义务阶段教育还需要各方面做出很大努力，义务教育几乎是农民终身受教育时限，所以农村教师的教育对象具有"回乡性"特征。

据统计，我国国民平均受教育年限为8.3年。1999年，小学、初中和高中三个学段的毕业生毕业后流入社会的总数就达到2900多万人，其中约有三分之二是农村人口，且学年段愈低，流入社会的农村毕业生占流入社会的毕业生总人数的比例就越高。

然而，农村教师队伍建设理念及教师教育设计，没有或很少关照这一特征。

（七）生存环境的艰苦性

农村教师生存与发展的矛盾十分突出，负担很重。

第一，生活单调。农村小学大多实行包班制，身兼数课，班主任担任了所教班级除了音、美、英语之外的所有课程，自习、午休还得待在教室，接触的都是学生，不可能建立什么广泛的社会关系，工作十分单调，要想在任何一门课上有所创新，不仅要对课程、对学生有足够的兴趣与热情，而且对农村环境要有真切的热爱与同情。

第二，消费结构偏低。农村教师与城市教师相比，其消费水平要低一些。农村公办教师年均收入10000元左右，主要用于家庭日常生产、生活支出。其中2000元左右用于购买化肥、农药、家具等农业生产资料及其他农业生产投入，加上供给子女上学，全家医疗保健，购置生活用品、走亲送礼，一年下来也是所剩无几。他们还要精打细算，省吃俭用，经过积累，给家里购置电器和家具。

第三，环境闭塞。农村教师与城市教师相比，其环境不可能提供教师其他兼职机会。农村教师没有与别人进行利益交换的资本，也不可能向学生收取"赞助费"来改善自己的生活，因为仅是最基本的学杂费已使学生家庭难以承受。

第四，代课教师生活贫困。代课教师不在教师编制之内。他们的工资待遇要比公办教师低很多。农村贫困地区代课教师的收入与公办教师相比，差5~8倍甚至更多，经济收入直接决定了他们的社会经济地位。代课教师与农民相比，向农业投入的人力、物力明显不足，家庭经济普遍紧张，比农村能从事多种经营的农民家庭要差一些。

第五，农村教师医疗、养老等社会福利问题突出。由于长年超负荷劳动，农村教师未到退休年龄已经体力不支，遇到重病需要钱时，深感力不从心。农村教师的晚年完全融入农村生活，分享不到任何公共资源，甚至与原学校的关系也渐渐疏远。近年辞退的代课教师，获得的一次性补助按教龄每年百元左右，之后再无人过问，人事制度已在农村学校展开，他们再就业问题该如何对待仍未解决。

第六，青年教师住房的忧虑。目前许多青年教师开始担心自己未来的住房问题。这几年越来越多的师范生到乡村学校任教，这些年轻的公办教师没有宅基地，无房住的问题就凸显出来。但是，这个问题在当前农村教育投入不足的情况下尚未进入领导的决策视野，是需要引起相关部门重视并下大力解决的问题。

二、农村教师职业发展的提升策略

（一）政策牵引，提高农村教师职业的保障水平

1.完善待遇政策，增加农村教师的职业吸引力

（1）提升农村教师福利待遇

通过调研得知，很多教师的工资水平低于当地公务员工资水平，并且工资的提升政策一直没有落实到位，对农村教师工资待遇的提升有以下两个方面的对策：第一，国家应对照农村学校该地的公务员工资和物价增长率为标准，分季度核查和评定农村学校教师的工资收入水平，并落实对农村教师补贴金额的发放。第二，建立农村教师工资管理的多中心支持制度，由于农村所在地管辖的政府财政能力欠缺，因此农村教师的工资水平难以得到与全国相统一的水平，因此在农村教师工资待遇方面，可以采用分散化的、公益性的筹集体系，给予农村教师个人化、细致入微的关怀，在财政集资方面采用多元化、多中心的非政府主体来提供。我国可以建立适合我国教师发展的非营利性组织或者互助团体，由此增加提高教师工资收入、福利待遇的可能性。

（2）增加农村教师家属的福利

教师在较艰苦的环境下工作，工作与家庭是人类生活中两大主要投资的时间成本，农村教师在学校辛勤地工作和拥有积极上进的心态，离不开家属的鼓励和支持。农村教师在条件艰苦的区域工作，付出的不仅是教师本人，他们的家属也在精神生活、社会交往等方面付出了更大的代价。对农村教师家属给予一定的福利，其不仅获得物质上的收益，也获得了精神上的满足。

2.优化准入政策，提升农村教师职业素养

（1）建立多样化的资格证书制度

我国目前的教师资格认证是教育行业教师的许可证，2015年教师资格考试实行改革，打破了终身制并且5年一审，改革后难度加大，不再有师范生和非师范生的区别。考核内容包括普通话水平等级的认定，补修教育学和心理学课程且通过统一考试，以及专业课的考试及试讲。但是为了拓宽教师的发展空间，激励教师不断上进，进行终身学习，教师资格证书应该根据教师教育过程中所取得相应的能力进行单独的认证，使教师资格证书评定的内容多样化、评定方式多样化、评定标准多样化。另外，取消教师资格认证的终身制度，将教师资格证书的期限

分为短期资格证书、中期资格证书和终身资格证书。教师进入职业生涯以后，根据自身的发展需求和对教师职业的认知模式的改变，可以进行不同职业生涯时期的教师资格认定。例如，刚参加工作的农村教师，可以进行短期教师资格的认定，从职业探索期到职业成长期的农村教师，经过 5 年或 10 年的教学实践后，可以申请考核，通过后便能得到中期资格证书。从事教师工作年份较长的农村教师，可以通过该方式进行终身资格证书的申请和考核。多层次多样式的教师资格认定，可以促进教师职业的活力和竞争力，调动更多的农村教师不断进行终身学习和自我发展。

（2）调整"特岗教师"政策制度

完善农村教师的长效补充机制，鼓励高校毕业生参加"特岗计划"，为农村教育事业吸纳人才，但是关键点在于明确特岗教师性质，特岗教师具有正式教师身份。对于约定期满的"特岗教师"，应加大让其继续从事教师事业的优惠力度。例如，以"特岗教师"身份入职的农村教师，若服务期满后继续从事农村教师事业，可以采取提高一定的工资待遇和福利，给予奖励和荣誉称号等措施。再如，加大对继续从事农村教育事业的"特岗教师"的培训力度和职业流动机会，建立一定的激励性政策，鼓励"特岗教师"继续为教育事业做贡献。

严格地执行特岗教师的招聘工作，根据农村学校的实际需求，在招聘"特岗教师"时充分考虑学校的实际需求，做到岗位和专业对口。在开展招聘工作时，不能随意放宽招聘条件，要积极宣传到西部和基层地区贡献青春、建设祖国的价值取向，在社会上形成良好的舆论导向，规范"特岗教师"的招聘程序，公开选拔，择优录取。

3. 建立科学的聘任制度，平衡城乡教师结构差距

中小学编制制定政策不完善导致农村教师编制紧缺，农村教师一人身兼多职的现象严重，城乡教师结构的差异直接导致农村教育与城市教育资源分配的不均衡问题，从而导致城乡差距的不断加大。因此，建立科学的聘任制度是解决城乡教育公平问题的首要条件，以公平、均衡、向弱势地区倾斜为政策制定标准。

（1）教师编制向农村学校倾斜

农村偏远地区以及少数民族聚集地区推行寄宿制学校的组织形式，农村教师除了日常教学还担着农村学生的日常生活管理，工作压力大、责任负担重。根据教育改革的实际需求和农村现实情况相结合，应增加给农村学校的教师补给，增加农村学校的教师编制，并且动态而科学地进行教师实际岗位的空缺调查，实行岗位需求与对口专业直接有效地搭建供需平台，增设一定比例的流动编制，以缓

解农村教师流动困难的问题。

（2）规范编制管理的制度体系

重视农村教师编制的落实情况，建立自下而上的各级政府监督问责机制。明确编制的制定办法、计算方法，考察农村教师的实际在编人数与在岗人数是否存在缺位等。农村教师编制的制定涉及的部门较多，需要教育部门、财政部门、人事部门等相关部门之间的协调配合，因此可以成立专门的合作工作小组。对于农村中小学教师编制的管理情况进行专项核查，及时处理和协调相关问题。实行阳光编制计划，将各项规定和实施情况公布在官方网站，公平、公开地对待编制问题。同时，对违反规定的部门、单位、个人进行严肃的责任追究和处理，加大农村教师编制的监督和管理力度。

（二）机制创新，拓宽农村教师职业发展空间

1. 建立职业流动机制，打破区化壁垒

农村地处偏远，存在客观条件的限制导致信息闭塞，交通不便，而农村教师就像被一道围墙包围，在封闭的环境下难以意识到知识的匮乏和产生自我发展的需求。因此，建立合理有效的县域流动机制，从而实现新旧信息的更替，形成教师跨区域之间合作竞争的职业氛围。

（1）建立教师群体流动的绿色通道，简化流动许可程序。由于行政区划的分割，应开展形式多样的交流活动。组织优秀骨干教师进行对口支援，定期到农村巡回示范，从管理、教研和课改等方面进行全方位示范，通过他们的示范作用和经验交流，带动乡镇学校教师整体水平的提高。

（2）开展形式多样的交流活动。交流形式上多样化，交流主体上多元化。在交流形成上，可以由城市优秀教师与农村教师形成纵向的交流路径，农村教师可以在县域内形成横向的交流路径。在纵向流动路径上，城市优秀教师可以与农村教师进行对口帮扶，城市教师定期到农村进行教育示范，从管理、课程研发、教学方式上启发农村教师。另外，农村教师可以到城市先进的示范性学校进行教学观摩，参与教学科研活动，从而提高农村教师教学的思维习惯，促进农村教师的职业发展。在横向交流方面，通过县域内示范学校与普通学校结对子的方式，选派具有带教能力的优秀教师到普通学校定期任教。建立教师轮岗、支教制度，为各级各类学校师资的均衡配置奠定基础。教师县域内校际轮换与交流，解决当前因城镇教师普遍超编、边远农村教师严重不足而造成的教育资源配置不当问题。

2. 建立职业成长中心，健全职业规划体系

据调查，有一半以上的农村学校没有制定教师职业发展规划，并且在制定农村教师职业发展规划的学校中，部分教师并不太认同该学校为其制定的职业发展规划方案，很多农村教师表现的出迷茫和无所适从，需要专业人士的带领。对于农村教师的职业发展，学校、政府以及国家的支持是必不可少的，建立职业成长中心，是农村教师自身与整个农村教育协同发展的历史记录，是农村教师积极投入到农村教育事业的光荣记载，也是农村教师在个人发展中自我审视的一面镜子。因此，对建立农村教师职业成长中心有以下几方面的建议。

（1）教师成长阅览室

农村学校由于地理环境因素，信息之间的流通缺乏实效性，信息传播速度缓慢且滞后，因此提高教师成长阅读室，将教师所需要的成长资源第一时间分享到阅读室中，采用多媒体电子技术分享教师有关新闻、政策，整合农村教师教育有关的期刊、文献、专业书籍，以及与农村教学相关的视频、多媒体等。教师可以通过该平台分析自我的教学经验，优秀教师的教学录像、优秀教学范例以及与教师职业发展相关的书籍等。建立教师成长阅读室，目的是整合农村教师所需要的优质资源，以弥补农村教学资源的匮乏和信息传递的阻碍，给农村教师提供一个科学化、人性化、信息化的成长平台。

（2）建立教师教学成长档案

将农村教师从入职到退休整个职业生涯过程有目的地进行管理，明晰农村教师职业发展之路，对于管理整个农村教师群体提供数据参考和控制，同样可以给政策制定者提供真实有效的农村教师需求情况与发展特点。农村教师职业生涯存在很多考核评价、培训经历、教学成就等教师个人的材料，将教师发展过程中自我的评价、外部的评价以及受到国家、政府、学校的相关支持装订成一套农村教师的成长档案，除了给国家和政府提供有效的评估检验和政策制定依据以外，还可以让教师清楚地认识自己的不足，对照自己的发展现状，有目的地制定自身的职业发展计划，并结合现实进行合理的调整。

3. 构建培训联动机制，形成农村教师学习共同体

农村教师的培训对农村教师的职业发展来说，起到一定的营养剂的作用，有效的、科学的培训能够促进农村教师的职业发展，而形式上的培训机制只会给农村教师带来更大的工作负担而无异于农村教师的职业发展。构建多元化的培训机制，包括从培训方式上的多元化、培训内容上的多元化以及培训对象上的多元化。

（1）阶段联动，实施农村教师的终身教育

英国的詹姆斯·波特主张实行"师资培养三段制"，把师范教育分成基础教育、专业教育、在职培训三个阶段。在教师的培训阶段实施培训机构的联动，促进农村教师职业生涯阶段的自我成长。三个阶段的培训缺一不可，对教师整个职业生涯的发展规划起到了重要的支持作用，分别对处于不同发展阶段的教师制订相应的校本课程和计划，有针对性地实施农村教师的职业培训。

（2）供需联动，增加对口专业培训

日本将教师培养课程通过以法律法规形式确立的做法值得借鉴。根据日本《教育职员许可法》的规定，将教师培养的课程结构分为教育科目、共同科目和教育专门科目。一般教育科目含自然学科、人文学科和社会学科。学科门类不同的划分也使农村教师专业性的培训更加具有针对性。调研发现，很多农村教师（除语文、数学、英语以外的任课老师）很少得到专业上的培训，通过学科门类的划分，可以整合具有共同学科方法论的教师共同参与培训。另外，培训的内容跟教师的实际需求相结合，农村教师在工作中所需要的职业能力分为教学能力、多媒体运用能力、沟通和组织能力等，培训的安排可以通过教师实际所需要的能力作为基础方向，给教师培训机构自主安排教师培训课程提供了一定的空间，也给农村教师提供了更多的选择。

（三）管理保证，激励农村教师职业发展内在动力

1.管理柔性化，扩大农村教师专业自主权

在农村，由于信息比较闭塞，一些资深的老教师代表着学校教学的权威，在学校里除了承担教学业务，还身兼学校管理岗位职务，如学科带头人、备课组长、年级组长等。但有的老教师教学方法比较保守，在他们的认知范围内很难接受新的事物，以至于年轻教师想要采用一些新颖的教学方法遭到否定，一部分教师的创造性思维难以得到发挥和体现，同样也很难使农村教育模式得到积极的改变。因此，倡导给予农村教师更大的专业自主权，不拘于相同的形式化教育，可以促进农村教师发挥更大的专业自主性，也能促进教师积极地参与思考自身的教育教学方式，促进农村教师的职业发展。

对农村教师实行柔性管理，将行政权力下放，让农村教师共同参与学校管理，农村学校教师与学校行政人员组织成学校管理小组，进行学校制度的讨论和商议，共同制定学校的管理规则，增强农村教师的管理责任心，让农村教师参与管理，切实了解学校的发展状态并与之成为成长共同体。对农村教师实行柔性化管理，

组织和建立学校内部的专家小组，并且对该专家小组实行流动制，专家小组内的成员根据学期的教学内容计划教师之间轮流替换。学校教师之间形成学习共同体，共同制订学校的教育计划和实施办法，在国家的教育计划范围内，教师可以根据自己的教学经验和水平制订班级学习计划。

2. 双因素驱动，保障农村教师全身心投入

赫茨伯格提出的双因素激励理论，是通过对不同程度需求的满足情况来刺激员工的工作动机，两种刺激因素分别是保健因素和激励因素。根据农村教师群体特点，他们对工作的满意度分别有外在的因素和内在因素的同时需求，在学校管理过程中通过满足农村教师的不同需求以提高农村教师的工作满意度，保障农村教师全身心投入农村教育事业。

保障因素是指能够保障农村教师基本生活需要和工作需要的因素，缺乏保障因素的满足，会导致农村教师对工作产生倦怠甚至离职倾向。保障因素得到满足才能促进农村教育的进一步发展，留住农村教师继续从事教师职业，保障他们的工资收入、福利待遇、工作环境等，以外在物质激励消除农村教师的不满意因素。学校在管理方面应多关注教师的物质需求，以"教师为本"注重农村教师的物质需求和生活保障，加大教师宿舍和办公室的环境建设，多方面关注教师的生活需求，通过不同的方式对农村教师进行关怀，如发放教师生日礼品、交通补助费、节假日补贴等。

激励因素是学校通过满足农村教师精神上的需求，激发农村教师实现自我价值。将保障因素与激励因素相结合，通过物质激励和对教师精神激励，刺激农村教师产生职业发展的内在动力。

3. 绩效评价创新，增加农村教师的职业活力

在我国二元体制的现行情况下，农村和城市存在一定的差距，由于农村教师所面对的教育群体和教育环境的不同，实现与城市甚至发达地区的教育比较不现实。我国按照目前农村教育实际情况，对照农村学生的入学率、师生比、升学率和辍学率等数据指标，制定合理的农村教师考核评价制度。现行实施最为广泛的农村教师绩效制度是以学生成绩为中心的农村教师评价制度，形成了对教师评价的功利取向，这是与校园文化的本性相背离的。要让教育的内涵超越短浅的应试教育模式，最重要的是要改革与创新农村教师的评价制度。把整个教师群体用一个固定不变的标准来评价，是对教师群体创造性的约束。

实现评价制度的创新分别是以学生教育质量为前提，并从人文评价、精神评

价以及职业生涯阶段性评价三个方面实现。

（1）人文管理评价机制是"一个对话交流、共同协商、取向一致、达到最佳共同利益的建构过程"。解放"创造性"必须要改变传统工具理性的评价机制，而以一种科学、人文、文化的人文管理评价机制为背景，这种评价机制是以价值理性为主导，重视教师的内在发展和价值追求，是一种发展性评价，面向未来而非着眼于学生的某一次考试结果和课堂表现，具有终身性、人文性和价值性，以发展人性和实现人的最终价值为目的。

（2）精神评价是对教师内在的专业自觉性、工作效能感、职业发展动力的一种感性的评价。教师的职业精神是引领教师不断实现教师专业化，激发教师专业自觉，让教师清楚地认识进行职业发展的内部努力程度，同时给予组织支持效用的真实反馈，促进教师群体个人努力与外部支持相结合，提升农村教师的工作满意度和效能，从而推动农村教师群体的职业发展。

（3）职业生涯阶段性的评价制度是根据教师职业生涯不同阶段的特点，制定与之相适应的评价体制。农村教师群体根据职业阶段的划分呈现的是不同的职业发展状态，在职业生涯初级阶段的农村教师，对待教育职业还处于探索阶段，教学经验尚不足，但与其他职业生涯阶段的教师相比更有发展活力。而在职业发展安全建构期和成熟期的农村教师，学历水平、职业能力随着教学时间的累积，会出现一定的教学瓶颈期，固定不变的教学环境和教学模式会使这个时期的农村教师产生一定的倦怠感，因此这个时期的农村教师需要进行教学模式的创新和教学课程的开发，应对已有一定教学经验的农村教师进行新的刺激，以新的评价方式带来职业发展的新高潮。

4. 竞赛活动多元化，调整农村教师认知偏差

由于生活环境和工作环境的固化，农村教师容易形成区域文化思想，即长期的生活习惯和工作习惯导致大脑形成一定的思维方式，从而在一定程度上形成固化的思想和认知。因此，在做自我判断和对他物的判断时，容易受刻板印象的限制，形成了思想封闭的局面，在这种情况下很难真正地认识自己。农村教师长期生活和工作在固定区域，当生活和工作形成一定的行为模式时，他们难以跳出自我的认知局限而反思自己，发现新问题。通过举办多种形式的教师竞赛活动，在一定程度上可以使农村教师之间相互了解，也可以通过竞赛了解农村与城市的教学差距。通过构建公平的竞争环境，可以使农村教师在竞争中发展自己，深入了解自己，并且与教师职业产生思想上、文化上、精神上多元的碰撞，从而调整自身的认知局限，对职业能力构建新的认知。

举办多元的竞赛活动可以是形式多元、内容多元和奖项多元。形式上可以通过网络多媒体竞赛、跨区域竞赛、校内竞赛等，不受场地、时间的限制。竞赛内容可以是举行文化知识竞赛、专业教学技能竞赛、体育竞技等，不局限于教师职业内容的竞赛活动，目的是让农村教师多方面、多角度地认识和了解自己。颁发的奖项也可以是多元的，除了常见的荣誉证书以外，可以设置多重奖项。

（四）文化引领，凝聚农村教师的精神力量

1. 重构乡村教育文化，形成农村教师职业发展的文化场域

在传承与保留中国古代文化的同时，也要与时俱进，结合当下时代的发展，构建新时代的文化氛围。贫困就像一道厚厚的围墙，将人们深深地禁锢着，无力展望未来。于是在这样的氛围下，人们逐渐形成一种宿命论，劝慰自己安贫乐道，安于现状。而农村教师在这样的氛围下，积极地寻求发展、努力进行职业生涯的深造，可能将成为这种社会环境下的"局外人"，因此很多农村教师以及大批的人才逐步选择"逃离乡村"。因此，重构乡村教育文化，其目的就是为了吸引愿意置身乡土社会的人才，让他们将自己与乡土社会融为一体，在从事农村教师职业的初期，得到文化的引领，而不是徘徊在现代社会的门槛之外。

乡土价值的激活与显现，是乡村教育人文重建的逻辑起点。唯有在这个起点之上，乡村教育才可能越过现代化的藩篱找到属于自身的价值起点，从而获得重建的可能性。也正是在这里，乡村教育才获得了自身的精神之根。

只有让更多有效、有趣、有内涵的信息进入到围城中，才能逐渐影响人们的见识和观念。人们长期生活在一个固定的区域，会潜移默化地被地区文化感染，只有通过外界信息的获取，不断地重新建立自己的世界观，建立新的憧憬和期望，才能从内心不断提高对自己的要求。建立文化载体，建立以学校为中心单位、辐射至整个村镇的图书馆。图书馆的建设可以激发人们对知识文化的需求，也承担着不可替代的教育功能，对于进行社会精神文明建设有不可磨灭的作用。另外，文化的传播和更新，需要人与人之间思想的碰撞、灵魂的传递。因此，可以以农村学校老师为代表在乡政府的配合下组织一系列文化交流活动，如举办古诗词大赛、家庭教育专题讲座、健康交流会等，并配发一定的物品作为每次活动参与者的奖励，建构积极向上的新风气。重构乡村教育文化，不仅是比照城市化教育，进行形式化的关注，还要激活乡村教育的灵魂，建构乡村教育文化与农村教师的内在联系。重建乡村教育文化，吸引人才回归乡村，促进农村教师安心从事农村教师职业，真正走上自觉的成长之路。

2.建立学校文化，唤醒农村教师的职业理想

农村学校的校园文化是乡村教育文化和教师职业精神在校园具体而生动的表现，也是校园教学活动主体的价值取向。重视对教师职业精神的培养，加大宣传教师职业理想、职业责任、职业态度、职业作风等力度，积极与学校建立学习职业精神、弘扬职业精神、构建教师自身职业精神的氛围。在校园文化的氛围中营造和谐共生的教师成长环境，帮助教师转化消极的职业倦怠情感，根据不同的情感特点，实施有针对性的、有效的情感激励，发扬奋进向上的工作精神。创新校园文化建设，实行多元人性化管理，通过营造和谐进取的职业氛围，建立清新、宽松、充满人情味的校园文化，从而潜移默化地将先进的价值理念传递到教师的职业意识中，从而转化为自觉的行动。校园文化是一种看不见、摸不着的力量，它能凝聚校园整个组织活动的主体意识，它好像是一座隐形的桥梁，通往学生与教师、教师与教师、学生与学生、学生与知识文化、学生与家长、教师与家长、教师与知识文化、教师与管理者多方主体的内心，是一种精神、制度、物质和活动相互交织、融合共生的状态，编织成一种共生共长的生态聚合体。

唤醒农村教师的职业理想可以通过以下三种方式：首先是结合校园文化制定学校愿景，学校愿景必须是看得见的，能够通过学校组织中每一个成员的努力，一步步可以实现的理想蓝图，通过制定学校愿景，审视学校办学现状，明确办学思想，统筹学校的规划，将学校组织中每一个成员凝聚起来与学校通过发展，憧憬未来；其次是结合校园文化制定教师誓言，农村教师无论是新入职还是有一定资历的老教师，他们无论是对于学生发展还是农村教育质量的转变都肩负重任，而制定教师誓言则是提醒教师尊重教师行业的职业道德、职业责任和职业良心，是农村教师对于学生、学校、家长甚至整个社会庄严的承诺，教师誓言承载着教师对教育的理解，其核心是教育的理想和信念、教育的责任和使命、教育的行为和规范；最后是制定师生的共同誓言，师生之间存在一定的捆绑关系，你中有我，我中有你，学生的行为体现着教师引导的价值取向，两者之间互相学习互相感染，教师在教育活动中主要是为了启发学习实现自我价值，而正是这样的过程学生的自我实现同样也促进者教师的自我实现，制定师生之间的共同誓言实则也是制定教师个人和学生个人的理想蓝图，并结伴为实现各自理想的共同体。

3.提高教师职业精神，促进农村教师的自我实现

教师文化是教师群体的价值观所形成的一种观念导向，而如今工具理性的存在毁坏了教师精神的构造，由此带来的后果是人存在的主体性的瘫痪。教师整个

群体的趋向性行为表现混淆了教师的自我实现。只有当农村教师以自己本然的活力行动时，才能在当下真正地感觉到自我的存在。提高教师职业精神，才能在工作中找到自我的初心和回声，促使农村教师发自内心地投入教育工作中，唤起主体意识的觉醒。正如美国学者麦克基认为："所谓精神生活，本质上就是一系列的人与人之间和人与团体之间的交流，并在交流中得到满足，同时也改善社会。所以，精神生活也不是纯粹的个人生活，人在与他人交流的过程中不仅使自己的精神升华，也使社会沿着自由和公正的方向发展。从这一点上看，精神生活同样具有政治价值。"形成教师群体精神，是通过设立每个教师的自我职业理想，通过行为的表达相互感染，从教师的群体文化中形成无形的监督力量，唤起农村教师主体的自觉性、能动性和忠诚度。

培养农村教师职业精神，形成农村教师群体精神，首先是增加教师之间的凝聚力。增加教师的凝聚力与增强教师之间的互动性、团结性，使农村教师在教学上、工作上、学习上不再是一个独立的存在，而是认清自己是有所归属、有人帮助、有人理解、有人支持的；增加教师的凝聚力则是需要搭建一个有共同的理想、共同的责任、共同的使命的归属地，搭建教师灵魂归属的精神家园。其次，学校应该注重培育教师职业精神，使农村教师提高思想觉悟，领悟到教师行业的精神价值，并且继续传承教师行业的精神文化遗产，由此提高农村教师的精神判断力。部分农村教师往往在无意识中产生一些惰性的行为，是人在自然状态下的行为倾向，但通过对农村教师进行职业精神的培育，使农村教师产生一定的价值标准，从而有意识地约束和反思自己的行为，解决精神与现实矛盾的冲突。最后，农村学校应该注重教师的精神回报，精神激励能使农村教师产生主体意识，对教师积极的行为进行正向的强化，从而促进农村教师积极性和职业精神的发展与提高。

第十章　义务教育区域教师能力建设

第一节　义务教育区域推进教师专业能力建设的基本构想

多年来，国家始终将教师能力建设作为教师教育工作的重点。本节将分析区域推进教师能力建设的基本理念、区域推进教师能力建设的策略和区域推进教师能力建设基本特点。

一、区域推进教师能力建设的基本理念

在推动区域教师能力建设过程中，人们充分吸收了新课程改革精神，围绕区域教育均衡发展，结合区域实际情况，逐步建立、丰富、完善了教师能力建设的基本理念——"研修一体，共同发展"。

（一）"研修一体"解读

1. "研修一体"中的"研"

传统意义上的"研"主要是指教研，这种教研活动基本上可以分为两种方式：一是由教研员组织的区域性教研，二是以学校教研组为单位的教研。不管哪种方式的教研，基本上都是围绕"教师如何上课"这样一个中心来探讨教材内容的组织、教学方法的选择等，有些教研甚至还停留在"上传下达布置任务"的层次。从教师能力提升的角度来讲，传统教研活动还存在教研与教学两张皮现象。很多教师参加教研活动后，由于没有具体有效的策略研讨，课堂实践依然是纸上谈兵。比如，教研活动中的文化缺位现象。教研活动本来渗透着合作文化，但是在具体的教研实践中，发现教师人际关系中有"习惯性防卫"现象，构成对话与交流的

障碍。教研中，教师如果过多考虑人际关系等因素，如担心不同意见会伤害同事感情，从而不发表真实意见，甚至违心地迎合某种需要。在这样的氛围下，即使教研开展得轰轰烈烈，教师之间也不可能真正达到深层的共识，这不利于教师能力的提升。

针对传统教研存在的问题，应进行相应的改革，拓展教研的内容，丰富教研的形式，完善教研的手段，赋予"研"新的含义。

2. "研修一体"中的"修"

传统意义上的"修"即教师培训。关于教师培训，通常存在广义与狭义两种不同理解。广义的教师培训是指教师教育，主要包括职前培养和在职培训。狭义的教师培训专指在职培训，由于是在探讨义务教育中教师能力建设问题，故采用狭义解释。

中华人民共和国成立以来，教师培训在教师学历补偿和提升、教师能力培养方面发挥了不可替代的作用。但是，在看到成绩的同时，我们还需要清楚地认识到当前教师培训中存在的问题。一是很多培训在目标的制定上存在过于理想化倾向。培训者希望通过培训实现教师角色的转化，解决教育教学特别是新课程改革之后出现的一些新问题，这样的目标设定很显然不现实。从教师专业发展的轨迹来看，教师的成长和发展不是一蹴而就的，它要经过一个适应、发展、成熟、完善的过程，而且在不同的阶段，教师素质状况和发展需求是各不相同的。这就要求培训者根据教师的发展阶段和素质，确定适当的培训目标，在理想要求与实际状况之间寻找平衡点。二是文本化的培训内容忽视了教师实践知识。很多培训者在培训前没有进行充分调研，对参培对象缺乏足够了解，往往无视参培者的需求，讲一些空洞的、与教师实际工作需要相去甚远的理论。对于中小学教师培训而言，理论引领是必要的，但是理论培训不能成为培训的主要内容。教师是带着问题参加培训的，如果培训不能满足参培者的个人需求，参培者无法把培训的内容与实际工作结合起来，教学实践过程中的问题没有解决，教师能力的提升也就无从谈起。三是指令性的培训方法有悖于教师专业发展特点。教师专业发展是一个持续不断的过程，是教师主动学习、自主发展的过程。很多培训采用行政命令手段，不顾教师实际情况，动辄就要求教师在统一时间，到统一地点，用统一内容进行集中培训。四是教师参加培训的动力不足。有些教师不愿意参加教师培训，将其视为一种负担，缺乏主动发展的动力。

传统培训中存在的诸多问题已经引起重视，培训部门结合自身实际，对教师培训的内容、方式和方法做了相应改变，最大限度满足了教师专业发展的要求。

3."研修一体"

毋庸置疑，开展教研活动和进行教师培训都是提升教师能力的有效手段。从各自功能来看，教研活动着眼于问题的解决，教师培训着眼于教师能力的提升，教研和培训相互独立，不利于教师的专业发展。特别是新课程改革之后，教育教学中出现了一系列新问题，这些问题具有复杂性、多样性、长期性、现场性的特点，需要教师自己在实践中解决。解决这些问题，适应新课程改革，中小学教师就必须有新的专业发展。

可以说，解决问题和促进教师专业发展从来没有像今天这样高度统一，这就要求在推进教师能力建设过程中加强"研"与"修"的整合。

成人教育学理论为"研修一体"提供了理论基础。成人学习理论的研究成果表明，成人学习具有如下特点：① 成人学习能力的增长不因生理成熟而终止，不随年龄增长而明显下降；② 成人是主动的学习者，自主性强，能够进行自我指导；③ 成人有丰富的生活经验；④ 成人学习通常以任务为导向。无论是从培训方式还是培训内容上来讲，成人教育学理论对教师能力建设都具有启示意义。将"研修"作为新型教师的教育途径，正是出于对成人教育的特殊性考虑。

站在区域的层面，从推动教师能力建设角度来解读"研修一体"，"研"不仅指教研、科研、德研，还包含研究的意思；"修"不仅包含进修、培训，还包含修身、修业。研修是育人和自育的途径与方法。研离不开修，修离不开研，研修相互依存，相互促进，共同作用于人的发展。"研修一体"就是以一种研究的眼光来进行教研、科研、培训，从教师的实践入手，思考如何促进教师进修，融教科研与教师培训于一体，将教育研究与教师专业发展结合起来，从而提升教师的能力。"研修一体"主要是为推动区域教师能力建设提供一个思考方向，提供一种方向性的指导，解决的是"走向哪里"的问题。

（二）"共同发展"解读

所谓共同发展，就是指着眼于教师专业发展，通过教师能力建设，使区域内不同年龄、不同学科的城乡教师都能得到不同程度的发展，其特点是"让每一位教师都优秀起来，让优秀的教师更卓越"。

1.共同发展是整体发展

教育的核心价值指向人，作为教育的重要因素之一，教师的人文关怀在于教师通过专业发展完善自己的生命历程。作为促进教师专业发展的重要工程之一，教师能力建设工程旨在提升教师能力，推动每一位教师全面而个性化地发展，从而达到区域内教师共同发展的目的。

从事物发展规律来看，实现从量变到质变，需要不断的积累过程。实现整体发展是目标，促进教师优先发展是策略。在实现整体发展的过程中，首先要允许能力强、思想觉悟高的教师优先发展，尽快成长为骨干教师甚至是专家型教师。通过促进个体的优先发展，发挥优秀教师的辐射作用，促进同一学校、同一片区的其他教师的共同发展。通过教师带动，产生联动效应，从而推动区域教师的整体发展。

2. 共同发展是渐进发展

共同发展是一个过程，共同发展不是同步发展，事物发展只能是由局部到整体、由量变到质变的过程。

教师专业发展具有阶段性，这就决定了共同发展不是同步发展，而是基于个体专业发展基础上的螺旋式上升发展。由于知识基础、入职时间等的差异，教师与教师之间的发展体现出不平衡的特点，在推动教师能力建设的过程中，教师的这种个体差异将伴随始终。另外，从职业发展的角度来看，在人一生的职业周期中，就像正弦曲线一样，是一个从波峰到波谷，又从波谷到波峰的波浪式轨迹，在这个过程中，发展很少呈直线上升趋势，而是像螺旋梯一样，在盘旋中走到最高点。

从区域角度来审视教师能力建设，势必会出现教师个体在不同时间段发展的不平衡。教师群体在同一时间段发展不平衡，这是事物发展的规律所致，是不可违背的。因此，共同发展不可能是同步发展，而是在尊重差异、正视差距基础之上的渐进式发展。

3. 共同发展是差异发展

共同发展不是同等发展，对个体而言，发展是基于自身基础之上的发展，是有量的差异的发展，这恰恰符合"最近发展区"理论。

维果茨基的"最近发展区"理论认为，学生的发展有两种水平：一种是学生的现有水平，指独立活动时所能达到的解决问题的高度；另一种是学生可能的发展水平，也就是通过教学所获得的潜力。两者之间的差异就是"最近发展区"。教学应着眼于学生的"最近发展区"，为学生提供带有难度的内容，调动学生的积极性，发挥其潜能，超越其"最近发展区"而达到其可能发展到的更高的水平，然后在此基础上进行下一个发展区的发展。其实，对于教师能力建设而言，"最近发展区"理论同样适用。不论是职初教师还是骨干教师，乃至专家型教师，总有一个通过学习获得的可能发展水平，这个可能的水平与实际水平之间的差距就是教师的"最近发展区"。区域推进教师能力建设，也要考虑到教师的"最近发展区"问题。比如，在职初教师的培养上，更加注重教师的教学实践能力培养，着眼在职初教师教学胜任能力方面下功夫，试图通过教师能力建设，弥补职初教师在教学实践能力上的缺陷。对骨干教师而言，他们的教学实践能力已经没有大的问题，对课堂教学的调控能力和处理突发事件的能力都已经相对完备。在这种情况下，教师能力建设的着眼点就不会是"补不足"，而是通过科研能力的培养，促进教师在专业发展上取得成功。

二、区域推进教师能力建设的策略

（一）面向全员

面向全员是区域推进教师能力建设的策略之一。"木桶理论"认为，一个木桶能装多少水，不是取决于最高的那块木板，而是取决于最短的那块木板。面向全员的策略主要体现在以下两个方面。

1. 面向全员是指所有的职初教师都要接受培训

近年来，新入职的教师虽然每年都要接受"新教师培训"，但培训时间较短，且在课程设计上多为"思想教育"板块内容。之后，人们发现这批教师走上岗位后很难适应教学工作。于是，职初教师培训引起人们的关注。职初教师培训，主要分为两个方面：一是常规培训。各学科教研员围绕"教学五认真"引导职初教师进行教学设计，提高学科专业素养。为巩固培训成果，还引导学区、学校关注随堂课，在对部分职初教师进行跟踪听课的基础上，组织对职初教师随堂课进行三级考评，引导职初教师尽快胜任教学工作。二是班主任工作培训。针对职初教师大多担任班主任的现状，对职初教师就如何组织班会、如何进行班级管理等方面进行专题培训，提升了职初教师班级管理能力。

2. 面向全员是指全体教师都要参与教研科研德研活动

教研科研德研活动是提升教师能力的重要手段之一。从教师专业化角度来讲，通过各种方式为每一层次的教师搭建平台，让每一位教师都参与到教研科研德研活动中来。从教师专业发展角度来讲，每一位教师都存在不同的发展需求。一般而言，职初教师都能积极参加各种教研科研德研活动，但是对于一些年龄偏大的教师而言，随着入职时间、阅历的增加，他们参与教研科研德研活动的积极性逐渐下降。这部分教师已经进入了发展的"高原期"，面临着进一步发展的"瓶颈"。如何帮助这部分教师突破"瓶颈"，参与到教研科研德研活动中来，这关系着区域教师能力建设的总体水平。让每一个发展阶段的教师都参与到教研科研德研活动中来，都获得长足的进步，是我们的价值追求。

（二）突出重点

"突出重点"包含两方面的内容：一是突出骨干教师的培养，二是通过重点工作来推进教师能力建设。

1. 突出重点是指通过对骨干教师的培养，发挥辐射带头作用，从整体上提升区域教师能力水平

在推进教师能力建设的过程中，结合区域实际情况，从骨干教师培养入手。打造骨干教师主要是以"导师制"培训和骨干培训为重点。"导师制"是在借鉴高等院校研究生教育模式基础上发展起来的，采取集中统一学习与分科小组指导结合、导师面授与学员自学自练结合、理论学习与实践操作结合、教学研究与教改科研结合、"走出去"与"请进来"结合的培训形式，体现了教师教育的自主性、选择性、能动性和创新性。骨干教师在教师群体中具有强大的影响力、辐射力，是师资建设的重点。

2. 突出重点是指借助区域重点工作来强化教师能力建设

在区域教育发展各个时期，都会面临着不同的发展问题，解决这些问题，就成为这一时期的重点工作。在推进重点工作的时候，始终坚持将区域教师能力建设与重点工作结合起来，通过抓重点工作促进教师能力建设。比如，新课程改革之后，传统的教研活动面临一系列问题。为了适应新形势，满足新要求，将"校本教研"作为重点工作来推动。通过进行"校本教研与教学优质化研究"的课题研究，校本教研制度从无到有，从不完善到相对完善，校本教研逐步走向成熟，教师的能力也得到很大提升。再如，高中"新课改"开始之初，坚持"先培训后上岗，不培训不上岗"原则，对全体教师进行培训，提升教师专业能力。

（三）倾斜农村

教育是民族振兴的基石，教育公平是最基础的公平。由于区域存在城乡二元结构特征，导致教育发展不均衡，这一点在师资队伍建设上也有所体现。为了弥

补教育资源分布不均衡状况，促进城乡教育均衡发展，在区域教师能力建设的过程中，始终坚持"倾斜农村"的策略。倾斜农村就是在推进教师能力建设的过程中，对农村地区的教师从人、财、物上给予保障。一方面，率先对农村和边远薄弱学校教师实行全员免费培训，同时对参加培训的教师每天给予生活、交通等补贴。在骨干教师培训名额分配上，也重点向农村地区倾斜。另一方面，制定实施《农村中小学教师素质提高工程实施方案》，加强农村教师培训的针对性。在坚持"导师制"培训和"名师班"培训的同时，积极打造教师的综合实践能力和创新能力。在很多农村学校，小学品德与生活、品德与社会、综合实践活动课，基本上没有专职教师，小学科学、音乐、美术、体育等学科中也有大量兼职教师任教。针对这种结构性缺编现象，加强了对兼职教师的培训力度。在开展教研活动时，也考虑到了农村地区的实际，重点向农村地区倾斜，把一些教研的现场放在农村地区学校开展，加大了对农村地区教研的指导力度。

（四）分层推进

由于入职时间、知识基础、生活经验、教育教学实践能力等的差距，教师在专业发展过程中必然会出现不同的发展层次。从区域层面推进教师能力建设，就必须充分考虑到教师的这些差异。基于此，人们提出了"分层推进"的策略。

分层推进主要是针对以上不同层次教师的状况分析，制定出恰当的发展目标，通过选用适宜的培训模式，搭建合适的发展平台，使每一个层次上的教师都能得到提升，在具体工作中，将教师分为四类：职初教师、成熟教师、骨干教师、专家型教师。对于入职 3~5 年的职初教师，以"成熟教师"培养为目标，通过培养使之迅速融入学校，了解、掌握教育教学的常规要求，初步熟悉和把握所教学科的教材内容、教材特点、教学要求及一些基本的教学方法、教学程序等，引导新教师快速入门、成长，早日成为一名合格的教师。对成熟教师而言，以"骨干教师"培养为目标，通过培养提高解决疑难问题的能力，掌握了解学生、研究学生的具体方法，学会选择、运用教学方法的技能技巧，进一步提高教育教学能力。对骨干教师而言，以"专家型教师"培养为目标，借助一定的培训模式，完善自身的素养和能力，克服教学实践中的障碍，着重提高获取知识、灵活运用知识的能力和娴熟、高超的教育教学能力，以及进行教育科研、教学改革、探索创新的能力。对专家型教师而言，主要是搭建平台，使其具有高水平的科研知识和方法，具有深厚的教育教学理论功底，形成独特的教学风格，能把教学实际经验上升到理论高度，在教育教学改革中发挥引领、示范和辐射作用，能引领全校教师的专业成长和发展。

三、区域推进教师能力建设基本特点

准确把握区域教师能力建设的基本特点，有利于有的放矢，突出重点，加强教师能力建设。教师能力建设具有全员性、校本性、发展性的特点。

（一）全员性

全员性是指以区域为范围，不论年龄、职称、学科、工龄、学校性质、工作性质等，所有教师都参与到教师能力建设中。只有全体教师的参与，才可能实现教师能力整体性、持续性的提高。全员参与体现了"以人为本"的理念，教师个体是构成区域教师共同体的基本组织单位，教师在共同体中发挥聪明才智，既能够分享教学管理经验，又能获得共同体的肯定和支持，形成教师个人良性发展循环，又能够在与同行学习合作过程中实现区域教师整体素质的提高。为了实现共同发展的目标，立足区域的实际情况，开展针对不同教师能力发展水平的全员培训。

为了做到区域教师能力建设的全员性，力图强化教师的全员参与意识，制定全员参与的制度，采取全员参与原则，开展全员参与检查与评价。全员参与意识是教师意识层面对教师能力的认识和理解，教师只有具备了这种意识才有可能进行全员参与的行动。全员参与制度实现全员参与的制度保障，明确教师参与建设的责任、考核评价、保障机制等，激发教师参与的积极性和自主性，确保教师全员参与活动的规范有序。全员参与原则是指导教师参与的纲领，是教师全员参与的指导方针。全员参与的评价与检查是对教师参与活动的反思与总结，改进不足之处，推广优良经验，激励教师成长。反思是推进教师能力建设富有自主性、创新性和生命活力的武器，全员参与发挥全体教师的智慧，形成教师发展共同体，实现教师群体式的发展与进步，并保持教师专业发展的动力。

（二）校本性

"校本"理念是一种以学校为主体的理念，即以学校为本、以学校为基础，它有三个方面的含义：一是为了学校，二是在学校中，三是基于学校。区域推进教师能力建设，充分体现了校本性的特点。

区域推进教师能力建设是为了学校的发展。区域推进教师能力建设，目的在于从整体上提升区域教师的能力水平。教师是来自各个学校，教师能力的提升，最大的受益者还是学校。只有教师的整体素质有所提升，才能提高学校的办学水平，提高教育教学质量。从这个角度来讲，区域性推进教师能力建设，目的还是促进学校的发展，区域推进教师能力建设主阵地在学校。学校是推动教师能力建设的主体。教师能力建设是个系统工程，其中包括名师、骨干教师和一般教师的培养。相比而言，名师和骨干教师的培养毕竟是少数，一般教师的能力建设才是主体性工作。应该说，一般教师能力建设的效果如何，直接决定着区域教育教学的质量。从教师能力建设的系统来看，一般教师的培养主要依托于学校。学校可以将校外力量引入到学校中来，但是这股力量主要起到辅助作用，真正发挥作用的还是学校的教师团队。

区域推进教师能力建设的出发点要基于学校。一方面，区域中小学教育教学的整体质量决定了区域教师能力建设的内容、方法。比如，区域中小学教师的科研工作开展得很规范，那么科研能力的培养就不能仅停留在规范性的通识培训上，而要将更多的精力放在科研成果的提炼和应用上。另一方面，由于区域教师能力建设的主阵地是学校，这就要求学校系统分析本校教师的能力水平，制定出切合本校实际情况的教师能力建设规划，在现有资源条件下进行校本培训。

（三）发展性

教师能力建设的发展性主要体现在两个方面。

一是教师能力建设的着力点不断变化。社会的发展对人才培养提出要求，进而对教育发展提出要求，再对教师质量提出要求。这一系列要求叠加在一起，使教师能力建设不是静态地周而复始，而是始终处于不断变化之中。从这个角度讲，教师能力建设具有发展性。比如，新课程改革之前，在教师讲课评课能力的培养上，将着力点放在"如何有效教"的问题上。新课程改革对教师提出了新的要求，要求教师不仅要研究"如何教"，还要研究"教什么"，更要关注学生"学得如何"。在这种情况下，如果还是将焦点放在"如何有效教"上，势必阻碍教师的专业发展，于是将课程能力建设作为工作的重点。从教学能力到课程能力，突破了时空对教师的限制，把教师从课堂的封闭情境中解放出来，站在一个更加广阔的平台上去思考教学问题。

二是教师能力建设的方法不断创新。教师是能力建设的直接受益者，也是能力建设的作用对象。无论从教师个体的专业发展来看，还是从教师群体的专业化来看，教师始终处于发展之中，不同层次、不同年龄、不同学科的教师，他们的需求有所不同。要想更好地服务教师，需要在培训的时候结合教师特点进行分层、分类培训，完成上级培训考核任务的重点培训，推进骨干教师不断发展的提升培训。同时，还广泛运用看、听、赛、研、做等多种形式开展以校为本的培训与教研，提高能力建设的实效性。

第二节　义务教育区域推进教师能力建设的重点工程

一、师德师风建设工程

师德师风建设是教师教育工作的重要内容，也是促进教师专业发展、办人民满意教育的重要保证。坚持把师德师风建设放在教师队伍建设的首位，建立健全师德师风建设长效机制，切实规范教师从教行为。通过学习中小学教师职业道德规范、宣传先进典型、表彰优秀教师、评选师德标兵、举办师德论坛等多种形式，加强教师职业理想和职业道德教育，增强教师教书育人的责任感和使命感，当好学生健康成长的指导者和引路人。完善师德师风考核方法，将师德师风考核结果与年度考核和绩效工资发放挂钩，坚持实行"一票否决"制。

二、教师全员能力提升工程

（一）五年一个周期教师轮训一遍

建设一支高素质专业化教师队伍，造就一批名家名师，是教育科学发展的战略重点。采取校本研修、专家讲授、交流研讨、案例教学、现场观摩、课题带动等参与式、订单式培训形式，坚持开展新任教师适应性培训、职初教师规范性培训、中青年教师示范性培训和老年教师榜样性培训，引导教师自主、合作、研究学习。建立"五年一个周期教师轮训一遍"制度，教师每人参加培训不少于360个学时。加强教师专业精神、专业知识、专业技能和专业态度的培训，引导提高教学胜任能力，成为与学生共同成长的幸福教师。

（二）农村边远学校教师素质提升

按照统筹城乡教育优质均衡发展原则，通过脱产学习、"国培计划"项目培训、市区级培训、骨干教师培养、送教上门等措施，进一步加大农村、边远学校教师专业基本功、素质能力提升培训力度。利用"导生制"培训学校优质师资力量，分片区、分学科、分学校对应交流培训农村、边远学校的教师。

（三）学前教育教师全员培训

将公办幼儿园教师培训纳入教师继续教育统筹规划和安排，通过学历提高、集中培训、骨干引领等形式，加大幼儿园园长和教师的全员培训力度。依托区域内高校，开展早教人员培训。加强保健员、保育员、营养员的培训工作。

（四）中职"双师型"教师培训

加大中等职业教育"双师型"教师培养培训力度，建设功能齐全、管理规范、结构合理、效果优良的"双师型"教师培养培训体系，建立职业学校专业教师定期到企业轮训以及与企业工程技术人员交流制度，有计划地安排教师到企业单位进行专业实践、驻厂研修、挂职锻炼，提高实践操作能力。完善中职"双师型"教师管理制度。

三、高端教师培养工程

（一）骨干教师培养

分期分批对市、区级骨干教师开展能力提升培训，发挥示范引领作用。开展德育、教学、科研、管理骨干专题培训，加强教研组长、备课组长和班主任教师培训工作，五年轮训一遍，提高教育教学能力水平。

（二）"导师制"培养

坚持和深化"导师制""导生制"培训，遴选中青年教师参加"导师制"培训，选派市区级骨干教师、"导师制"学员、学科带头人等参加教育硕士、教育博士学历提高，选派市级骨干教师到国外研修，选拔中青年优秀教师到教育发达地区和知名培训机构考察学习。

（三）名师培养

中小学教师高端培训是提升教师专业发展水平，培养一支学科带头人、名师和教育家队伍，增强核心竞争力，推动教育优先发展、科学发展的重要途径。通过"名师班"培训、课题研究、学术交流、基地研修等方式，培养一批具有高尚师德、先进教育理念、深厚教育理论素养、丰硕教育教学成果的中小学学科带头人、名师和教育专家，在教育类核心期刊发表论文、公开出版教育教学专著、课题研究、高端访学等方面提供有力保障，搭建学科带头人、名师和教育专家成长平台。通过举办专题学术报告、示范课展示、教研科研引领、师徒帮带、送教下乡等方式，发挥好学科带头人、名师和教育专家的辐射带动作用。

（四）未来教育家培养

遴选教育教学能力强、专业理论水平高、未来发展潜力大的优秀管理干部和教师，聘请国内外教育专家采取集中研修与分散学习结合、理论提升与实践跟进结合、国内研修与国外考察结合等方式开展高端培训，充分提升其理论与实践水平。

四、教师培训实效提升工程

（一）培训者能力建设

立足课堂教学，着眼教师专业发展，进一步整合教研、科研、培训等力量，按照"教研专题化、科研培训化、培训课程化、研修一体化"策略，建立健全研修一体化的科学管理运行机制，形成教师教育"一盘棋"工作活力。坚持开展"教职工论坛两课"活动、教研展示等活动，采取学习培训、上挂锻炼、下校交流（或蹲点）等措施，搭建高端培训、课题研究、学术交流等平台，切实加强集培训、教研、科研于一体的教科研人员能力建设，助推专家型教科研人员成长。

（二）培训专家团队建设

充分发挥科教文化区域优势，立足城市，面向全国，建立由高校教授、研训专家、一线名师组成的教师教育专家库，继续聚集利用高校专家教授资源优势，发挥教师进修学院中教科研人员和中小学优秀骨干教师作用，提高教师培训工作水平。

（三）培训课程化建设

总结提升市区中小学校教师培训成果，充分开发、利用已有的教师培训课程，加快区域教师新型培训课程和实践资源建设，构建具有区域特色的教师培训新型课程体系，提升教师培训课程品质。

五、教师能力建设保障工程

（一）强化培训组织管理

切实加强对教师教育工作的领导，保证人力、物力、财力投入，坚持对教师开展免费培训，并对参加集中培训的教师给予交通生活费补贴。完善教师培训统筹协调机制，定期专题研究教师培训工作，及时解决教师培训工作中的困难和问题。进一步加强教师培训工作管理和培训项目绩效评估，将教师参加培训情况与专业技术职务晋升、评先评优和教师绩效考核等挂钩，与学校和校长年度工作考核、评先评优等挂钩。校长是教师队伍建设的第一责任人，要严格教师继续教育管理制度，完善校本培训制度，建立健全教师培训组织机构，按要求落实教师培训经费。

（二）完善培训激励机制

坚持教师继续教育制度，形成继续教育学分与教师资格定期注册、绩效考核、职务晋升挂钩的激励与约束机制。未完成年度培训学时任务的教师，该学年度教师继续教育应视为不合格，完善骨干教师、学科带头人年度考核和任期考核制度，继续实施对优秀骨干教师的奖励政策并逐步提高标准。修订中小学教师学历进修学费补助办法，提高中小学教师学历提升学费补助比例。落实教师带薪脱产培训进修有关政策。

（三）加强培训平台建设

加强教师研修平台建设，构筑教师研修共同体，共建共享优质培训资源，助推教师专业发展。建设一批校本教师培训示范学校，发挥培养培训一体、理论实践互动、反思研究结合、教师共同发展的作用。加强教师继续教育管理网络平台建设，实现学员培训注册、培训计划发布、课程选报和学分查询等信息化管理。加强远程教学网络平台建设，丰富远程培训课程资源，提高远程培训实效。举办"名师大讲堂"，办好《教师培训简报》，宣传培训工作成果和先进经验。

第三节 义务教育教师金字塔形能力机制的建设

有一种结构可以加强义务教育教师能力建设，这就是金字塔形培训提升机制。本节将详细分析这种结构，以期更好地为义务教育教师能力提升服务。

一、金字塔形培训提升机制的结构

（一）金字塔形培训提升机制的内涵

1. 金字塔形培训提升机制的概念

"金字塔结构"是一个常见于人文社会科学中的概念，意指一种等级层次结构模型。由于金字塔结构具有良好的稳定性和发展性，常用于解释社会结构、知识结构等复杂系统的问题。

从教师成长规律和发展阶段入手，用金字塔结构阐释区域教师培训机制的结构模型，如图 10-1 所示。

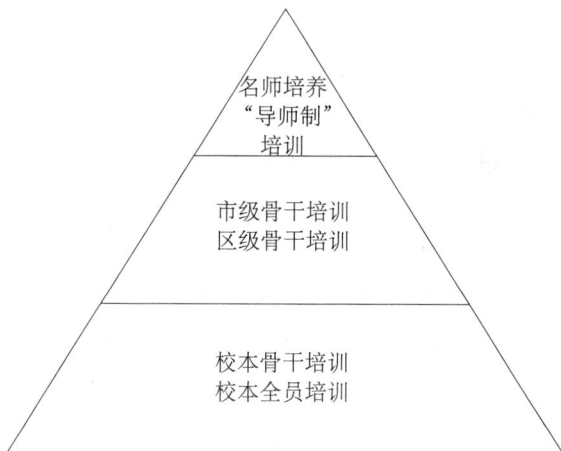

图 10-1　金字塔形培训结构模型

教师培训机制主要是指教师培训过程中的政策制定、组织管理、实施培训、教师使用、组织保障等各部分之间有机结合而产生的运行规律。一般而言，教师的培训机制至少涉及管理、培训和使用三个环节。

下面从教师培训的角度，着重探讨区域中小学教师培训机制的建立和运行问题。

金字塔形培训提升机制指的是校本全员培训、校本骨干培训、区级骨干教师培训、市级骨干教师培训、"导师制"学员培训、名师培养的金字塔形梯次向上发展的教师能力建设机制。我们结合区域教师能力建设的实际，以校本全员培训为基础，骨干教师培训为重点，"导师制"培训为龙头，再向上拓展到名师和"未来教育家"的培养。

2. 金字塔形培训提升机制的特征

金字塔形培训提升机制囊括了从低端培训到高端培养的全过程，形成一套自成体系的教师培训系统。这一系统具有如下一些特征。

（1）层次性。教师自身专业发展具有一定的层次性。教师的成长一般要经历三个主要阶段：一是行为"跟进"的职初教师阶段，二是行为"改进"的成熟教师阶段，三是形成"品质"的名师阶段。三个阶段之间层次相对分明，具有一定的递进性。

教师自身专业发展的层次性对区域教师培训具有一定的制约作用。

区域教师培训必须根据教师自身专业发展的层次性设定不同的培训方式，谨防"一刀切"。教师专业发展的层次性也使金字塔形培训提升机制具有一定的层次性。金字塔形培训提升机制按照教师专业发展程度不同进行分层培训，基础相对上面部分而言较庞大，从下到上依次缩小，呈现出低端、中端、高端等级渐进的层次性。在这一系统内部，低端、中端和高端之间具有一定的界限。金字塔形培训系统的层次性，能够最大限度夯实区域教师培训的基础，实现优中选优，保证区域教师培养的梯次性发展。

（2）发展性。马斯洛的需求层次理论认为，人的需求呈现出金字塔形状。最低层是人人都需要满足的基本生理需要，主要包括吃、穿、住、行等需要，在满足基本需求的基础上，按照需求由低到高的程度划分，依次为安全感、爱和归属、尊重需要和人的价值实现。从马斯洛需要层次来看，人的需求具有发展性。

金字塔形培训提升机制在设计上遵循需求理论，使整个系统呈现出发展性，主要体现为系统的内部存在着由低向高变化发展的途径，允许下层经历相应的等级层次逐步上升。校本培训中出类拔萃的骨干教师可以参与到市区级骨干教师培训和"导师制"培训中来，在"导师制"培训中表现优异者有更多的机会和平台成长为名师和"未来教育家"。

由于金字塔形培训提升机制底部相对庞大，又具备不断上升的路径，因此能够满足整体变化发展的要求，保证了整体能在一个较长时间里获得良性发展。

（二）金字塔形培训提升机制的基本结构

金字塔形培训提升机制是一个涵盖低端、中端和高端的教师培训系统，其基本结构具体为"以校本培训为基础，骨干培训为重点，'导师制'培训为龙头"的教师培训模式，建立了面向全体教师，激励先"出头"再"出名"的健康成长机制。

1. 校本培训为基础

俗话说，"基础不牢，地动山摇"。区域教师能力建设的成效如何，骨干教师和名师的水平如何，取决于校本培训开展的情况。在金字塔形培训提升机制中，校本培训构成了整个系统的基础，其宽度直接决定了整个系统的高度。

校本培训是指以学校为单位，以学校任教教师为主要对象，以促进学校教师专业发展为目的，以解决基于学校、学校教师、学校课堂教学实际问题为载体的一种教师继续教育活动。校本培训具有以下基本特点：一是校本培训面向学校的每一位教师，具有全员性；二是通过校本培训全面提升教师的师德修养和业务水平，具有全面性；三是校本培训伴随教师群体的共同发展历程和同一教师的整个职业生涯发展，具有全程性；四是校本培训与离职培训优势互补，可解决教师教学任务重、工学矛盾突出、培训经费短缺等问题，保持学校正常教学秩序，具有经济性；五是校本培训时间、内容、形式比较灵活，针对和解决的问题真实，具有实效性。

校本培训包括校本全员培训和校本骨干培训。校本全员培训立足学校实际，面向全体教师，就学校教育教学中存在的问题展开学习培训。校本骨干培训是在校本全员培训基础上筛选部分优秀教师和具有一定发展潜力的教师进行重点培养，旨在发挥他们的带动作用，优化学校学术群体，整体提升学校教师的能力水平。

2. 骨干培训为重点

骨干教师和学科带头人是广大教师中的佼佼者，是深化教育改革，推进教育事业科学发展的骨干力量和主力军，在全面提高教育教学质量，培养学生创新精神和实践能力，促进学校持续健康发展，办让人民满意的教育进程中，具有十分重要的作用。为此，我们把骨干教师培训作为金字塔形培训提升机制中的一个重点环节。

骨干教师培训是面向区域内所有骨干教师，以教师进修学院为基地，以教研员队伍为主要师资力量，以提高骨干教师的业务水平和教育教学能力为主要目标的学习培训。根据现行政策，已形成"国家级、省（市）级、区（县）级"骨干教师培训体系。作为教师研修机构，其主要职责是在全面提升区域教师能力水平的基础上，重点培养市区级骨干教师，努力建设师德高尚、业务精湛、结构合理、充满活力的高素质专业化教师队伍，为实现育人目标提供强有力的师资保障。

3. "导师制"培训为龙头

区域教育的品质，一方面取决于绝大多数教师的能力水平，另一方面也需要领军型教师的引领示范作用。从区域教育的发展角度来看，校本培训和骨干培训能够解决教育教学中的基本问题，保证教育教学的基本运行。要想在此基础上进一步提升教育品质，有赖于领军型教师的引领。基于此，我们将"导师制"培训作为金字塔形培训提升机制的顶层，同时助推名师和"未来教育家"成长。

"导师制"培训是借鉴高校研究生培养方式，以导师或导师组的形式指导参培骨干教师的一种高端培训模式，也是金字塔形培训提升机制的核心环节。

"导师制"培训的导师主要在高等院校和有关科研院所的知名专家教授中遴选聘任，"导师制"培训的学员主要从各中小学中崭露头角、具有发展潜力和进步要求的优秀中青年骨干教师中选拔产生。同时，从教师进修学院选拔优秀教科研人员担任联络员工作。按学科教学特点要求，导师、学员和联络员根据学员实际，量身定制学员的培训发展计划，从理论水平提升、教学技能提高、科研能力增强、成果业绩展示、示范作用发挥等方面，导师对学员开展三年为一个周期的结对培训，提供"全程服务"。同时，学员积极主动实践探索，自觉实验研究，系统理论学习，提高整体素养，增强教育悟性，形成独特风格，促进自觉成长。

二、金字塔形培训提升机制的运行

（一）校本培训的运行

校本全员培训是形成金字塔形培训提升机制的基础，也是金字塔形培训提升机制的"短板"和薄弱环节。作为研修机构，主要是通过制度建设和专业引领来引导学校在校本培训方面下足功夫。

1.建立校本培训制度

校本培训要有一套科学规范的管理制度做保障，才能不流于形式，持续开展下去。教师根据校本培训计划制订专业发展个人计划，同时建立校本培训档案。建立健全考勤考核、监督调控、成果展示、总结反馈、奖惩激励、跟进督促等系列制度，将教师校本培训情况与继续教育学分登记、年度考核、评先评优、晋升专业技术职务、绩效工资发放等挂钩，促进校本培训制度化、规范化和程序化。

2.优化校本培训内容

校本培训内容要贴近广大教师和学校教育教学实际需要。校本培训既要体现系统性、整体性，满足学校教师群体共同发展的培训需求，又要体现发展性、阶段性，满足不同年龄、不同发展阶段教师的培训需求，还要体现特殊性、专业性，满足不同学科教师的培训需求。因此，校本培训内容、形式等要广泛征求教师的意见和建议，保障教师对自己专业发展的参与权和自主选择权，贴近教师实际情况。通过行之有效的校本培训，提高教师娴熟地运用现代信息技术的能力、有效协调人际关系与沟通表达的能力、问题解决及行动研究的能力、创新思维与实践能力、批判性反思与自我发展的能力，从根本上提高教师整体素质。

3. 创新校本培训方式

培训方式的选择影响着培训的效果。在发扬传统培训方式优势的同时，一定要学习借鉴先进的、符合新课程精神的教师培训方式，引导教师对话式、参与式培训，自主、合作、探究学习，增强培训实效。校本培训方式应是多样化的，如以优秀骨干教师成功经验为主的"典型案例分享式"，力求解决教育教学实际问题的"课题研究式"，强化教师互动交流研讨的"参与对话式"，结合新课程更新观念转变教学行为的"学习反思式"，老教师与新教师结对帮扶的"师徒共进式"，邀请名家开设专家论坛的"专家讲座式"等。

（二）骨干培训的运行

做好骨干教师培训，能够以点带面，辐射带动，从整体上提升区域教育教学质量。为此，在金字塔形培训提升机制中，我们把骨干教师作为一个重点环节来抓，力求通过优化选拔机制、创新培训方式、丰富培训内容等手段提升骨干教师的能力。

1. 优化市区级骨干教师的选拔

采用分科分层的办法，层层选拔培养。市区级骨干教师的培养大致经历如下层级：第一层，通过多种形式的校本研修，一批骨干力量从校内成长起来；第二层，以"学科教研活动"形式呈现的全员培训，如举办讲座、开展研究课、观摩课、竞赛活动、专题活动等，使校内骨干进一步得到锻炼；第三层，经过基层学校推荐选拔出来的校级骨干进入学科青年骨干教师培训班，在"科、培、研"三结合的培训活动中，成为骨干教师；第四层，推荐市区级骨干纳入"导师制"培训，成为"导师制"学员。"导师制"学员结业后，优先参与市级、国家级培训，向名师发展。

2. 摸清市区级骨干教师培训需求

当前，很多教师培训之所以无效，很大程度上在于缺乏对教师参培需求的考虑。为了保证培训有效，在培训开始之前先对教师的培训需求进行调研。培训需求调研主要通过三种方式进行。一是发放培训需求调查问卷。通过编制开放式问卷和封闭式问卷，对市区级骨干教师培训学员的学习需求、学习方式等进行初步了解，在分析问卷的基础上对培训内容和方式进行调整。二是进行座谈。培训中心与学员进行面对面交流，在座谈的过程中摸清学员的基本需求，结合问卷所获得的信息进行进一步总结。三是来自教研人员、督导人员和教委领导在课堂教学视导、教学质量监控、教学教研巡视、教学工作督查等活动中发现的问题，对这些问题进行综合、研究和提炼，形成有针对性的培训课程。

3.丰富市区级骨干教师培训内容

骨干教师在区域教育中发挥着辐射带动作用，不断探索，坚持根据学科教学骨干、班主任工作骨干、科研工作骨干以及备课组长、教研组长等不同培训对象设置不同的培训内容，提高骨干培训的针对性和实效性。在德育主任培训中，采用集中辅导、理论学习与考察学习相结合的方法，通过专家引领、个人反思、同伴互助与考察借鉴等形式，重点对德育的发展进行研究，对德育工作管理方法进行探讨，对典型的德育案例进行剖析。在备课组长培训中，通过群体合作研修技能的培训和范例演示，分课型渗透集体备课策略，以"工作坊"开展集体备课实践，使备课组长在活动中学习备课组活动的规划制定、单元备课方略、单元备课安排及实践听说课教学的设计等。此外，为了增强骨干教师的命题能力，采取专题讲座、案例分析和小组研修的方式，组织教师集中对命题准备进行蓝图设计，分组设计各期期末试题双向细目表，对基础试题的命制、试题改编的方法进行研讨，同时确定参考答案和评分标准，培训过程中还对试题的文字录入编辑与排版、公式编辑、绘制图形等方面进行专题研修。

与此同时，加强骨干教师培训课程建设。一是建设理论基础培训课程，其基本目标是更新、拓宽骨干教师的知识结构和视野，集前沿性、科学性、实用性为一体。二是建设实践经验培训课程，其基本目标是提高骨干教师的教学能力和育德能力，主要形式是切合学校学科建设需要的各类教学研究课、德育主题课等。三是建设科研培训课程，其基本目标是使骨干教师用科学的精神、科学的态度和科学的方法来统领教育教学工作，提高提出问题、分析问题和解决问题的能力，主要形式是以课题组、教研组、备课组等为单位，开展小课题、小专题等研究，四是建设合作研究培训课程，其基本目标是通过学习共同体、伙伴合作，以"实践—反思—实践"为主要方式，助推骨干教师的专业成长和发展。这样的培训课程是骨干教师培训内容的一种创新，体现了培训课程从单一结构向多元结构的转变，关注了骨干教师的生命成长，提升了骨干教师的实践智慧。

（三）"导师制"培训的运行

领军型高端人才的质量状况直接决定着区域教育的品质。为了抓好高端人才培养，立足区域实际情况，高起点谋划，高标准培训，高规格要求，高质量展示，坚持不懈地开展"导师制"培训，建立了较为完善的教师教育管理体系和多层次、多渠道的教师继续教育培训体系，促进了区域教师教育机制与制度的创新．

1. 高起点谋划，做好"导师制"培训顶层设计

高起点谋划，是指该培训工作的实施，力求有一个缜密的顶端设计，主要包括三个方面的内容。一是指导思想和培训理念的前瞻性。指导思想和培训理念力求瞄准国家的教育改革发展走向，力求瞄准国家课程改革实施理念，力求瞄准京、津、沪等发达地区教育实践策略。二是导师团队研究及成果的前瞻性。遴选导师时尽可能关注其研究方向和成果在本地区实施培训的指导意义，能为学员提供研究和实践的可能。三是团队整合、各方力量协调的前瞻性。导师越有"名"，学员越有"成绩"，"忙"的因素就越多，指导和学习要落到实处，需要有规则底线的约束，需要将各方（教委、导师、送培学校和学员）的责、权、利以某种形式（协议）落到实处。

高起点谋划还包括外聘导师（高等院校、科研院所等知名专家）、内聘导师（进修学院教研员、中小学特级教师和名师）、学员怎样拧成一股绳，教委、教师进修学院、中小学校怎样形成合力；三年六学期培训怎样形成体系，每年每学期突出什么重点，解决什么问题；三年六学期培训如何循序渐进，如何螺旋式上升，如何让每一位学员从优秀到更优秀，从而走向卓越等，各学科在培训之初都结合自身学科特点、学员特点等进行了认真研究，进行了科学的设计和规划。在"导师制"培训之初，主要从工作机制、选拔机制和课程设计三方面入手进行了顶层设计。

（1）建立"导师制"培训的工作机制。在"导师制"的工作机制上，坚持教委领导、进修学院指导、中小学具体实施的工作格局，形成了以课题为先导，以实践为中介，集合教育行政、师训、高校、中小学力量，高效推进"导师制"培训工作的基本特点。教委负责骨干教师的选拔、管理和使用，教师进修学院负责骨干教师的培训和管理，中小学负责对送培学员的日常学习、教育教学工作的管理，形成"选人—育人—用人"一体化机制。我们把推进"导师制"培训与人事制度改革紧密结合起来，与整个社会大环境同步，选拔、培训、管理等都纳入了教育系统人事部门统筹管理，增强了工作的力度和效率。

（2）健全"导师制"培训的选拔机制。"导师制"培训着眼于培养区域教育的领军人才。培训比照大学研究生培养标准，起点高，规格高。其目的是造就具有丰厚的学科素养、创新能力强的中小学实践型研究型人才，建设区域高端教育人才团队。因此，我们在导师和学员的选拔上严格把关、严格要求。一是遴选一

流师资，组建专家指导团队。从高校、院所与本区域的中学研究员级教师、特级教师、学科带头人中聘请导师。二是聘请高质量联络员。从教师进修学院中聘请一部分有声望、有水平、有学术影响力的教研员担任联络员。联络员思想素质好，业务能力强，教学实践经验丰富，学术水平高。三是严格选拔参培学员。为保证"导师制"培训的质量，把好参培教师入口关，可以把年龄在40岁以下、思想道德素质好、进取精神强、有一定研究能力、教育教学业绩突出的中青年教师作为学员选拔的基本条件。

（3）完善"导师制"培训的课程设计。高起点谋划的一个重要组成部分，是培训的课程设计。我们在导师与学员的协议中，给予了一个大致的方向：一是关于理论方面的研修和提升，要求每期读一本理论著作和五篇以上的理论文章；二是每月有一次集体备课，进行学科分析和听评课活动；三是要选定一项教改科研课题并开展研究或实践；四是在师德和现代信息技术方面提出了指导要求。鉴于各学科有各自的特点以及学员的不同情况，要求各学科要有针对性地制订培训方案，以导师或者导师组为指导主体，设置师德建设、教学、科研、信息技术等板块教学内容。

2.高标准培训，抓实"导师制"培训过程

高标准培训主要是针对学员不同的兴趣特长、发展水平，因人而异，因人施培，培养学员的教学个性、教学特色、教学风格；在培训中对学员的读书、课题研究、教学改革实验等进行悉心指导，努力引导学员"熟悉百家，研究十家，自成一家"。

（1）挖掘培训资源。"导师制"培训把教育行政与研修机构、高校与地方、上级科研单位与区域研修机构、学校与骨干教师的资源得以全面整合，集聚为教师能力建设的优势资源。比如，课程改革实施的相关课题、教法突破的相关研究、改变课堂教学现状的实施策略以及导师们卓有成效的教育教学方法等。同时，导师的学识、人品、修养、工作方法、人生态度成为学员潜在的学习课程，学员可以从中汲取多方面的营养。

（2）创新培训方式。教师职后常规培训主要有通识培训、专题讲座、外出进修等，这些培训方式一般只能解决公共性知识的普及，要培养高素质高规格的研究型教师，就需要打破常规，创新培训思路。

从培训操作上讲，导师针对学员的不同基础条件，拟定培训方案，指导学员制订个人成长计划，确定不同阶段的学习内容，具体指导学员的备课、上课、评课以及理论学习和论文写作，成功地突破了教师教育的通识性培训模式。比如，坚持"在实践中培训、在培训中实践、在实践中提升"的指导原则，在培训实践中树师德，学理论，出成果；推行"理论学习—教学实践—教改科研"板块培训模式；坚持"快乐学习，互助合作，研修共进"的培训模式；强化"一个中心三项结合"，即以课改实验为中心，分散学习与集体培训相结合、理论学习与教育实践相结合、"导师制"培训与校本教研相结合的培训模式。

在培训过程中，要始终坚持立足课堂、聚焦课堂、攻克课堂，把提高教师课堂教学能力、提高课堂教学质量作为价值取向，通过备课、上课、说课、评课，通过观摩研讨高水平的示范课、研究课、竞赛课，通过撰写教学反思、教学案例、教育教学论文等，引领学员进行有高度、有广度和有深度的探索和实践，不断夯实学员的理论基础，提升了学员教学实践水平。

为充分体现培训的质量，利用培训的机遇让学员开阔视野，各导师组发挥各自所长，利用优势资源，创新培训方式。例如，可一方面邀请优秀学员代表做学习感悟座谈、学习经验交流，另一方面组织全体学员分赴区域内重点中小学校参观学习、交流经验，现场观摩原生态课。中小学德育组可充分利用高校的资源，组织了集理论学习、课题研究、实践活动于一体的"学习沙龙"。

3. 高规格要求，严把"导师制"培训质量关

培训要达到高的质量，取得满意的效果，需要从制度、规范、操作上提出高的要求。评价是这项工作的"牛鼻子"。为此，从区域的实际出发，提出"思想道德、教育理念、专业水平、实践能力、作用发挥、成果业绩"六大指标体系。同时对评价考核的意义、所秉持的理念以及方法步骤给予了导向性说明，供导师和学员在具体实施中参考。培训一开始，导师和学员就知道要从哪些方面去要求、去评价和考核，这也是导师组和学员最终要交出的答卷。从某种意义上说，这六大指标体系是贯穿学员整个培训过程（三年）的导向标，是高规格要求的具体表现。

高规格要求还体现在注重学员的考勤和参与活动情况的管理上，在导师制培训过程中，每次活动都严格考勤管理，检查过程培训情况，落实过程培训效果。同时，还创造条件，搭建平台，提供机会，让学员积极主动承担或者参与各种活动。此外，教委、教师进修学院还主动为"导师制"学员搭建发展平台，组织学员参加国内外高规格的学术会议，举办高水平"导师制"学员研讨活动，支持"导师制"学员出版专著、发表学术论文、作为访问学者到高等院校深造等，为"导师制"学员持续发展提供条件。

4.高质量展示，强化"导师制"培训评价

展示既是培训的手段之一，也是对阶段性培训效果的检验，还是"兵教兵，兵教官"难得的课程资源。根据"教学的专家，育人的楷模"的追求目标，主要设计了以下项目供学员从不同方向获得发展。一是"三课"展示，分别让学员说一堂课、上一堂课、评一堂课，提高学员驾驭课堂的能力。二是主题班会展示。在育人主题设定的前提下，提高学员育人活动的设计能力和实践能力。三是教育热点、难点论坛，如"减轻学生负担面面观""德育实践大家谈""我看教育均衡"等，目的是提高学员教书育人的知识面，强化学员对教育理性认识的深度和广度，同时为教育行政部门解决热点难点问题提供参考。四是总结性学习成果展示，导师和学员从培训设计、研修过程、主要成果、经验、问题、展示等方面进行汇报，目的是检查每一个学科组培训的过程和收获，同时为下一批培训提供理论支撑和实践帮助。

在学员培训期间，应对"导师制"学员主持（主研、参研）教育科研课题情况、参加市级以上赛课获奖情况、辅导学生获市级以上奖励情况、论著公开发表与出版情况、获各级党委政府和教育行政部门荣誉称号情况、在实际工作中发挥示范引领作用情况等进行登记，真实记录每位培训学员的成长经历。通过展示历程促进发展，取得丰硕成果。

三、金字塔形示范辐射机制的内涵

金字塔形示范辐射机制指的是为名师、骨干教师和"导师制"学员等创设后续发展平台，发挥示范引领作用，带领其他教师共同发展的机制。

成长为名师、骨干教师和"导师制"学员后，既要履行好职责，又要发挥好作用，才能持续发展。注重发挥名师、骨干教师和"导师制"学员的示范榜样作用，要求他们在深化课改、落实教学常规、减轻学生过重课业负担、提高课堂教学质量中做表率，在担负班主任工作、创新德育内容和形式、增强德育实效、培养合格者和接班人的工作中起到引领作用，在教育教学研究、科研课题研究、攻克教育教学实际困难和问题、提炼和推广研究成果中做学术的带头人，在形成教育思想、教育类核心期刊发表论文、公开出版教育教学专著中走在前列，在传帮带青年教师脱颖而出、促进青年教师专业持续发展、带领广大教师建功立业中勇挑重担。

四、金字塔形示范辐射机制的运行

在实际工作中，主要从三个方面具体完善金字塔形示范辐射机制：一是首创

"导生制"，发挥校内带动作用；二是依托市区级骨干教师和"导师制"学员，发挥区域内辐射作用；三是开展区（县）联动培训。

（一）首创"导生制"，发挥校内带动作用

为了让广大的"导师制"培训学员发挥带动作用，在教委的领导和支持下，借鉴"导师制"培训模式，以"导师制"培训学员为主体，吸收专家型教师、骨干教师组成导师团队，各中小学选拔综合素质好的青年教师为学员，开展基于校本、关注常态教学、快速促进青年教师专业发展的教师教育方式。

1."导生制"培训学校的评估

在具体操作中，首先由教委对学校教师教育工作进行综合评估，确定具体参与"导生制"培训的中小学。评估主要是考察学校是否具有开展"导生制"培训的各种条件，并与学校配合，对培训资源的种类和层级水平进行分析评估。评估主要包括两个方面：一是学校的环境。成功的"导生制"培训有赖于它所在的学校的文化氛围，需要考虑学校内是否有合作学习的基础，教师之间、管理者之间的关系是否和谐，参与培训的教师是否出于自愿，管理者能否起到积极配合作用等问题。二是参与"导生制"培训人员在时间、精力、能力方面的条件，如学校是否有足够的优秀教师作为导师，"导生"是否具有进取心，是否有发展潜质，是否习惯于去寻求帮助或研究问题，是否愿意花费时间和精力用来进修学习和培训提高等。

2."导生制"学校中导师和"导生"的选拔

选定的"导生制"培训学校在教委的领导下，确定导师与"导生"的人选。按照教委的统一要求，"导生制"培训的导师应该是国家级骨干教师培养对象、市区骨干教师、市区学科带头人、特级教师、研究员级教师等。"导生制"培训学校根据这一要求，聘任符合条件的导师，并报教委批准。"导生"的选择由各中小学校根据本校教师队伍建设的计划和安排，推荐思想素质好、业务能力强、勤奋好学，同时又需要进一步提高的青年教师作为"导生制"培训的对象。

3."导生制"培训的内容

"导生制"培训依据"导生"不同的需求和培养目标，开展多种培训活动，其中最主要的方式是围绕"导生"的教学开展课堂观察、合作研讨、反馈和指导，

为"导生"提供专业支持。通过校内的学习型活动，促进"导生"专业成长。根据活动内容的正式和非正式形式，构建起"导生制"培训活动序列，如图10-2所示。

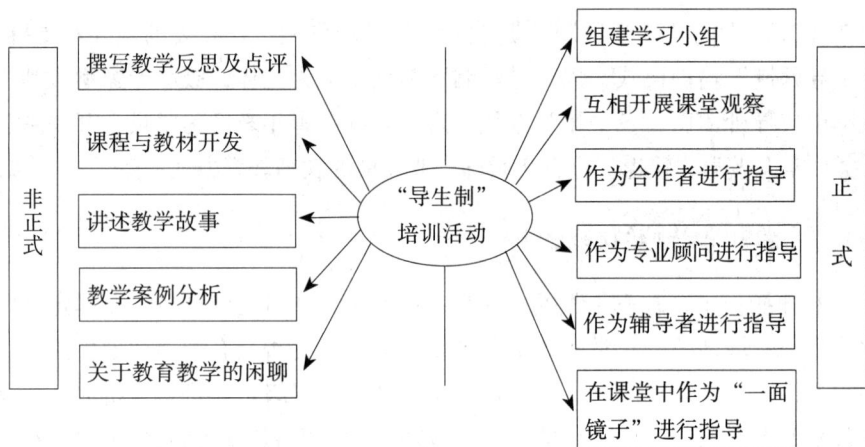

图10-2 "导生制"培训活动序列内容

"导生制"培训为名师、骨干教师和"导师制"学员发挥示范辐射作用搭建了平台，创造了条件，提供了保障，成为金字塔形示范辐射机制的重要内容，在教师专业发展的实践中发挥了积极作用，提供了校内（本）培训的典型经验。

（二）依托骨干教师和"导师制"学员，发挥区域内辐射作用

在区域内，依托骨干教师和"导师制"学员，发挥其辐射作用，带动区域教育发展。具体而言，这种辐射作用主要体现为两种形式。

1.聚焦课堂，强化群体示范作用

名师、骨干教师和"导师制"学员立足于课堂，研究课堂教学，提高课堂教学质量，以自身优质高效的课堂教学做示范，发挥辐射作用。

一是承担校级骨干或青年教师的指导培养工作，开展"传帮带""老带新"活动，在最大限度上促进年轻教师的专业发展，克服他们在职业初期的不适感，提升他们的职业自信心。

二是骨干教师与岗培班教师开展"教学沙龙"，针对青年教师进行专题交流及课堂教学示范讲座，引领青年教师成长。

三是实施"课堂教学超市"。可采取不同的教学方式：或骨干教师先授课，普通教师随堂学；或普通教师先授课，骨干教师当堂指导；或几种方式同时使用，引导教师讨论，激发广大教师参与学校教育教学改革的热情。

四是承担班级公开课、研究课、示范课。在提高自身教学反思能力的同时，影响和带动其他教师提高教学水平。

五是课题带动。参与建立和完善覆盖全校教育教学整体工作的教科研课题网络，以课题研究带动教师培训和自修，在提升教师队伍整体素质中发挥示范辐射作用。

2. 与薄弱地区结对子，加强区域内示范辐射作用

以优质教育资源为主体，以农村地区、城乡接合部学校为重点服务对象，加强区域内示范辐射，把优质教育资源输送到农村去，输送到相对薄弱的学校去。

一是名校带农村学校，大型学校带小型学校，农村中心学校带村点学校。有效提升城乡教师的教学能力，促进了区域内中小学逐步实现内涵式均衡发展。

二是城乡学校结成手拉手学校，定点帮扶，送课下乡，定期开展教学交流研讨活动。

三是承担市区级及以上研究课、示范课、公开课，城乡教师"同课异构"互相学习观摩，共同提高。

四是发挥科研基地作用，构建研修共同体，开展网上教研，加强对农村学校和薄弱学科的辐射。

（三）开展扶贫支教，辐射边远地区

教师进修学院是中小学教师市级培训基地，担负着帮扶农村区（县），特别是边远地区的重任。注重发挥名师、骨干教师和"导师制"学员对区域外的示范辐射作用，带动兄弟区县，辐射边远薄弱地区，开展合作交流、资源共享和手拉手活动，高质量地完成"送教下乡"任务，为缩小城区与乡村之间学校师资水平和教育质量差距，促进教育公平，推进城乡教育均衡发展做出了应有的贡献。

1. 了解培训需求

有针对性地利用教师进修学院的资源优势，发挥好优秀教师群体的辐射示范作用，提高专项培训的实效性，带动和促进项目区（县）中小学教师的专业发展，教师进修学院积极与受援地区教育行政部门和师训业务部门相关领导加强沟通与联系，在上一学年度援教调研的基础上，采取电话、电子邮件等方式开展受援区

（县）培训需求和教育教学现状调研，了解需求，摸清情况。

2. 注重引领示范

由于边远地区基础教育较为薄弱，特别是在农村，教师队伍学科专业化发展极不均衡，这严重制约了"新课改"的深度实践。再加上经济落后和地域限制，多数教师几乎没有外出学习的机会，当地教师虽然基本功很好，但在理念和教学方面，与新一轮课程改革的要求还存在着一定的距离。因此，在历次的援教过程中，应注重引领示范作用，通过短时间的培训为广大教师提供可供借鉴的经验，带来思想上的冲击。

3. 优化培训形式

在培训中，改变传统的一讲到底的"讲座式"培训模式，采用互动参与式的培训方式，专题讲座中采用案例分析、问题导向、经验分享等方式促进积极互动和思维碰撞；课例研究中采用同伴互助、合作交流共享的方式，以课例为话题开展专题讲座理论指导下的教学研究活动，以研促训、研训结合，以多种形式体现师本教研与培训的理念，激发参与培训教师的主体意识，提升培训实效。

骨干教师对贫困地区的支教，是给骨干教师提供的发展平台。骨干教师在示范辐射、作用发挥的过程中，其自身能力得到了锻炼，是一个自我总结经验、自我锻炼提高的过程。这种作用的发挥，对援教机构及管理人员也是一个同步提高的过程，对受授区县更是一个难得的学习机会，对教育的内涵式均衡发展无疑是巨大的推动。

第十一章 义务教育区域教师能力提升的交往策略

第一节 义务教育区域数字化学习与交往平台的搭建

一、搭建城乡教师数字化学习与交往平台

教师数字化学习与交往平台是教师进行自主学习、增进合作交流、加强平等对话、实现终身学习的有效平台。城乡教师数字化学习与交往平台具有个性化、便捷化、共享化、终身化等特点。利用多媒体网络技术，构建网络教学模式，采用多样化的形式，如网络课堂是城乡教师之间交流的重要渠道。城乡教师网络学习与交往平台的构建，解决了城乡教师受学习时间、地点束缚的难题，还为城乡教师合作学习创造了条件、提供了充足的信息、自由的学习环境以及灵活的课程设置，有利于促进各层次教师的自我学习，扩展新的教学理念，内化先进的教学方法。借助数字化学习与交往平台，可以对教师进行持续性专业发展培训，使整个教师培训系统更公平，使教师之间的发展更合理均衡。

（一）转变教师教育观念

数字化学习与交往平台，为教师提供更自由、更个性与更有生命力的学习氛围，使教师能更好地适应数字化交往的需要。第一，转变学习观念。数字化学习与交往平台设置，需要教师从给予型学习向获得型学习转变，继而向交流与共享型学习转变。第二，转变培训观念。它需要教师专业培训，从大规模的集中培训向自主学习、个人反思转变。网络学习环境可促使教师进行自我反思，借助教师经验所构建的网络学习框架，激发教师更高水平的批判性反思。同时，允许教师自行制订学习计划，借助教学计划、学习计划，引导教师学会思考、学会自学，

以克服教师教育中的注入式、形式主义的弊端。第三，引入"翻转课堂"的教学观念。所谓"翻转课堂"是先自行通过视频进行学习，再回到课堂教学中分享、交流学习成果，最终完成教学任务。可理解为从正规的课堂内转向课堂外，从课本转向数字化信息，从灌输式讲授转向个性化自学，从单一学习转向交互学习，从而提高教师教育的质量。

（二）完善设施建设

设施建设依据教学活动的开展和教师学习发展的客观需求，可分为以下三部分。第一，完善计算机、网络等基础设备。计算机和网络配置是数字化学习与交往的前提。教育部门应给予农村学校物质上的支持，按照教师比例、教师需要、乡土文化与现代教育发展趋势等，合理地为乡村教师配置计算机、安装数字通信设备，并且协助学校完成网络建设。第二，确保乡村教师学习场所。搭建数字化学习与交往平台学习场所，可以通过教育局在乡镇中心中小学设置乡村教师学习机房，使乡村教师有地方学习，逐步为乡村教师完善硬件设施。第三，数字化学习与交往平台设计，可综合考虑网络课堂等数字资源的共享性投入。一方面可节约投入成本，另一方面数字资源也便于保存与使用。设施建设的经费，可通过县财政拨款与社会资助捐款两种渠道进行筹措，以此保障农村学校基础设施建设。

（三）加强数字技术指导

对于促进城乡教师均衡发展来说，主要应加强如下指导：第一，加强数字技术的指导。网络课堂、数字化学习等是未来学习的主要形式，针对这些学习形式开展数字技术方面的指导，帮助乡村教师使用这些学习工具，让教师能将其引入课堂教学中，使之成为一种良好的教学手段。第二，加强利用数字平台，进行数字教学、管理与评价的指导。数字化学习与交往平台更为自由、更为个性化，如何管理教师使用数字化平台进行学习是关键。可以规定教师学习时间每年不得少于45天，将教师在网络课堂上的学习时间纳入管理之中。第三，加强对基础计算机应用技术的指导。身处农村的教师少有机会学习、接触计算机，对乡村教师进行基础的计算机应用培训是必要的。教育行政部门与学校、教师应密切合作，编写适合的计算机教材及数字化学习与交往平台的使用说明，向农村选派计算机教师为教师授课，指导其使用数字化平台，使乡村教师能更好、更快地利用平台进行学习与交流。第四，加强利用数字化平台对教育观念与思想的指导。使城乡教师，特别是乡村教师对新理念、新知识、新信息，具有灵活的分析、选择、收集、加工、储存与运用的能力；具有将丰富的学习资源进行自主选择、整合与运用于教学的能力；具有使混沌的数字信息与知识更简洁、明了的专业技能，以便提高教学水平的能力。

二、构建基于移动终端的农村区域教研活动模式

（一）基于移动终端的农村区域教研活动模式构建的可行性

1. 移动通信设备的普及使农村教师的开放式教研活动成为可能

移动教研活动开展的载体是无线移动通信设备，也就是我们俗称的手机。而移动通信网络信号的高覆盖率和手机的巨大普及度为移动教研提供了保障。2011年起，农村居民使用手机接入网络的比例就已经高于城镇居民，手机已成为农村网民检索网络信息的主流终端。使用者不受技术水平的限制，而且相互之间信息传递非常迅速。利用这种移动通信工具所独有的特点，将其应用于教研活动中，不仅扩大教研队伍的规模，而且降低了教研活动的技术门槛，无论是手机的短信功能还是即时聊天软件功能等，对教师都没有技术上的高要求，都能够让教师方便地查阅教研活动的相关信息或者是发布自己的疑难问题。

2. 移动通信设备的独特优势可以满足农村教师寻求自身专业发展的主观愿望

在以往的农村区域教研活动中，农村教师想寻求自身专业的发展，但是受各方面的现实条件限制，如地域、经费、时间有限等因素，教研活动的开展范围较小，不能做到由点及面，以计算机技术为基础的网络教研虽然使传统的教研方式有了很大的改进，但是活动的进行只能局限于有互联网的机房或者是有电脑的室内，这种情况对于部分学校硬件设施使用率较低以及家里没有电脑的农村教师来说就存在着一定的障碍。通过移动终端，对于这些在职在岗的教师来说，可以把教师零碎的闲暇时间进行充分利用，进行随时随地的学习，解决了传统教研受时间、地点、资源限制的问题，达成了农村教师寻求自身专业发展的主观愿望。

3. 移动教研的即时性为农村教师教研活动提供了一个情境化的学习空间

大多数农村教师参与教研具有更强的针对性，所研究的问题多源于自身教学实践情境，教研活动中习得的策略、经验、能力也往往验证或应用于教学实践，其专业能力的发展具有很强的即学即用性。即时互动，跨越时空，正是移动教研的最大优势所在。教师通过手机可以在任何零散的时间随时进入移动教研支持平台，关注教研活动的动态，有问题即时发布、探讨、并能得到及时的反馈。由此能够更好地

改进教学，提升自身能力水平，提高教学效率和质量，促进教育的均衡发展。

（二）基于移动终端的农村区域教研活动模式的构建原则

1. 移动教研为主，传统教研为辅

移动教研从自身具备的特点和优势来说，对于推进农村区域教研的开展，带动农村教师研修的积极性，提高教师自身专业发展水平，具有非常重要的意义。但是在开展移动教研活动的同时，要知道这种活动模式并不是万能的，不可能完全摒弃传统的教研模式，应该与传统的研讨活动相结合。因为传统的教研模式是多年形成并传承下来的，至今仍是中小学一线教师之间进行课例研讨、研习教材教法、互相切磋学习的主要方式。而且移动教研的服务载体是手机，这就受限于手机的功能性质等方面，虽然现在大部分智能手机已经可以进行图像、声音、视频等的传递，但是部分低端机在某些功能上仍然较为落后，而且这些通过手机获取资源的方式都涉及费用的问题，传统的教研模式可以对这一缺陷进行弥补。

移动教研是一种崭新的教研形式，在技术上实现了跨越时空，并且通过扩大教师的参与范围，给了教师更多发言权，让他们可以畅所欲言，也提供了相应的网络资源，为教师进行教学研究提供了一个更加开放自由的空间。所以，将传统教研与移动教研相结合，就可以同时为教师教研进行服务，提供更优质的资源，发挥他们自身的优势，相互补充，让教师获得最大的收益。

2. 自发性教研为主，引导性教研为辅

推动区域教研活动开展主要有两方面因素，即外因与内因。外因主要是来自教育行政部门在宏观上为了提高教师专业水平进行的引导推动，内因则是教师自身意识到专业发展的欠缺，主动参与到教研活动中。

对于教育行政部门和学校管理人员来说，作为教研活动的组织者，他们在移动教研实施的最初阶段是十分必要的，但在移动教研活动开展步入正轨之后，他们应该把主动权交给参与教研活动的一线教师，自己逐渐隐去在组织中的角色，成为教研团队的"辅导员""后勤兵"，引导教师队伍形成开放、信赖、互助的团队。引导的方式主要是通过制定相应的激励机制来鼓励教师进行自主学习、交流协作、评价反思等。将教师的参与程度、研究成果等作为绩效考核的指标，并与教师的评优直接挂钩，再适当地给予物质以及精神上的鼓励，久而久之，教师通过自主地参与活动，就会慢慢地认识到这个移动环境下教研的重要性，并在激励机制下将来自外部的力量转化为自身的驱动力，充分自主地调动从事研究的积极

性，将这种移动教研模式内化为一种习惯，一种必不可少的研修模式和提升自身专业技能的有效方法和途径。

3. 交流协作与自我评价反思相结合

基于移动终端的农村区域教研为教师提供了一个便捷、即时、高效的多视角研修平台，它强调参与教研的团队人员之间的交流协作与教师的自我评价反思相结合。通过移动教研这个开放自由、突破时空限制的平台，扩大了广大农村区域教师的参与面，大家通过相互探讨，分享经验，进行思想、观念、资源的共享互换，共同探索方案，以期解决实践中的复杂、综合性问题。这种协作交流的方式在培养教师团队合作意识，增强信任感和凝聚力的同时拓宽了教师的视野，提升了教师的科研能力。

但是，在教研活动开展的过程中，教师只有将教育理念进行反复内化，通过自我评价反思，才能对发现的问题和存在的不足产生更深层次的认识，才能进行再认识和修正，同时通过他人的评价，从多角度审视自己的不足，深入体会和理解，探寻问题产生的根源。只有通过这种交流协作与自我评价反思相结合的移动教研形式，才能使教师在合作共享、交流互动的同时得到实时与非实时的帮助，高效地改进知识与技能提升的方法，科学地促进教师专业成长。

（三）基于移动终端的农村区域教研活动模式的构建要素分析

1. 环境分析

移动环境是基于移动终端的农村区域教研活动开展的基础，如果没有环境作为支撑，那么移动教研便是纸上谈兵。移动教研的环境主要包括外在环境和内在环境两部分。外在环境（如有线网络与无线网络覆盖、气候条件等）是保证移动教研随时随地都能顺利实现的先决条件，而参与教研活动的教师所持移动终端设备的性能、大小、通信情况等内在环境则是实现移动教研无处不在的必要条件。

目前，电信、网通等有线网络以及移动、联通等无线网络已经较全面地覆盖了我们生活的每一个角落（除了部分偏远山区），并且网络信号的稳定性也较强，为移动教研的实现提供了良好的外在环境。

教师普遍持有的手机移动终端是移动教研实现的必要内在环境。移动教研活动具有情境性，教研活动可以发生在真实的环境下或虚拟的环境下，真正体现了移动教研的移动性和情境化，而移动终端正是为这种教研活动模式提供了技术保障。不同教师的设备性能不同，对于相关教研信息、教研资源（文字、影像等）

的获取、显示方式也会有所不同，由于在这种移动环境下不同的界面存在的差异性，所以活动开展的具体形式要具有普适性。

2. 教师分析

教师群体是移动教研活动的主体，只有让广大教师的需求得到满足才能充分调动起教师参与到活动中的积极性。移动教研的形式让教师的角色不再是传统教研模式中的"听众"，而是变成了真正的参与者，有了直接参与探讨的机会，跨越时空的互动方式让教师之间在思想上有了零距离接触，同时教师的需求也会变得更加具体化、情境化。不再只是局限于普遍性存在的教学实践中的问题及困惑，更多地加入个人元素。

参与教研活动的一线教师队伍是一个庞大复杂的群体，存在着年龄、学历、所处教学环境不同、工作任务量不同等多方面的差异。因此，在对移动教研活动模式进行构建时，要考虑到教师的多种需求，通过不同的教研信息发布形式满足教师的不同需求。还应该考虑到随着教研活动的深入开展，教师的需求会更加细化，所以也要适时做出调整。

3. 内容分析

移动教研的内容都是通过移动终端进行输送的，这个特殊的载体有其自身的弊端，受到一些性能的限制。手机的物理性能（屏幕的大小、存储空间等）决定了它所承载的信息量有限，所以在内容呈现方式上要避免大幅的字句篇章，以免造成视觉疲劳。

对于一致性的问题和需求可以设立一个文字专栏进行集中解读，如可以开设学科栏目，汇集相关信息资源，让教师即时关注学科教学，关注学校教育，关注国家的教育政策法规变革等；对于个别性、即时性需要探讨的问题可以采用即时通信软件进行实时或非实时的交流互动，也可以将个人的教学故事进行整理形成叙事、反思、心得之类的材料，通过移动教研平台进行发布，和更多的教师一起分享自己的经验故事。

（四）基于移动终端的农村区域教研活动模式的构建模型

1. 基于移动终端的农村区域教研活动模式的主体

参与教研活动队伍的完备性是基于移动终端的区域教研活动得以有序开展的最基本保证。在以往的传统教研活动中，教研主体一般是指负责组织、监督、管理教研过程的专职教研人员和部分专家学者，具有较大的发言权。而随着网络通信技术在教育领域的普及，参与教研活动的人员不断增多，队伍不断壮大，专职教研员与一线教师之间的距离在不断缩小，教师掌握了更多的话语权。同时，教研员作为教研活动的组织者、领导者也是不可或缺的，有效的组织才能使活动有序化、高效化，才能充分调动教师的积极性。此外，区域内教育主管部门作为一种行政力量，也是教研活动主体不可缺少的一部分，他们的引导和激励政策是对教师教研活动的充分认可，是推动教师教研活动可持续发展的必要因素之一。

2. 基于移动终端的农村区域教研活动模式的环境

移动通信网络所覆盖的范围是能够进行移动教研的外在环境，有数据显示，早在2012年我国行政村就已经实现了通信网络全覆盖，而自然村的通信覆盖率也高达98%，这就为移动教研的进行提供了外在保障。教师无论在任何地方，只要能够接收到手机信号，有充足的时间便可以进行移动教研，最大限度地打破教师进行教研活动的时空限制，扩大研究范围，提供研讨便利。

利用教师持有的移动终端具备的基本功能，所设计应用的区域移动教研平台是活动开展的内在环境。该平台具有普适性，无论教师持有的是低端机还是高端智能机都能运用。开放性和自由性是该平台环境下的特色之一，教师可以拥有更多自由发表言论的机会，改变传统的"只听不说"和"听说机会有限"的模式，变被动为主动。

3. 基于移动终端的农村区域教研活动模式的活动形式

由于移动教研载体的特殊性、教研活动内容的广泛性、参与活动教师的个体差异性，在具体的实践过程中就要根据多方面的需求，利用移动终端不同的功能采用不同的互动平台来构建移动教研的模式。下面分析以即时通信软件为互动平台，实现移动教研活动的开展。

即时通信技术的主要功能是使人们不仅能在网上识别在线用户，同时能够与他们进行实时的消息交换。即时通信被很多人称为自电子邮件发明以来最酷的在线通信方式。即时通信软件就是在即时通信技术发展的背景下诞生的，目前较为流行的有QQ、微信等。

QQ作为即时通信业霸主，早在2000年就已经占领了中国通信行业接近百分之百的市场份额，手机QQ作为一款已经全面覆盖从低端机至高端智能手机各大平台的即时通信软件，随着它版本的不断更新，功能的不断强大，满足了手机用户在不同移动场景下的相互沟通和交流的愿望。它的操作非常简单，只要在手机移动信号允许的情况下，通过手机上的 QQ 软件进行登录，掌握手机文字输入方式，就可以方便自如地实现它的在线和非在线交互功能，交流者同时在线的时候可以进行实时讨论，而交流者不在线的时候也可以通过留言来等待回复。

微信是腾讯公司于 2011 年 1 月 21 日推出的一个为智能终端提供即时通信服务的免费应用程序，支持跨通信运营商、跨操作系统平台通过网络快速发送免费（需消耗少量网络流量）语音短信、视频、图片和文字，同时也可以使用通过共享流媒体内容的资料和基于位置的社交插件"摇一摇""漂流瓶""朋友圈""公众平台"等服务插件。

QQ 与微信的使用，缩短了人与人之间的距离，形成了一个开放、平等、自由的交流圈。在教育领域，教师利用 QQ 与微信进行发布信息、分享信息、组织活动的形式已经非常普遍了，特别是在城市学校，教师们早已意识到这种应用在教学、教研方面的价值，它已经成为教师与教师之间，教师与学生之间在学校之外进行互动交流的一个占据主导地位的平台。

第二节 义务教育区域教师教学研究论坛的设立

一、举办城乡教师教学研究论坛

举办城乡教师教学研究论坛，一般是在一定的时间，由来自不同学校的教师，县教研室的专家学者，围绕同一教学主题，进行深入交流的活动。它是基于现实教学生活的，面对面的交流形式。教学研究论坛形式多样化，主要有讲座、学术会议、专题讨论、现场观摩、经验交流等，其目的是在参与者之间进行思想碰撞，进而产生新的有价值的思想或方法。举办城乡教师教学研究论坛，为乡村教师提供更多的学习与对话机会，让他们以主人翁的身份，充分参与到我国教育改革之中，使其更热爱并奉献于我国农村教育事业，体现其人生意义与社会价值。因此，需经常在农村学校举行各种讲座、学术会议、专题讨论、经验交流等论坛，让乡村教师有平等交流的机会，有丰富的学术生活，有更开阔的现代教育视野，并将参加论坛活动融入自己的教育教学实践中。如何建立城乡教师教学论坛，可从以下几方面着手。

（一）让乡村教师表达自己的见解

乡村教师长期任教于一线教学工作岗位上，对当前农村教育的现状、所存在的问题都有切身体会。所以，应该让乡村教师有机会表达。第一，鼓励乡村教师在日常教学中，养成思考的习惯，善于发现问题，并提出解决问题的方法。这有助于教育行政部门了解当前农村教育教学情况与教师的需求，通过教学研究论坛，能从中为乡村教师发展长期面临的问题找到新的解决契机，提供实用的解决办法。第二，乡村教师参与教研，能在讨论中使问题更明晰，使自己的思路与对策在探讨中更完善与进步，能够进一步让他们自主地提出更合理的问题解决假设与思路。

（二）让乡村教师实现自己的专家梦想

在论坛中，鼓励乡村教师发表自己的看法，逐步提高乡村教师在论坛中的兴趣与地位，使乡村教师有成为专家的可能，实现自己的专家梦想。第一，加强对乡村教师教育研究方法的指导。在城乡教师教学研究论坛中，安排教学专家、学者进行示范指导，可通过案例分析法，引导乡村教师如何发现问题、如何思考、如何搜集资料，以及如何提出可行性的解决方案的研究过程。还需要告诉他们，如何利用网络、图书等学习资源对教学问题进行文献研究。在实例中，让乡村教师感悟教育研究的思想与方法，养成思考问题与探究问题的习惯。第二，鼓励乡村教师敢于发言，表现自己。让他们表达自己是如何发现教学中存在的问题，如何进行分析并提出解决方案的。通过发表自己的观点，使这些观点在讨论中得到辩论的验证，从而使自己对问题有更加可行的新想法，有更加现实合理的解决方案。第三，尊重每一位教师的发言，帮助教师树立自信心。在教师教学研究论坛中，鼓励每一位乡村教师发表观点，对他们独到的见解进行鼓励，使他们提高自信心，投入到发现、创造与解决教育问题的思考与实践中。

（三）让农村学校有举办学术论坛的机会

碍于经费、交通等多种因素，乡村教师少有机会参与教学论坛。这需要将城乡教师教学研究论坛，尽可能地带入农村学校。第一，提供机会。为乡村教师提供更多参与学术论坛的机会，有助于提高乡村教师参与论坛的积极性，使他们有机会发表演说与辩论，有助于在农村学校形成浓厚的学术氛围，有助于其思想影响社会与公共决策。第二，经费保障。为举办学术论坛的农村学校提供经费支持，使农村学校能顺利举办学术论坛。第三，管理保障。制定公平、公正、公开的管理制度，合理分配学术论坛举办的机会，对举办学术论坛的学校进行指导，确保城乡教师教学研究论坛有序、有效地开展。

二、鼓励城乡教师参与学术与生活沙龙

沙龙兴起于 17 世纪的西欧，是当时的上流社会的一种社交集会。沙龙不拘

泥于形式，氛围平等和谐，主题内容自由度高，形式灵活多样化。参与者发表自己的观点，进而引发思想碰撞，它使人主动思想具有了可能性，培养参与者一种创造的信念与习惯，促使知识聚变而形成新知识。教师学术与生活沙龙源于生活，而又高于生活。沙龙为教师提供了一个自由发言的平台，在平等自由的氛围中，教师畅所欲言，思想得到解放，心灵得到释放。

（一）营造自由民主的环境

雅斯贝尔斯曾说："在具有交往精神的讨论中，没有所谓的最后原则，也没有自始至终不变的立场。学习彼此交谈，听别人的陈述理由，然后再达成新的见解。不要相互抱怨，要同心协力去寻找真理。"❶营造自由的学术与生活沙龙氛围，需要实行去权与分权。一是去权，改革学校中的行政化倾向。所谓去权是指借助立法去除制约教师间合法权利的部分，使个体回归生命的自然属性，还教师发表言论的权利与自由。二是分权，释放教师创造能量。分权即权利的下移，赋予每位教师合理的权利。通过去权与分权使教师在沙龙中能保持平等的地位，具有自由的发言权利，促使教师平等对话。

（二）有意识地呵护核心人物

核心人物通常具有较强的组织号召能力，对事物的发展具有一定的敏锐度，能够适当地提出具有讨论意义的问题，并能很好地调节沙龙氛围，确保教师在轻松、自由、平等的环境中激发参与者的深入思考与发言。核心人物是沙龙举办成败的关键之一，在沙龙开展过程中会出现一些善于思考、敢于发言的人物，鼓励他们发言，并有意识地引导这些教师成为沙龙的核心人物，能够有效地促使城乡教师参与学术与生活沙龙。

（三）每期规定主题与主讲者

学术与生活沙龙的主题、主讲者与举办的时间等均有具体的要求。第一，沙龙的主题应该有意义、有价值、积极向上，对教师成长与教学活动开展有所帮助，所以，沙龙应该规定主题，且提前1~2周告知教师，使教师能提前思考主题内容，在沙龙中发表自己的见解。第二，每期可指定不同主讲者，确保有人带头发言及每个教师的参与，说出自己的真实想法，鼓励全体教师参与其中，人人得到发言机会。第三，不定期举办，使之具有生活意义、自由性质。一方面教师可合理安

---

❶ 雅斯贝尔斯.什么是教育[M].邹进，译.北京：生活·读书·新知三联书店，1991：152.

排时间进行前期准备，深入了解主题；另一方面保证沙龙高质量地开展，使教师有所收获，体现了沙龙的灵活性与自由性。第四，沙龙成果整理收集。鼓励教师写沙龙活动的心得或论文，并将所形成的成果进行整理，汇编成册，便于城乡教师的再学习。

第三节　义务教育区域战略性伙伴合作学校的建设

战略性伙伴合作学校是义务教育区域师资均衡发展的重要手段，通过与重点学校合作，能够不断加强薄弱学校的实力，提高教学水平。

一、教师教育伙伴合作的目的和条件

（一）教师教育伙伴合作的主要目的

教师教育伙伴合作的动机或目的一直是人们关注的话题。也有人认为，鉴于伙伴合作已经是一个"人人皆知"的词语，而在现实中，人们常常为伙伴合作是一种协同还是合作而争论不休，在探讨伙伴合作时对其如何下定义本身并不重要，重要的是伙伴合作的目的如何。

泰特尔（L. Teitel）对美国推进教师教育伙伴合作的机构和组织，如霍姆斯小组、卡内基基金会、全国教育革新网络以及美国教师联合会、全国教育协会、福特基金会等，就伙伴合作教师教育所开展的研究进行了比较。他指出，关于伙伴合作目的的各种主张虽有略微差别，但共同点主要集中在四个方面，即改进学生的学习、培养教育工作者、教育工作者的专业发展，以及对改进实践的研究和探索。[1]

克拉克（R. W. Clark）在阐述伙伴合作的目的时也认同这种看法，认为伙伴合作就是为了职前教师教育、专业发展、探究过程和学校革新。与前者不同的是，他认为改进中小学学生的成绩是潜在和含蓄的目的，而非伙伴合作的明确目的。[2]

---

[1]　TEITEL L.Looking toward the future by under standing the past: the historical context of professional development schools [J].Peabody journal of education, 1999, 74（3/4）: 6-20.

[2]　CLARK.School-university partnerships and professional development schools [J]. Peabody journal of education, 1999, 74（3/4）: 164-177.

但从实际情况看，通过伙伴合作直接服务于中小学教育一直是一些国家教师教育伙伴合作的明确目的。例如，据分析，美国专业发展学校的目的主要有以下四项：① 青少年教育。建立学习社群，并促使所有社群成员都具有平等的学习机会，以追求卓越的教育质量。② 培养教育工作者。通过合作沟通的方式，协助职前教师和在职教师建构教学方法、课程知识及专业技能。③ 帮助教师的专业发展。进行理论研究与实践，促进教师专业成长。④ 探究教育议题。探讨教育相关议题，执行并检讨研究成果。

在爱尔兰，爱尔兰大学教育学院的伙伴合作计划提出以下四个主要目的：① 通过鼓励学校对师范生的学习和课程内容施加影响，实现职前教师教育的理论与实践。② 为师范生深入学习中小学的教学实践提供机会。③ 为师范生提供更加一致、有效和适切的经验。④ 把中小学教师和大学教师融入建立在互信和互利基础上的学习社群，实现学校发展和影响学校、教师教育课程的变革。

由此可见，教师教育伙伴合作的目的是多样的，不再局限于职前教师教育只是单一培养新教师这个目的，而且涉及了中小学生学习、中小学在职教师的持续专业发展、教育教学研究、大学教师教育工作者的发展等多重目的。多元主体的参与和多重角色的互动决定了伙伴合作要服务于多重目的。

（二）教师教育伙伴合作的条件

1.功能互补

为了解决依靠自身力量难以解决的问题，一个组织需要借助其他组织的力量，中小学虽然是同类组织，但彼此的定位并不一样。毫无疑问，从总体上看，不同中小学各自的定位很不相同，具有不同的办学功能。但在教师教育的过程中，不同学校具有各自的优势和专长，具有不可替代性。古德莱就曾提出"共生伙伴合作"（symbiotic partnership）的概念。在他看来，要做到这一点，必须具备以下几个条件：一是合作伙伴之间存在相异性（dissimilarity）；二是要满足合作各方的利益；三是要无私心，以符合所有成员的利益。伙伴合作要想获得成功，每个合作伙伴要把对方的利益看作自己的利益。❶因此，他认为，伙伴合作的条件除了必须能互相满足合作各方的利益与兴趣之外，"相异性"（dissimilarity）也是重要的前提之一。当然，具有"相异性"的不同组织开展合作也可能给彼此带来不利影

❶ GOODLAD J, SIROTNIK K.School-university partnerships in Action: Concepts, Cases and Concerns [M]. New York: Teachers College Press, 1988.

响，但这些冲击难以预料，可能是正面的，也可能是负面的。

2. 互惠互利

"互惠"（reciprocity）是伙伴关系重要的前提，只有双方都能从中获益，才有可能建立起伙伴关系，并确保其维系和获得成功。伙伴合作关系应为合作各方带来实际的利益，这是教师教育伙伴合作得以建立、实施并获得成功的重要前提。伙伴合作的互惠性来自三个方面：参与合作的中小学的资源及核心能力的互补性，双方的资源配置在互补的基础上得到优化，伙伴之间通过共同合作获得仅靠各自的力量无法实现的发展能力。在伙伴合作过程中，双方互相影响、互相促进，延伸了各自的能力范围。这种互惠是教师教育伙伴合作开展和实施的重要内驱力。因此，从目的取向看，伙伴合作是能够带来双赢的结果。古德莱用"共生"（symbiosis）一词来表达中小学之间的伙伴合作关系，就凸显了这种关系中"双赢"（win-win）的特点。值得注意的是，互惠与组织学习的要求是不谋而合的。主要体现在以下几个方面。

（1）资源共享。中小学是教师教育的基地之一，失去中小学真实的教育教学情境和具有丰富经验的教师的指导，教师发展的质量就无从保证。因此，彼此需要通过分享资源以发挥资源整合的最大功效。

（2）办学理念共享。不同中小学的功能有所差异，但彼此能够交流分享适宜的组织经营与发展理念，进而在理念上达成良好共识，并将理念落实于行动。

（3）组织文化共享。不同中小学是不同的组织，各自均有独特的组织文化。然而，不同的组织文化，恰好提供了彼此观摩学习的机会，这种组织文化的交融与分享，也可以扩展各自的组织视野。

（4）组织学习共享。中小学合作伙伴彼此向对方学习，进而扩散及创新知识，以提升彼此的竞争优势。各方在面对问题时，所采用的有效方法，也能够彼此相互分享与学习，进而提升彼此的问题解决能力。

（5）经验与知识共享。中小学合作伙伴均具备组织发展的知识与经验，而伙伴合作关系的建立，则有助于经验与知识的共享。

3. 平等互信

伙伴合作的建立基于一种具有共同理想与目的的协作关系之上。在共同兴趣、愿景与互利的前提下，为达成某些目的而走在一起，组成协作的伙伴合作关系。中小学的伙伴合作关系的建立、维系和发展，不仅以互补与互惠为重要前提，更需要合作双方之间的诚信。在合作中，诚信是不可或缺的，它超越了主体之间传统的、简单的交易关系，其注意力将集中于非交易性的、事业导向层面的长期密切合作关系的培育和维护上。由于合作双方主体及其参与者在身份、地位、利益等方面存在某些差异，这更需要在合作过程中予以高度的重视。许多国家中小学的成功的伙伴关系，均是建立在伙伴的彼此信任和平等合作的基础上。对于中小学而言，在伙伴合作的过程中，必须尊重到彼此的角色、目标与自主性，同时合作伙伴必须能以开放的态度与行动，彼此相互学习，进而拓展知识，以提升彼此的竞争优势；必须相互尊重，珍视合作伙伴的信念、看法、价值观、经验、专长和知识，以便达成这样的共识，即伙伴合作的最终目的是培养高质量的教师，进而更好地促进中小学教育教学质量的提高。

二、构建城乡伙伴合作学校

城乡伙伴合作学校，是指城市学校与农村学校在相互信任、地位平等的基础上，双方在教育教学各环节、各要素等进行相互学习、相互影响，进而实现双赢的长期合作关系。伙伴合作学校具有平等自愿、求同存异、精诚合作、共享利益等特点。虽然城乡间的教学水平、教学质量受到自然地理、乡村经济、乡村文化等多方面因素的影响，但城乡间在教材、大纲、考试内容上存在共同之处，在县域内的城乡学校之间进行伙伴合作，双方进行学习交流，教学经验交流、教学资源交流及教师交流，使农村学校教育资源得到补充，达到取长补短的效果。城乡伙伴合作学校的建立，应采用就近结对、强弱帮扶、资源共享等办法。

（一）就近结对

就近结对是指在自愿平等的原则下，与距离近的学校优先结为帮扶小组，形成伙伴合作学校。伙伴合作学校就近结对，有利于输送教育资源、便于教师间的合作交流，促使文化资源、社会资源，尤其是教育资源与教师资源日益均衡。第一，就近。以学校地理位置为参照，组织较近的城乡学校开展观摩活动，增进学校间的相互了解，便于结为伙伴合作学校。第二，自愿。在自愿平等的基础上实现"一对一"交往，城乡学校双方自愿成为伙伴合作学校，不同学校中教师也可自愿结成伙伴关系。第三，引导。在教学专家的指导下，在尊重伙伴合作学校特色的前提下，双方学校共同商讨制订适宜的发展规划。第四，落实。落实发展方案，开展教学交流与教育资源共享，及时总结每一阶段的得失，逐步完善发展规划，帮助农村学校成长。

（二）强弱帮扶

所谓强弱帮扶，是指城乡学校在客观公正的环境下，按一定的标准进行分类，帮扶过程中强弱结合，实现资源优化与帮扶效果最大化。强弱帮扶可有效避免强强联合的状况，使各学校都有平等的发展和学习机会，强弱学校搭档使教学经验得到更好的交流、分配，使城乡教师能有机会均衡发展。一是分类。充分了解各学校的实际情况，以客观的标准评定，将城乡学校进行分类。二是强弱搭配。鼓励实力较强的学校积极主动帮助实力较弱的学校，严格做好以强助弱的分配工作。三是师徒制。师徒制是为乡村教师安排城市有经验的教师，共同研究教案并讨论解决学生培养工作中出现的难题，使其能更好地开展教学活动，帮助农村教师能尽快独立成长。师徒制在条件允许的情况下，采取"一对一"的模式，灵活制订学习帮扶计划。同时，学校应定期组织师徒之间进行沟通交流，总结学习经验并及时发现、解决实际工作中的问题，提高乡村教师的专业技能。

（三）资源共享

城乡校际资源共享主要包括教师资源流动、教学与学术交流、学习资源共享等。资源共享形式多样化，可有效缓解当前农村学校资源匮乏的现状，促进城乡教师的均衡发展。第一，校际教师流动。当前，我国教师流动呈现出单一状态，表现为农村流向城市、一般学校流向优质学校，这需要教育部门的协调。完善优秀教师支教制度，以名师支教农村，以名师带动乡村教师。名校长带教边远学校，学科带头人发现并培养农村学校学科带头人，优秀教师指导乡村教师开展教学活动。第二，教学与学术交流。交流形式可通过体验教学、交流会等开展。教师体验教学，城乡教师参与对方的课堂教学，切身体验与观摩他人的教学活动。交流会可在体验教学的过程中进行，及时发表各自的教学观点，共同探讨教学思想与方法中的问题。第三，学习资源共享。在县域内流通统一的资源卡，分发给城乡教师使用，教师可凭资源卡在各学校图书室、城市图书馆、学习资源网站上借图书、查找学习资料。为教师，特别是为乡村教师，提供充足的学习资料，促进城乡教师均衡发展。

参考文献

[1]　金红梅，赫秀辉，李海丽.区域教研与教师专业发展[M].北京：中国青年出版社，2015.

[2]　钱志清.论教师成长：基于内隐提升区域教师专业水准[M].杭州：浙江大学出版社，2012.

[3]　阎亚军.北仑模式：区域教师专业发展探索[M].杭州：浙江大学出版社，2013.

[4]　褚继平.优质教师资源共享与区域教育均衡发展[M].上海：上海远东出版社，2007.

[5]　姜金秋.教师的吸引、保留与激励：义务教育教师工资体系研究[M].北京：首都经济贸易大学出版社，2017.

[6]　关松林.区域内义务教育师资均衡配置：问题与破解[J].教育研究，2013，34（12）：46-51，67.

[7]　张松祥.我国义务教育教师一体化发展探析[J].中国教育学刊，2014（2）：20-25.

[8]　薛二勇.强化省级统筹推进城乡教育一体化发展的政策创新[J].教育研究，2014，35（6）：41-47.

[9]　夏茂林，王宁宁.义务教育教师流动问题的非正式制度探析[J].教师教育研究，2015（1）：23-26.

[10]　范先佐，郭清扬，付卫东.义务教育均衡发展与省级统筹[J].教育研究，2015，36（2）：67-74.

[11]　夏茂林.非正式制度视角下义务教育教师流动问题分析[J].教师教育研究，2016（1）：43-48.

[12]　冯文全，薛梦琦.城乡义务教育师资均衡配置：问题及对策探析[J].当代教育论坛，2013（5）：57-62.

[13]　陈玉佩.成都市义务教育阶段教师资源配置效率研究[D].成都：西南交通大学，2017.